当代英语翻译理论的多维度思考与探究

薄利娜　杨甜甜　著

山西出版传媒集团
山西经济出版社

图书在版编目(CIP)数据

当代英语翻译理论的多维度思考与探究 / 薄利娜,
杨甜甜著 . — 太原 : 山西经济出版社 , 2020.7
ISBN 978-7-5577-0716-3

Ⅰ . ①当… Ⅱ . ①薄… ②杨… Ⅲ . ①英语—翻译理
论—研究 Ⅳ . ① H315.9

中国版本图书馆 CIP 数据核字(2020)第 117608 号

当代英语翻译理论的多维度思考与探究

著　　者: 薄利娜　杨甜甜
责任编辑: 侯铁民
特约编辑: 张素琴　张玲花　许　琪　庄凌玲
装帧设计: 马静静

出 版 者: 山西出版传媒集团 · 山西经济出版社
地　　址: 太原市建设南路 21 号
邮　　编: 030012
电　　话: 0351-4922133 (市场部)
　　　　　0351-4922085 (总编室)
E—mail: scb@sxjjcb.com (市场部)
　　　　　zbs@sxjjcb.com (总编室)
网　　址: www.sxjjcb.com

经 销 者: 山西出版传媒集团 · 山西经济出版社
承 印 者: 北京亚吉飞数码科技有限公司

开　　本: 787mm × 1092mm　1/16
印　　张: 16
字　　数: 287 千字
版　　次: 2021 年 5 月　第 1 版
印　　次: 2021 年 5 月　第 1 次印刷
书　　号: ISBN 978-7-5577-0716-3
定　　价: 80.00 元

前　言

语言是构建人类文明的基石。通过语言,人们可以传达思想与情感,并对抽象的概念进行分析和描述。语言的进步也代表着人类文明的提升。但是,受地理环境、价值观念、生产方式等的影响,人们在发展过程中形成了不同的语言体系,但人们要想在不同的语言体系下进行交流,必然需要翻译的参与。因此,翻译是实现不同文化背景下的人们展开交流的桥梁和中介。

随着国与国交往的日益紧密,翻译受到了前所未有的重视,中西方学者都对其进行了深入的研究和探讨。但是,与以往的翻译研究相比,当今的翻译研究已经从一项单纯的双语交际活动转向一门学科、一门专业,研究者将研究的视角也扩大到多个领域,如语言学、文化学、文体学、心理学等,以实现这门学科与其他学科之间的交融,从而揭示出翻译的内在规律与运作机制。基于此,作者精心策划与撰写了《当代英语翻译理论的多维度思考与探究》一书。

本书共包含十章。第一章为绪论,对翻译概念、特点、分类、过程、中西翻译理论进行论述。第二章承接第一章,分析了英汉翻译的基础,即英汉语言差异与中西文化差异。第三章对英汉翻译中的常见问题进行分析,包含可译性问题、词汇空缺问题、文化等值与文化欠额问题、文化翻译误区问题。第四章对翻译的常用技巧进行论述,包含词汇、句子、语篇、修辞四大层面。前面四章为后面章节内容的展开做铺垫。第五章至第九章为本书的重点,从不同的维度入手分析英语翻译理论。第五章为文化维度下的翻译,首先对文化进行简述,进而分析文化与翻译的关系以及中西文化翻译观。第六章为思维维度下的翻译,论述了思维的基础知识,并分析了思维与翻译的关系以及翻译思维的要素与运行模式。第七章为文体学维度下的翻译,首先简述了文体学的内容,并分析了文体学与翻译的关系以及翻译文体学。第八章为语用学维度下的翻译,对语用学、语用与翻译研究的融合、语用翻译理论进行探讨。第九章为心理学维度下的翻译,对翻译心理学、翻译心理学的运行模式、翻译认知心理学与翻译审美心理学进行分析。翻译不仅包含笔译，还包含口译，因此第十章对口译进行探究，涉及口译的基础知识、过程、技巧与策略。

本书在撰写中把握了层次性，从翻译的基础知识入手，进而探讨翻译的多个维度，结构清晰，具有系统性。另外，本书具有创新性，因为传统的书籍大多对英汉翻译的发展、翻译技巧等进行研究，本书基于这些层面，从文化、思维、文体学、语用学、心理学等角度入手探究英汉翻译，理论丰富，又与标题相呼应，对翻译实践具有重要的指导意义。总体而言，本书对于读者、研究者来说意义非凡，对我国翻译水平的提升将产生强大推动力。

本书在写作前搜集了诸多与翻译相关的文献资料，并在写作过程中引用了很多相关专家和学者的观点，在这里致以诚挚的谢意，并将相关参考资料列于书后，如有遗漏，敬请谅解。由于作者学识有限，书中有疏漏之处实所难免，恳请广大读者不吝指正。

作　者

2020 年 4 月

目　录

第一章　绪　论……………………………………………… 1

第一节　翻译概念的界定………………………………… 1

第二节　翻译的特点与分类……………………………… 5

第三节　翻译的具体过程………………………………… 10

第四节　中西翻译理论研究……………………………… 14

第二章　英汉翻译的基础…………………………………… 29

第一节　英汉语言差异…………………………………… 29

第二节　中西文化差异…………………………………… 41

第三章　英汉翻译中的常见问题…………………………… 55

第一节　可译性问题……………………………………… 55

第二节　词汇空缺问题…………………………………… 61

第三节　文化等值与文化欠额问题……………………… 63

第四节　文化翻译误区问题……………………………… 65

第四章　翻译的常用技巧…………………………………… 75

第一节　词汇翻译技巧…………………………………… 75

第二节　句子翻译技巧…………………………………… 91

第三节　语篇翻译技巧…………………………………… 93

第四节　修辞翻译技巧…………………………………… 94

第五章　文化维度下的翻译………………………………… 97

第一节　文化简述………………………………………… 97

第二节　文化与翻译的关系……………………………… 112

第三节　中西文化翻译观………………………………… 114

第六章　思维维度下的翻译………………………………… 125

第一节　思维简述………………………………………… 125

第二节　思维与翻译的关系……………………………… 126

第三节　翻译思维的要素与运行模式……………………… 129

第七章　文体学维度下的翻译……………………………… 148

第一节　文体学简述………………………………………… 148

第二节　文体学与翻译的关系……………………………… 149

第三节　翻译文体学探究…………………………………… 150

第八章　语用学维度下的翻译……………………………… 163

第一节　语用学简述………………………………………… 163

第二节　语用与翻译研究的融合…………………………… 185

第三节　语用翻译理论研究………………………………… 187

第九章　心理学维度下的翻译……………………………… 192

第一节　翻译心理学简述…………………………………… 192

第二节　翻译心理学的运行模式…………………………… 205

第三节　翻译认知心理学与翻译审美心理学……………… 209

第十章　口译探究…………………………………………… 219

第一节　口译简述…………………………………………… 219

第二节　口译的过程………………………………………… 221

第三节　口译的技巧与策略………………………………… 223

参考文献……………………………………………………… 241

第一章 绪 论

当前,很多翻译理论家与实践家对翻译理论展开了多层面的研究和探讨。说到翻译,很多人可能立马想到的是广告文书、新闻报道、商务信函等这些日常生活中常见的内容的翻译,同时人们认为的翻译仅仅是两种语言之间进行转换。实际上,翻译的覆盖面是非常广泛的,是一门极为复杂的科学,而且翻译与其他学科有着紧密的关系,如文体学、文化学、心理学等。要想能够翻译准确,译者不仅需要具备高超的语言功底,还需要经过反复的训练,做到理论与实践的结合。本章作为开篇第一章,首先对翻译的基础知识展开分析,包含翻译概念的界定、翻译的特点与分类、翻译的具体过程以及中西翻译理论研究四个方面。

第一节 翻译概念的界定

翻译的概念是翻译理论的基础与原点。翻译理论的很多流派都对翻译进行过界定。人们的翻译活动已经有 2 000 多年的历史了,并且对翻译概念的认知也随之发生了改变。学者威尔斯说:“一部翻译史事实上就是对‘翻译’这个词的多义性进行的论战。”① 从威尔斯的论述中可知,对翻译的理解需要从多个层面进行考量。

一、翻译认识的过程:从感悟式到通论式

对翻译的认识,经历了感悟式、语文学式、文艺式以及通论式的演变过程。

人们对翻译最初的认识是感悟式的,主要是通过隐喻或者比喻的方式来进行表达。著名学者谭载喜(2006)通过对大量关于翻译的比喻说法进行总结,认为翻译主要是由作为行为或过程的翻译本身、作为结果的

① 威尔斯著,祝珏,周智谟译.翻译学——问题与方法[M].北京:中国对外翻译出版社,1988:19.

译文、作为主体的译者构成。[①] 从作为行为或过程的翻译本身来说，很多形象说法都对翻译的特点、性质等进行论述。

语文学式是对翻译的进一步认识，在这一层面上，人们往往通过一些简单的话语表达对翻译的看法，这些看法虽然构不成系统，但是也存在着一些真理，甚至有些对后世的翻译研究有着深远影响，如严复的“信达雅”，至今仍被视为翻译工作的一大重要标准。

翻译可以被视作一种对问题进行解决的活动，因为源语中的某一元素可以采用目的语中的某个元素或者某几个元素来处理。[②] 之后，由于翻译活动多为文学作品的翻译，因此对于翻译概念的探究主要是从文学层面展开的，因此是文艺式的研究。这类研究强调文学作品的审美特征，并将文学翻译的本质特征揭示出来。文艺式的翻译主要是针对文学这一语体来说的，排除那些非文学翻译活动，所以缺乏概括力。

进入 20 世纪中期，人们认识到无论是文学翻译还是非文学翻译，都必须进行语言的转换，因此就语言学角度对翻译进行界定是最具有概括力的，能够将不同的翻译类型揭示出来，也开启了现代意义上的翻译研究，将传统对翻译的界定转向翻译的通论研究，将传统对文学翻译的研究转入翻译专论研究，这就是通论式阶段。从整体上说，通论式翻译研究注重翻译的普适性，因此其概念也更为大众化。

二、翻译的任务：源语文本的再现

在翻译的定义中经常会出现“意义”一词，其主要包含翻译的客体，即“翻译是什么？”应该说，“意义”相比费奥多罗夫（Fyodorov）的“所表达出的东西”更具有术语性，用其解答什么是翻译的问题是翻译学界的一大进步。但是也不得不说，有时候运用“意义”对翻译进行界定会引起某些偏差，因为很多人在理解意义时往往会受到结构主义语言学的影响，认为语言是有着固定的、明确的意义的。但就实际程度来说，语言的意义非常复杂。

著名语言学家利奇（L. N. Leech）指出意义具有七大类型，同时指出：“我不希望给人留下这样的印象，即这些就是所有意义的类型，能够将所传递的一切意义都表达出来。”[③] 利奇还使用 sense 来表达狭义层面的意

① 谭载喜．翻译比喻中西探微 [J]. 外国语，2006（4）：73-80.

② 蔡新乐．翻译哲学真的没用吗？——从皮姆的《哲学与翻译》看翻译的概念化及西方翻译思想史的重构 [J]. 外语教学，2014（6）：103-107.

③ 利奇著，李瑞华，王彤福，杨自俭，穆国豪译．语义学 [M]. 上海：上海外语教育出版社，1987：29.

义，而对于包含七大意义在内的广义层面的意义，利奇将这些意义称为“交际价值”，其对于人们认知翻译十分重要。换句话说，源语文本中的这种广义层面的意义实际上指代的都是不同的价值，将这些价值结合起来就是所谓的总体价值。

很多学者指出，如果不将原作的细节考虑进去，就无法谈论原作的整体层面。但需要指出的是，原作的整体不是细节的简单叠加，因此从整体上对原作进行考量，并分析翻译的概念是十分必要的。

王宏印在对翻译进行界定时指出：“翻译的客体是文本，并指出文本是语言活动的完整作品，其是稳定、独立的客观实体。”① 但是，原作文本作为一个整体如何成为译本呢？作者认为，美学中的“再现”恰好能解释这一过程。

在美学中，再现是对模仿的一种超越。在模仿说中，艺术家的地位是不值得被提出来的，他们不过是在现实之后的一种奴仆，他们的角色如镜子一样，仅仅是对现实的一种被动的记录，自己却没有得到任何东西。换句话说，在模仿说中，艺术品、艺术表现力是不值得被提出来的，因为最终对艺术品进行评论，是看其与真实物是否相像。实际上，模仿说并未真实地反映出艺术创作的情况，很多人认为模仿的过程是被动的，但是在看似这种被动的情况下，也包含了很多表现行为与艺术创造力，其中就包括艺术家的个人体验与个人风格。同样，即便是那些不涉及艺术性的信息类文本，其翻译活动也不是模仿，而是译者进行的创造过程；对于那些富含艺术性的文本，模仿说更是无稽之谈了。最终，模仿必然会被再现替代。

用“再现”这一术语对翻译概念进行说明，可以明确地展现翻译的创造性，可以将译作的非依附性清楚地表现出来。因为再现与被再现事物本身并不等同，而是一个创造性的艺术表现形式，同时再现可以实现译作替代原作的功能。

三、翻译的维度：从语言到语言一文化

从普通意义上对翻译内涵的论述有很多，但观点并不统一。通论式翻译概念的确立是从语言学角度来说的，并随着语言学研究的深入而不断完善与发展。

俄罗斯学者费奥多罗夫从传统语言学角度出发，指出翻译是“运用语言的一种手段，传达另外一种语言的信息，并用完整、准确的语句表达

① 王宏印．英汉翻译综合教程[M]．大连：辽宁师范大学出版社，2002：54.

出来的过程”。[①]

英国学者卡特福德(J. C. Catford)从普通语言学理论视角,将翻译定义为“将源语文本材料替换成等值的译语文本材料的过程”。[②]

英国学者纽马克(P. Newmark)认为,翻译形式是将一种语言/语言单位转换成另外一个语言的过程。所谓的语言/语言单位指的是整个文本或者文本一部分的含义。[③]

美国学者奈达与泰伯(E. A. Nida & C. R. Taber)指出:“翻译是用目的语创造一个与源语最接近的等值物,其中意义是第一位的,风格是第二位的。”[④]

通论式翻译概念对人们从宏观角度认识翻译有着巨大的帮助。但是,仅仅对语言角度进行强调也并不全面,也很难将翻译的概念完全地揭示出来,翻译的概念还应该涉及文化部分。

许钧指出:“从语言学角度对翻译进行界定是将翻译活动限于语言转换层面,这样会容易遮盖翻译所囊括的广义内涵,并且容易忽视语际翻译的全过程及翻译中所承载的文化。”[⑤]

科米萨罗夫(Komissarov)指出:“翻译过程不是仅仅将一种语言替换成另外一种语言,其是不同个性、文化、思维等的碰撞。”[⑥]同时,科米萨罗夫还专门对翻译学中的社会学、文化学问题进行了研究。即便如此,他们下的定义还未能明确文化这一维度。

俄罗斯学者什维策尔认为翻译中应该将两种语言、两种文化、两种情境体现出来,并分析出二者的差别。在他看来,翻译可以进行以下界定。[⑦]

(1)翻译是一个单向的、由两个阶段构成的跨语言、跨文化过程,在这一过程中,往往需要对源语文本进行有目的的分析,然后创作出译语文本,对源语文本进行替代。

(2)翻译是一个对源语文本交际效果进行传达的过程,其目的因两种语言、两种文化、两种交际情境的差异性而发生改变。

---

① 杨仕章.翻译界说新探[J].外语教学,2015(6):101.

② Catford, J. C. *A Linguistic Theory of Translation*[M]. London: Oxford University Press, 1965: 20.

③ Newmark, P. *About Translation*[M]. Beijing: Foreign Language Teaching and Research Press, 2006: 27.

④ Nida, E. A. & Taber, C. R. *The Theory and Practice of Translation*[M]. Shanghai: Shanghai Foreign Language Education Press, 2004: 12.

⑤ 许钧.翻译概论[M].北京:外语教学与研究出版社,2009:29.

⑥ 杨仕章.翻译界说新探[J].外语教学,2015(6):101.

⑦ 同上.

很明显，什维策尔的定义包含了文化因素，并指出翻译是跨文化交际的过程，强调译本语境是另外一种语言文化环境。

我国学者许钧认为翻译具有五大特征，即符号转换性、社会性、创造性、文化性、历史性。同时，基于这五大特征，将翻译定义为"以符号转换作为手段，以意义再生作为任务的一项跨文化交际活动"。①

显然，当前的翻译已经从语言维度逐渐过渡到语言—文化维度。

四、翻译的传播形式：单向跨文化传播

在翻译的定义中将翻译的文化性体现出来，可谓是一个很大的进步。但是，在将文化性体现出来的同时，很多学者习惯运用"跨文化交流"或"跨文化交际"这样的说法。

翻译属于跨文化交际活动，但这大多是从历史角度对不同民族间的翻译活动历史成效进行的定性表述。

普罗瑟认为，跨文化交流活动需要的是双向互动，但是跨文化传播则需要的是单向互动。② 由于具体的翻译活动往往呈现的是单向过程，因此决定了翻译活动应该是一种传播活动。可见，如果确切地对翻译进行界定的话，可以将翻译定义为"一种跨文化传播活动"。

如果翻译的语言特征体现为不同语言之间的转换，那么翻译的文化特征体现的则是文化移植。当然，这种移植可以是引入，也可以是移出，由于源语文化与译语文化并不是对称的，同一个文化因素在引入与移出的过程中不可避免地会遇到不同的翻译策略。这样可以说明无论是从语言转换的角度，还是从文化移植的角度，翻译都是单向性的。

第二节 翻译的特点与分类

要对翻译理论进行研究，除了研究翻译概念的界定，还需要深层次挖掘翻译的特点与分类，这也是当今翻译学界研究的中心话题。只有对翻译的特点与分类有清楚把握，才能在具体的翻译实践中做到有理可循。

---

① 许钧．翻译概论 [M]．北京：外语教学与研究出版社，2009：41.

② 普罗瑟著，何道宽译．文化对话：跨文化传播导论 [M]．北京：北京大学出版社，2013：3.

一、翻译的特点

随着国与国交往的日益频繁，翻译在国际交往中扮演着非常重要的角色。在跨文化交际的过程中，翻译也呈现了自身的特点，具体表现在社会性、文化性、创造性上。

（一）社会性

翻译活动具有社会性，这主要是因为翻译活动对于国与国之间的交流起着巨大的作用。具体来说，表现为如下三点。

首先，翻译的社会性体现在交际性上。翻译能够打开人们的思想和心灵，而交流是人们能够理解的前提与基础，理解则是人们从窄到宽的动力。学者邹振环指出，中国古代的翻译工作虽然不能说尽善尽美，但是确实对当时的社会交往起着非常重要的作用，有助于推进社会文化的进步与发展。当然，这种影响分为积极的影响和消极的影响，也有正面的影响和负面的影响。

其次，翻译的社会性体现在民族精神与国人思维上。对于这一点，可以从鲁迅的翻译经历中体现出来。鲁迅的翻译经历了三个重要时期。第一个时期是鲁迅在日本留学的时期，他翻译了法国作家凡尔纳的科幻小说《月界旅行》以及雨果的《随见录》，并且还编译了两本小说。在这一时期，鲁迅的思想是偏向于弱者的。第二个时期是鲁迅思想的转变时期，从民主主义思想转向共产主义思想。受当时形势的影响，鲁迅翻译了一些如《文学与革命》之类的文章。第三个时期是鲁迅最辉煌的时期，这一时期鲁迅彻底地转变成一名共产主义者，因此为了革命的需要，鲁迅翻译了一些战争作品。从鲁迅翻译经历的三个时期可以看出，翻译有助于塑造国人的精神与思维，使他们奔向革命浪潮之中。

最后，翻译的社会性体现在对社会重大政治活动的影响。例如，对易卜生的《玩偶之家》的翻译，让国人体会到中国妇女应该解放出来，也使得中国社会发生了巨大变化。

（二）文化性

翻译对世界文明的进步与发展作用巨大，而社会的发展与文化有着紧密的关系，因此翻译的社会性中其实也渗透了翻译的文化性。

著名学者季羡林这样说道：只要交谈双方具有不同的语言文字，不管是在一个国家，还是在一个民族，都需要翻译的参与，否则彼此就很难进行沟通，文化也很难进行交流，人类社会也无法向前迈进。

从季羡林的观点中可以看出，翻译需要民族之间的交往，而在交往中必然会涉及文化内容与信息。

（三）创造性

翻译具有创造性。传统的翻译理论认为翻译仅仅是两种语言之间的转换，其实不然，因为从翻译的社会性与文化性中可以明显看出翻译的创造性。

首先，从社会角度来说，翻译是为了语言之间的交流，是为了传达思想，而思想是开放的，是翻译创造性的前提和基础。

其次，从文化角度来说，翻译中导入文化因素是为了激活翻译中的目的语文化，这实际也是在创造。

最后，从语言角度来说，为了能够传达新事物、新观念，必须进行创造，当然翻译也不例外。

在郭沫若看来，好的翻译就等同于创作，甚至可以超过创作。翻译工作是非常艰苦的工作。在创作过程中，译者需要具备足够的经验，除了要熟悉本国语言，还需要熟悉他国语言，这一难度甚至可以超过创作。因此，翻译是一种艺术，是一种创造性的艺术。

茅盾也指出，文学翻译与文学创作有着同等重要的地位。在中国近现代社会，很多人认为翻译等同于临摹，认为译者与创作者是无法比拟的。针对这一问题，茅盾多次进行了批评。在茅盾看来，翻译的困难与创作是一样的，甚至比创作更难。因为要想翻译一部好的作品，首先就需要把握作者的思想，进而找寻作者写作的美妙之处，从而将自己带入作者的作品之中，感受作者笔下的妙处。

二、翻译的分类

依据不同的标准，翻译有着不同的种类。以下就从不同的标准出发来分析翻译的具体类型。

（一）从翻译作品种类分类

根据翻译作品的种类，翻译可以划分为五大类。

（1）全译，即逐词逐句对原作进行翻译，是最常见的翻译种类。

(2)摘译,即从出版部门、编辑人员、读者的要求出发,对原作的一部分进行翻译,其往往在一些报刊中比较适用。

(3)参译,即参考翻译,是一种自由的、特殊的翻译品种,可以是全译,也可以是摘译或者编译。

(4)编译,即将一篇原文或者几篇原文的内容进行串联的翻译,是一种特殊的翻译形式,其可以将原作松散的内容进行整合,还可以将多篇原作内容进行串联,以丰富译文。

(5)写译,即译者将翻译作为主体的写作,是比编译更为宽松、自由的翻译形式。

(二)从翻译原作种类分类

根据翻译原作的种类,可以将翻译划分为如下三种。

(1)一般语言材料翻译,即日常使用的语言,其包含一般报刊翻译与各类应用文翻译。这类翻译往往包含四个特点。

其一,杂,即内容上包罗万象,不仅有趣味的新闻,还有科普类文章,更有生活常识类文章等。

其二,浅,即语言上比较容易理解,不像文学作品那么深奥,也不像专业翻译那么专业化。

其三,活,即与一般科技类文章相比,行文上比较活泼。

其四,新,即语言上比较现代化,添加了很多新词、新语。

因此,在翻译此类文本时,译者需要灵活处理“忠、顺”的矛盾,采用一切方法,对译文进行加工与修饰,追求行文的传神与活泼。

(2)文学翻译,其要比一般语言材料的翻译困难,这是因为其具有如下几个特点。

其一,长,即跨度时间都比较长,因此要求译者具备扎实的基本功。

其二,突,即翻译时要凸显“忠、顺”。

其三,高,即要求译者具有较高的译语基本功,尤其是对世界名著展开翻译时,要求的译语基本功更高。

其四,雅,即要求翻译时要雅,具有文学味道与作品气质。

其五,创,即要求翻译时译者要发挥自身的创造性,这一点要比其他两种翻译要求更多,因为文学翻译对传神达意的要求更高。

因此,在进行文学翻译时,译者需要对“忠、顺”的矛盾进行灵活把握,解决二者的矛盾时需要考虑原作的特色、译作的目的以及译作的环境。

(3)专业翻译,即包含科技资料、商务信函、军事著作等在内的各种文本的翻译,这里仅就科技翻译来说明其特点。

其一,专业,即涉及大量的专业词汇与表达。

其二,重大,即具有重大的责任,因为如果出现误译的话,可能会造成严重的后果。

其三,枯燥,这是其特殊性,因为有时其涉及的词汇、表达等非常的枯燥无味、晦涩难懂。

(三)从翻译工作主体分类

根据翻译工作的主体,可以将翻译划分为如下两类。

(1)人工翻译,即传统的以译者作为主体的翻译形式,往往从多人到一人。

(2)机器翻译,即20世纪70年代后出现的将翻译机器作为主体的翻译形式,往往从简单型到智能型。

需要指出的是,机器翻译比较快,不怕重复,也不需要休息,但是它也存在着不足之处,即往往比较机械,离不开人,还需要译者进行核对、润色与定稿。因此,要想翻译准确,机器翻译也需要人工翻译的配合。

(四)从翻译等值程度分类

根据等值程度,可以将翻译划分为如下四种。

(1)完全等值,即1∶1的等值,是对于一种原文,虽然译法有一种或者几种,但是效果需要与原作保持基本一致。

(2)部分等值,即1∶几或者几∶1的等值,其源自两种,一种是对于某一原作,有几种译文;二是对于多种原作,仅有一种译文。无论是哪种,其都未达到完全等值,仅仅是部分等值。

(3)假性不等值,即指前面的完全等值或者部分等值。这种现象也非常常见。原作中的某个词、句子等,有时候译文初看与原作不等值,但是译语明明有完全等值的表达,译者就是不采用。这是为什么呢?因为译者如果采用了完全等值的表达,其在实际中的效果就不能实现等值,虽然他们在措辞上似乎是不等值的,但是在实际效果是等值的。

(4)不等值,即1∶0或者0∶1的等值。

第三节 翻译的具体过程

翻译过程是一项非常复杂的过程,而且是一项复杂的心理过程,其工作的重心是研究如何才能在兼顾原文思想的前提下传达原文的意义。这一过程包含四个关联阶段,即准备、理解、表达和修改与审校。这四个阶段是密不可分的关系,本节就对这四个阶段展开分析。

一、准备阶段

由于翻译是一项十分复杂的工作,因此进行适当的准备是非常必要的。在翻译之前,译者通过准备,可以保证自身的翻译工作顺利进行。当然,准备工作也包含很多,尤其要查询与之相关的资料,这样便于译者对原作有基本的了解。当然,译者还需要借助相关的工具书或辞典。具体来说,主要包含如下几个层面。

(一)了解作者的基本情况

在翻译之前,译者需要对原作者的生平、时代、社会背景、写作风格等有基本的把握。对于这些信息,译者可以从多个途径获得,如百科全书、网络、自传等。

(二)分析作者的创作手法

在翻译之前,译者至少要阅读作者的两部著作,从中了解作者的写作风格、创作手法以及基本的思想取向等,尤其是作者的经典代表作,这样可以从中找到与所要翻译作品的某些相似之处,也可以使他们更深刻地理解所翻译的作品。

(三)清楚作者的语言风格

对作者的语言风格的再现是翻译的重要内容,所以译者在翻译过程中要充分了解作者的语言风格。译者可以对某些段落进行解读,分析其中的行文与修辞特点,对作者的写作特殊之处有初步的接触,从而为之后的深刻剖析奠定基础。

（四）准备工具书等材料

译者在进行翻译时，需要借助工具书，常见的工具书有百科全书、双语词典等，如 *The Shorter Oxford English Dictionary*，*Longman Dictionary of Contemporary English* 等。

二、理解阶段

所谓理解，即通过分析事物间的联系，并对新事物进行认知的过程。从翻译的角度来说，理解就是译者对原作进行了解的基础上，运用英汉两种语言的词汇、语法、修辞等知识，理解原作的内容与风格。具体而言，翻译过程中的理解包含以下几个方面。

（一）理解原作语言现象

理解原作语言现象是指通过对原作语言现象的理解，来明确原作的具体内容。这是因为一篇文章的思想、内容往往是通过语言形式来展现的，如果译者弄懂了语言形式，那么其隐藏在语言形式下的思想、内容也就明确了。例如：

The custom had its spring in another country.

译文 1：这种风俗在其他国家也有它的春天。

译文 2：这种风俗源自于其他国家。

spring 的基本含义为“春天”，但是如果组成 have its spring，其含义则为“源自于、起源于”，因此译文 2 的理解更为准确。

The young woman move a pace or two and the scent of his honest heat afflicted Steven's nostrils.

译文 1：这名年轻的妇女向前面走了两步，一股子热汗的味道冲进了斯蒂文的鼻孔里面。

译文 2：这名年轻的妇女向前面走了一两步，她那毫无掩饰的怒气冲着斯蒂文扑面而来。

heat 通常被理解为“热汗”，但其还指代“激动”或“怒气”，如果翻译成“热汗”，honest 这一修饰语就无法让人理解，因此改成“怒气”更为恰当。

（二）理解原作逻辑关系

要想达到对原文的透彻理解，译者必须通过上下文的联系去理解原文的逻辑关系。原文里的一个词、一个词组或一个句子可能有着不同的含义,译者需要通过仔细分析来龙去脉,估计实际情况,选择最准确的译法。理解了逻辑关系,译者有可能理解按原文语法关系所不能理解的问题。例如:

As it happens, a razor that is safe in Europe is unlikely to electrocute Americans.

译文1:碰巧,在欧洲运用安全的剃须刀不太可能让美国人触电死亡。

译文2:事实上,在欧洲运用安全的剃须刀不太可能使美国人触电死亡。

一般情况下,as it happens 的含义为“碰巧、偶然”,但是译文1中读起来并不顺畅,而其还可以理解为“事实上、实际上”,这样翻译出来更为准确。

(三)理解原作风格色彩

在对原作进行理解时,还需要重视原作的风格色彩,其一般在语言形式中有明确的表现。例如:

There you are the dog in the manger! You won't let him discuss you affairs, and you are annoyed when he talks about his own.

译文1:你狗占马槽!你不让他谈论你的事情,可是他讲述他自己的事情你又气恼了。

译文2:你不干还不让别人干!你不让他谈论你的事情,可是他讲述他自己的事情你又气恼了。

原作中的 the dog in the manger 翻译为“狗占马槽”似乎非常不合适,而翻译为“你不干还不让别人干”更为恰当,这样不仅保留了原作的风格,还使译作更为传神。

三、表达阶段

表达是翻译过程中十分重要的一个环节,它是理解的升华和体现,是理解的目的和结果。表达是综合与艺术二者的结合,因此表达具有较高的创造性,译者在进行翻译实践中,一定要跳出原作,摆脱原作的形式束缚,要发挥出译语的长处,将对原作的表层与深层意义的理解确切地表达出来,将原作化成一个整体来再现。例如:

All that evening this thought kept coming back; but, as is not unusual, each time with less poignancy, till it seemed almost a matter of course to be a scoundrel.

译文 1：那天晚上，他翻来覆去想这个问题；但是，正如通常情况下那样，强烈的程度逐渐减低，末了，坏蛋几乎是做定了。

译文 2：那天晚上，这种想法不断地涌现在他的脑海里，但是和往常一样，每次这样想时痛悔的感觉会愈来愈淡，直到最后似乎觉得做坏蛋也是理所当然的了。

原文中的 poignancy 理解为“强烈的”很难让人理解，而翻译为“遗憾的、痛悔的”更让读者理解，读起来也更为通顺。

Tall, thin, elegant, with the air of thoroughbred, he stuck Mr. Pearson as a curious mixture of a condottiere and Machiavelli.

译文 1：他身材修长、温文尔雅、风度翩翩。皮尔逊先生从他身上得到的印象是：他是雇佣兵和马其雅维里的奇妙的混合物。

译文 2：他身材修长、温文尔雅、风度翩翩。皮尔逊先生从他身上得到的印象是：此人居然集雇佣兵与权谋术士的特点于一身。

原文中，Machiavelli 是意大利著名的历史学家兼政治家，其为了实现政治目的不择手段。汉语读者理解“马其雅维里”是非常困难的，而翻译为“权谋术士”更为容易。

四、修改与审校阶段

所谓修改，是指对译作进行加工润色与修正。其包含两个层面：一是对译文进行全面的修正，二是对译文词句进行修正。其可以划分为两步。

(1)与原作对照，逐句逐段修改，具体展开如下。

其一，确定原作思想、内容是否准确传达。

其二，确定有无错译、漏译等情况。

其三，确定译文是否通顺。

其四，确定译文的风格色彩是否与原作相符。

(2)脱离原作之后，对译文进行反复的阅读，如有错误，进行修改，具体展开如下。

其一，译文用词是否规范、恰当。

其二，上下文是否衔接恰当。

其三，译文前后是否矛盾与重复。

其四，译文是否存在逻辑不通的情况。

审校是最后一个步骤，是对译文做最后查验，具体展开如下。

(1)审校译文的词汇、句子、段落是否存在错漏的地方。

（2）审校译文中的方位、人名、地名、数字等情况是否存在错漏的地方。

（3）审校译文中的术语是否存在不一致的地方。

（4）审校译文中的标点是否有错误的地方。

（5）审校译文中注释是否有不妥当的地方。

第四节　中西翻译理论研究

中西方翻译的传统使世界翻译史上形成了两大特色鲜明的翻译体系，并且是相互独立的两大体系。虽然是独立的体系，但是都形成了各自有特色的翻译思想，这些思想可能是相近的，也可能是存在差异的。本节就对中西翻译理论进行研究。

一、中国的翻译理论

西方翻译理论大大开阔了国内翻译研究者的视野，为国内的翻译理论研究奠定了坚实的基础。

（一）中国古代翻译理论

中国的翻译活动起源于春秋战国时代，而真正的语际翻译活动是佛经翻译。佛经翻译也是翻译活动的第一个高潮。随着众多经书的译出，许多翻译理论和方法随之出现，因此佛经翻译时期是中国翻译理论形成的开端。

支谦作为佛经汉译的开创者，翻译著作丰富，重译了《道行》及《首楞严》。他十分注重翻译技巧的运用，在《法句经序》一书中，首先指出了翻译的不易，接着对当时“文”与“质”的翻译观点进行了分析，启发了严复对“信达雅”的思考。

对于翻译方法，释道安也提出了自己的见解。他认为，在翻译经文时，大乘经翻译应以“文”为主，戒律翻译应以“质”为主。他还提出了“五失本、三不易”理论，即五种情况易使译文丧失原意，三种情况不易处理。

在翻译方法上，玄奘主张将直译与意译结合起来，提出了著名的“五不翻”思想，即“秘密故、含多义故、此无故、顺古故、生善故”。玄奘还提出了六种翻译技巧，分别是补充法、省略法、变位法、分合法、译名假借法、代词还原法。

明朝初年,人们对自然科学存有一定程度的蔑视。徐光启(1562 ~ 1633年)主动介绍西洋自然科学,勤奋著述,译有《几何原本》《泰西水法》《农政全书》等著书,为17世纪中西方文化交流做出了重要贡献。与徐光启齐名的李之藻(1565 ~ 1630年)精于天文历算、数学,在几何方面的译作质量非常高。他与利玛窦合编了《同文指算》一书,至1613年译成,将西洋笔算传入我国。《同文指算》是中国编译西方数学的最早著作。

(二)中国近代翻译理论

鸦片战争至甲午战争前,被誉为"组织翻译活动先驱"的林则徐一心致力于翻译西方书籍。林则徐虽然没有提出翻译理论,但是对中国的翻译事业做出了巨大的贡献。

第二次鸦片战争后,马建忠开始研习西学。他在《拟设翻译书院议》一书中指出了急需翻译的三类书籍,强调要挑选优秀著作来翻译,并提出翻译的标准在于译文与原文的一致。马建忠进一步指出,要实现译文与原文的一致,译者必须精通译语和源语。他的这一理论构建了中国近代重要译学理论的发展基础。

被称为"维新志士"的梁启超,在翻译西学方面也表现得非常活跃,他提出了翻译强国的观点,并创造了翻译文学理论,其思想对当今的翻译实践仍具有借鉴意义。

中国近代启蒙思想家、翻译家严复,翻译了《天演论》《原富》《群学肄言》《群己权界论》等著作,将西方的社会学、政治经济学、哲学和自然科学引入中国。他提出了"信达雅"三条翻译标准,对后世的翻译实践具有重要的指导作用。

(三)中国现代翻译理论

19世纪末20世纪初,西方资本主义文化思想包括两大派别:一是发达资本主义国家的个性主义和自由主义,二是被压迫民族的人道主义和民主主义。在这种时代背景下,鲁迅将目光转向后者,试图通过翻译这些被压迫民族的作品来唤醒沉睡的中国人。当时的翻译比较混乱,鲁迅始终将"忠实"作为翻译的首要原则,并大力提倡忠实于原著的白话文直译法,使西方近代资本主义思想进入中国。他还对翻译理论、翻译原则做出了诸多研究和论述,他创立了以"易解、风姿"和"移情、益智"为核心的翻译理论,以及"以直译为主,以意译为辅"与"以信为主,以顺为辅"的翻译原则,并提出“翻译应与创作并重”的思想。他的“重译”与“复译”观点及时纠正了当时的不良译风。

鲁迅的翻译理论是基于对历代佛经翻译的批判继承与发展的基础上,并结合清朝末期社会科学与文学翻译理论的发展而逐渐形成的。作为一名翻译理论家,鲁迅发表了很多翻译理论著作与文章。直到今天,鲁迅的翻译思想仍旧是译学发展的一个重要组成部分。鲁迅的主要贡献总结如下。

以“直译为主、意译为辅”与“以信为主,以顺为辅”思想。鲁迅主张,翻译应该“以信为主,以顺为辅”,反对只顺不信,也就是鲁迅所谓的“宁信而不顺”。鲁迅认为,在翻译时译者不仅将新的内容输入进去,还将新的表现手法输入进去,而其中的一部分会从不顺转成顺,那些彻底不顺的部分会逐渐被淘汰。这就涉及批判的内容。对于硬译与死译的看法,鲁迅认为翻译应该综合中国翻译历史的经验,要取之精华、去之糟粕,即不仅要尽量地输入,同时要尽量地予以消化,将那些可以运用的进行传承,将那些不可以运用的排除掉。对于“硬译”,鲁迅认为可以输入那些新造的句法,一时间可能让人感到异样,但是后来逐渐被据为己有,这就是所谓的取之精华,但同时那些确实可以舍弃的生硬句法就应该被舍弃,这就是所谓的去其糟粕。这是翻译的辩证法。鲁迅既主张“信顺”,又主张将新的表现法进行输入,这就体现了他的“直译”思想。但是,他也并不排斥意译,只不过是存在宾主之分而已,并不是敌我的矛盾。

“易解、风姿”双标准论与“移情、益智”双功能说。鲁迅提出的“易解、风姿”是翻译的标准,而“移情、益智”是翻译的功能,它们是鲁迅翻译理论的核心内容。鲁迅曾经这样说:“在动笔之前,要先解决一个问题,是要归化翻译,还是要尽量保留洋气。日本译者上田进君主张采用归化翻译,他认为讽刺作品的翻译应该首先保证易懂。我认为应该是两样都需要的,如果要求易懂,还不如创作或者改作,将事情化为中国的事情,将人物化为中国人。如果是翻译,首要的目的应该对外国的作品进行博览,不仅仅要移情,还要益智,至少要知道什么时候发生了这件事,这就是所谓的洋气。”实际上,世界上并不存在完全归化的译文,如果有,从严格意义上说不算是翻译。只要是翻译,就需要兼顾两个层面:一是易解,二是保留原作风姿。但是,二者往往是矛盾的。从长期的翻译实践中,鲁迅创立了自己的理论,这两种翻译思想的理论价值在于,“易解、风姿”要比严复的“信达雅”具有更强大的涵盖力,使得“信达雅”得到进一步的丰富与深化。一般说,“信达雅”是对内容、语言、风格的描述,这三个层面是不能分割的,但是可以分开进行讲解。鲁迅的两面论不仅要求通顺,还要求忠实。但是,这个忠实与"信"并不完全等同,从本质上说是广义层面的"信",即从内容到形式都是忠实的,是对原作的内容与形式这一不可分割的整体的忠实,是一种全面的忠实。

关于"重译"和"复译"的思想。"重译"与"复译"是鲁迅的两个重要翻译思想,这一思想击退了当时的乱译风,使我国的翻译事业健康发展。鲁迅所说的"重译"就是转译,任何的转译,无论是从英文、日文、德文还是法文等,都有一个先天的弱点,即翻译本身无可避免地使原作与译作间间隔了一层,而从其他文字的译文进行转译,也无形中增加了一层,这就给译者设置了双重壁障。鲁迅提倡从原文直接进行翻译,这样是对作者的尊重,也是对读者的爱护。翻译界的后人正是基于鲁迅的这一思想,才让他们取得一次次成功,翻译出更优秀的作品,为我国的文学翻译事业做出贡献。这是翻译历史发展的必然趋势。对于复译,鲁迅认为即便已经存在好的译本,进行复译也是非常必要的,译者可以取旧译本的长处,加上自己新的体会,译出一种近乎完全的定本。当然,随着时代的变迁,以后也会不断涌现新的译本。翻译有没有"一劳永逸"的译本?对于这一问题不得不说是极少的。就文字来说,中国现在是不存在"一劳永逸"这一符号的,这就是说"一劳永逸"的译本也是不存在的,只能说存在更接近的定本。鲁迅对待复译很宽容,认为可以选取旧有的已经存在的译本的长处,并加以借鉴,然后加上自己的心得,进行再创造,即重点在于,译者要敢于超越。这也说明了一个道理:人类的文化总是基于原有文化进行逐渐积累的。

胡适也是中国白话新诗翻译的领军人物。他认为,用文言文字译诗,只能供少数人欣赏,不能普及。诗歌必须为平民大众所理解,因此翻译应该做到明白流畅。对于翻译,胡适提出了"三负责"之说:一是要对原作者负责任,二是要对读者负责任,三是要对自己负责任。

(四)中国当代翻译理论

刘重德先生在其著作《文学翻译十讲》中提出了信、达、切的"三位一体"翻译标准。

(1)信:信于内容,即内容的忠实性。

(2)达:达如其意,即句子的表达性。

(3)切:切合风格,即风格的贴切性。

刘重德教授用"切"替代了严复的"雅"字,他认为"雅"即所谓的"尔雅"或"文雅",其实是很多风格中的一种,具体翻译时,不可一味地追求"雅",而应实事求是、恰如其分,切合原文风格。"切"是中性词,对于各种不同的风格均适用。

林语堂对于翻译的独到认识是对中国传统翻译思想的丰富和发展。林语堂在长篇论文《论翻译》中较为系统地论述了自己的翻译理论。他的翻译理论可以概括为以下几点。第一，翻译是一种艺术，翻译艺术应该遵循以下原则：译者对原文的全面了解，译者的译语表达能力突出，译者对翻译标准有正确的认识。第二，翻译有三条标准，即忠实标准、通顺标准和美的标准。其中，忠实标准分“直译”“死译”“意译”和“胡译”四个等级。第三，翻译应该是“句译”而不是“字译”，因为字译会随上下文的变化而发生变化，这是我国较早明确提出的“上下文”翻译思想。林语堂在《论翻译》中提出了“忠实、通顺、美”的翻译原则。实际上，这一提法继承并拓展了严复的标准，用“美”的标准代替了严复“雅”的标准。林语堂认为译文既要求达义，还要忠实于原文之字神句气与言外之意，做到传神。

焦菊隐是我国著名的戏剧家、翻译家。他发表了著名论文《论直译》，提出了“整体论”的翻译思想，丰富了篇章翻译理论。“整体论”是指译者要具有整体视野，首先实现整体的意义对应，然后再从上到下、由大到小考察每个部分的意义，逐步完成各个部分的对应。他认为，翻译是“二度”创造的艺术。译者只有认识到了这一点，才能不断提升自身的翻译水平。

傅雷是我国著名的文学翻译家、文艺评论家，他积极地把自己的翻译与国家命运联系起来，试图通过自己的译作鼓舞人们为民族振兴而奋斗。傅雷最具代表性的翻译思想是“传神说”，即“重神似不重形似，译文必须为纯粹之中文”。译者要使译文达到传神的标准，需要满足三个条件：第一，吃透原作的外在形式和内在精神；第二，将自己的理解忠实而生动地表达出来；第三，气息、文脉要流畅、贯通。“传神说”正视了文化差异的客观存在，强调译者要从本质出发去传递原文的风格、意境、神韵等。

谈起当代翻译理论，不得不提的另外一个人就是钱钟书。钱钟书在《林纾的翻译》一文中提出了“化境说”。“化”是文学翻译的最高理想，即将作品从一种文字转换成另外一种文字而不表现出生硬牵强的痕迹。

著名翻译家叶君健精通多种语言，一生翻译了大量外国文学著作，尤以翻译安徒生的童话而闻名于世。叶君健反对传统翻译观将译者视为“隐形人”的观点，比较注重译者在翻译中的主体性和创造性。叶君健认为，文学翻译不是简单的符码转化，翻译有再创造的一面。他在《翻译也要出“精品”》一文中，系统地论述了“精品”理论，即翻译可以使一部外国作品转化为本国作品，并强调了“译者的个性”和“个性的译作”。

最后要提的这位是著名翻译家许渊冲，他是20世纪将中国诗词译为英语和法语的唯一翻译家。他将翻译理论总结为“美化之艺术”，并进一步从中提炼出“三美”“三化”和“三之”，“三美”指“意美、音美、形美”，“三化”指“等化、浅化、深化”，“三之”指“知之、好之、乐之”。他认为最好的原文变成对等的译文，并不一定是最好的译文，因此他主张用最好的译语表达方式来体现原作的内容，这就是著名的“优势竞赛论”。

二、西方的翻译理论

通过总结翻译现象和翻译活动，抽象概括出某种翻译理论，是所有翻译理论研究者的共同追求。众多学者对翻译理论研究的深度和广度的扩展，就形成了不同的翻译理论流派，这些流派从不同的角度和切入点来研究翻译，对翻译有着不尽相同的认识和理解。西方翻译有着几千年的历史，翻译理论成果丰富灿烂。在此，将对七种主要的翻译理论流派进行基本的阐述。

（一）语言学派

从语言学的角度来研究翻译问题，是从奥古斯丁开始的，他是西方翻译理论语言学派的鼻祖和创始人。谈到语言，人们就会想到符号这个概念。在参照和继承了亚里士多德的“符号”理论的情况下，奥古斯丁指出语言符号包括“能指”“所指”两项内容，并揭示了这二者和译者“判断”之间的相互关系。

既然是从语言学视角研究翻译，那么语言学的观点必然会影响着翻译的研究。毫无疑问，西方翻译理论就是受到了斐迪南·德·索绪尔（Ferdinand de Saussure）的普通语言学理论的深刻影响。20世纪初，斐迪南·德·索绪尔详细说明了什么是语言以及什么是言语，并对语言的历时和共时的辨别提供了详细的解释，为此后翻译研究的语言学派构建了基本框架。也就是从这时候起，西方翻译学者纷纷注意到，语言理论可以为建构翻译模式提供理论支持。这也就导致翻译语言学派对翻译中的语言事实比较关注，如语音、词汇、句子、篇章等一系列语言单元都是研究者们的着手点，试图以此探索翻译活动的普遍规律。此外，他们深深地赞同“等值”理论，认为要进行翻译，必须先解决语言之间的转换问题。

随着越来越多的人加入翻译语言学派这个研究队伍，翻译语言学派像一棵大树一样生长得非常茂盛。翻译语言学派这个队伍中最具代表性的有尤金·奈达、约翰·卡特福德、罗曼·雅各布逊（Roman Jakobson）以及彼得·纽马克（Peter Newmark）等。

1. 奈达

从1945年开始,奈达的主要精力就放在了对翻译的研究上,其对西方翻译理论史的贡献无人能及。他于1947年发表了《论〈圣经〉翻译的原则和程序》一文,这为西方语言学派科学地研究翻译掀开了新的篇章。他首次倡导要进行科学翻译,于是提出“翻译的科学”这种打破历史的观点,翻译语言学派也因此被称为“翻译科学派”。他又将信息论引入了翻译研究,创立了翻译研究的交际学派。

奈达认为,在翻译过程中,应该遵循四大原则。

(1)相较于词语一致,保证上下文一致更为重要。对于单词的含义来说,其中涉及的不是语义点,而是语义域,即一个词往往会具备多层含义。在不同的语言中,相应词的语义域并不是完全相同的,因此译者在翻译时需要选择正确的词语对原作进行恰当翻译,考虑选择的词语是否上下文一致,而不应该仅限于某个单词的一致。

(2)相较于形式对应,动态对等或功能对等更为重要。从读者的角度而言,奈达认为译作应该关注是否能够被目的语读者理解。当然,其中的理解并不是目的语读者对某些词语的理解,也不是对句子规范的理解,而是对译作做出怎样的反应。当然,这种反应要求是基本一致,不可能是完全一致,因为源语与译语的历史、文化等存在明显差异。

(3)相较于书面形式,口头形式更为重要。无论是何种语言,书面形式与口头形式并不是等同的,有的语言书面形式较为优美,但是如果放在口头上就很难让人理解。因此,译者在进行翻译时需要注意如下几点。

其一,翻译时尽量避免使用令人误解或者模糊的词语。

其二,翻译时尽量不要使用让人误解的语序及发音。

其三,翻译时尽量不要使用粗俗的词语。

其四,翻译时尽量不要使内容超载,保证简洁最好。

(4)相较于传统的语言形式,译者的需要更为重要。这就是说要照顾读者群体的需要,将大众语言反映出来,而不应该仅限于传统语言形式。

2. 卡特福德

卡特福德注重从现代语言学视角诠释翻译问题,他提出了以下几个主要的翻译观点。

第一,要想进行适当的翻译,必须先确立语言之间的等值关系。

第二,翻译以“对等”为中心和准则。

第三,他创立了“转换(shift)”这一概念,并将其分为“层次转换”和

"范畴转换"两种形式。

第四,他还思考了如何培养翻译人员的问题,对此他认为要辨别原文和译文在语言上的不同特征并分析两种语言的限制性因素。

3. 雅各布逊

美国著名语言学家雅各布逊在1959年发表了《论翻译的语言学问题》一文,从语言学、符号学的角度审视翻译,提出了语内翻译、语际翻译和符际翻译三种翻译类型。雅各布逊认为翻译必须考虑语言的功能以及语言的比较。雅各布逊一直坚持语言功能理论,使得翻译研究跳出了词汇、句子和语篇等的限制性框架结构,而为翻译研究开拓出了一种语境模式,重点关注翻译中语言的意义、等值、可译性和不可译性等根本问题。

4. 纽马克

英国学者纽马克从跨文化交际理论的视角和现代语言学的视角,提出了"交际翻译"和"语义翻译"两个重要的翻译策略。交际翻译则力求接近原文文本,语义翻译在目的语结构许可的情况下尽可能准确再现原文意义和语境。此外,他对雅各布逊的功能模式做出了修改,将文本功能分为寒暄功能、呼唤功能、表情功能、元语言功能、信息功能、审美功能等六种,并据此来系统描述、比较源语和目的语,以期建立文本类型的样板。

(二)功能学派

在20世纪70～80年代,由于翻译研究对语言学的依赖,翻译理论与实践出现严重分离的现象,翻译的功能学派就在这种情况下出现了。

功能学派翻译理论将分析翻译的角度延伸到了交际理论、行为理论、信息论、语篇语言学以及美学等领域,推翻了原文的权威地位,并从目标文本的立场去研究翻译。功能学派的主要代表人物有凯瑟琳娜·莱斯(Katharina Reiss)、汉斯·弗米尔(Hans Vermeer)、克里斯蒂安·诺德(Christiane Nord)、贾斯格·霍兹·曼塔里(Justa Holz Manttari)等。

1. 莱斯

莱斯的研究呈现阶段性特征。在早期阶段,她主要研究语篇对等。但是,她在研究后期意识到翻译不存在对等,因此颠覆了之前的研究成果。因此,她转而研究翻译的功能,弗米尔也加入了她的研究行列。在1971年出版的《翻译批评的可能性与限制》一书中,莱斯引入了功能范畴,使语言功能、语篇类型和翻译策略三者成为一个有机整体,使得基于原文与译文功能关系的翻译批评模式有了新的进展。功能派理论思想随之有了新萌芽。

莱斯认为，文本类型是多种的，不同的文本类型对应不同的翻译方法。她将语篇分为“信息（informative）文本”“表情（expressive）文本”“感染（operative）文本”，这种划分只在译文和原文功能对等的时候才有意义。任何一种翻译类型都只是出现在特定环境中，并有着特定的翻译目的。判断一篇译文质量优劣的标准是译文能否传达原文的主导功能。功能主要由接受者决定，目标文本的形态首先就要符合这种功能和目的。因为莱斯的文本类型划分只适合于特定条件，所以她的功能对等论不被视为常规标准，而只被当作特殊标准。

2. 弗米尔

在批判莱斯的理论的基础上，弗米尔创立了目的论，以至于有人将功能学派称为“目的学派”。

弗米尔沿用了符号的概念，并将翻译、符号与非语言行为进行联系，并认为符号的使用也是由翻译目的所驱动的，并且受到跨文化交际的制约。在他看来，翻译就相当于语言符号的转换和非言语行为。

弗米尔著名的目的论包括一系列的原则，最主要的是连贯原则、忠实原则和目的原则，并且目的原则统摄连贯原则、忠实原则。换言之，目的原则的要求是排在第一位的。

连贯原则主要针对的是语篇内的连贯，也就是指译文的前文和后文要有一定的逻辑关联，语言表达应该地道、真实、自然，并能够为目的语文化和交际提供某些价值。

忠实原则主要针对的是语篇间的连贯，也就是指译文和原文在内容和形式上应该有逻辑关联，但也并不是机械地要求译文和原文一模一样。面对同一篇原文，每一名译者可能有着不尽相同的理解，那么译文存在的目的和译者的理解就决定了忠实的程度和形式。

目的原则认为，翻译行为都具有一定的目的，译者在这个目的的指引下采取相应的翻译方法。

在上述三个原则中，语篇间连贯从属于语篇内连贯，而二者同时受目的原则的统领。也就是说，当目的原则要求语篇间或者语篇内不连贯时，二者都将失去作用。

3. 诺德

诺德首先围绕语篇分析做了一些研究，其次还探索了具体的翻译类型，并从哲学的视阈下探讨功能主义目的论。

诺德对翻译中人的因素尤其关注,如译文接受者、译者的双语能力与译者培训等方面。另外,她对忠实原则也格外重视,并且在折中的思路下提出了“功能+忠诚”模式,此处的“功能”是指译文要让译语文化接受者受到某些启迪或者获得一些帮助,而“忠诚”是道德层面的概念,涉及的是翻译活动参与者之间的关系,强调译者应当通盘考虑所有参与者的期望。

4. 曼塔里

在冯·莱特(Gerog Henrikvon Wright)的行为理论和里宾(Jochen Rehbein)的功能语用学的基础上,曼塔里提出了翻译行为论,这对功能派翻译理论是一次新的拓展和完善。曼塔里特别重视行为参与者,包括信息发出者、信息接受者、译者、译文使用者,并且也同样强调环境条件,如时间、地点、媒介等,并且认为译者自始至终就是翻译行为中的关键人物,他精通并且实施着跨语际转换。曼塔里强调,目的语文本携带着相关功能,这些功能需要在跨文化交际的视角下从语用角度分析才能实现。这就和译者主体性联系了起来,也就是说译者主体性的实现不仅有着语境的大前提,更需要做出“功能改变”。

(三)结构主义学派

1. 结构主义

结构主义作为一种认识事物的思维方式,引领了以结构分析法为特点的一股研究热潮。结构主义将所有事物都纳入结构中,并试图通过分析结构探索事物的本质。一个结构包含以下三种特性。第一,自我调节功能。自我调节是结构的本质特性,涉及结构的内在动力,具有一定的守恒性以及某种封闭性。不断变化的结构系统所产生的要素总是属于这个结构,并能保存该结构的规律。第二,动态性。一切结构,都是一个变化着的转换系统。最初级结构呈现出数学群的状态,更高级别的结构显现出亲属关系。第三,整体性。结构中的各要素相互依存并且有机结合,最后产生的效果大于各个要素的简单叠加。

2. 后结构主义

后结构主义侧重结构的建构和解构。结构没有终极意义,因此解释的目的是强调事物的本身以及这个阐释过程。所有知识可以通过描写得到,可以通过一定的中介或被组织在话语中而被理解。知识结构不是现实世界的准确表现,它随着情景的变化而一直处在变化之中,也随着需要被重新建构。因此,学习也不再是简单地由外到内地转移、存储知识,更多的则是学习者自己主动构建知识的过程。

（四）解构学派

在20世纪60年代后期,在反对结构主义的基础上,解构主义学派的翻译理论悄然兴起,强烈地冲击了传统的翻译理论。解构主义对本质的否定、对结构的拆除以及对译者的突出,给翻译研究注入了新鲜血液。首先,解构主义翻译理论认为,一部翻译作品的好坏,需要经过时间的检验。如果一部翻译作品能在长时间被读者接受,并且使原文也经久流传,那才真正算是质量高的翻译作品。另外,原文和译文的差异是客观存在的,译者就是要将这种差异展现在读者面前,读者对这种差异的反应程度决定了一篇译文的价值。再者,原文与译文之间的关系是平等的,译文不需要靠近、复制原文。也就是说,所有文本都有“互文性”,没有权威性和创造性。

解构主义的主要代表人物有瓦尔特·本雅明(Walter Benjamin)、劳伦斯·韦努蒂(Lawernce Venuti)、雅克·德里达(Jacques Derrida)、保罗·德曼(Paul Derman)。

1. 本雅明

解构主义翻译思想的萌芽起源于本雅明于1923年发表的《译者的任务》一文。他对可译性问题给予了研究,他认为原作是否有翻译的需求,最大程度上决定了可译性,另外还要看是否有合适的译者。他的某些观点促使人们认识到盲目追求忠实的翻译是不可取的,译作不是处于次要的位置,这对后来解构学派翻译思想家颇有启发。

2. 韦努蒂

韦努蒂反对传统翻译以目的语为中心的做法,并认为译文不需要通顺,因此他提出了“抵抗式翻译”的异化翻译策略。他运用德里达的解构主义思想展现了原文或译文的断裂,并借此批判了文本背后的权力关系。解构主义倡导译者和原文作者的平等以及译文和原文的平等,所以否认原文的终极意义。解构主义破碎了对象,也破碎了自己,它是没有任何特征的,也是没有尽头的。

3. 德里达

德里达被称为“解构主义之父”,他在1980年发表的《巴别塔之旅》一文中从哲学的角度对“翻译”进行了深度解构。德里达反对传统哲学中的唯一本原的思想,并提出通过延异、播撒、踪迹、替补来瓦解“在场(presence)”。在这四种解构主义策略中,延异是德里达自创的用来表现存在与意义之间的某种原始差异,从而瓦解结构主义意义确定性的关键术语。

4. 德曼

保罗·德曼深度挖掘语言的本质,并在其翻译思想中展现了哲学观点,但是他不对具体的翻译原则和方法提出过多的见解。他生前在一次演讲中指出,本雅明思想并非救赎式语言观,这打消了人们对本雅明思想的错误认识。他解构式地分析了可译性、译文和原文的关系等,他的角度新颖独特,引起了人们对翻译本质和过程的深入思考。

(五)建构主义流派

在对结构主义和解构主义翻译理论批判的基础上,建构主义翻译理论出现了。建构主义翻译理论具有重构的性质,它以交往理性、实践哲学以及言语行为理论为基础。建构主义翻译理论对言语的实际运用更为关心,它认为言语主体的情感、目的等随着语境的变化而变化。在语言的实际使用中,要将构成性规则和调节性规则结合起来,才能使翻译准确、得体。另外,建构主义翻译理论还以共识性真理为真理观基础。这种真理观总是以当时人们的观念为评价的标准。当公众的共识产生变化时,人们的价值观也会随之变化。尽管如此,不以时间为转移的客观性也仍符合真理观。译文不仅要具有合理性、可接受性,并符合知识的客观性,还要尊重、忠实原作的定向性和图式框架。

(六)女性主义流派

西方第二次妇女运动高潮的到来,促使女性主义者们开始将目光聚焦于文本。一方面,她们倡导男女平等,企图解构男性中心话语。另一方面,受翻译研究“文化转向”的影响,女性主义也开始对自己的文化身份感到不满意甚至怀疑,并且想要进行身份重建,女性主义翻译理论就这样产生了。女性主义翻译理论是把女性主义和翻译融合在一起,在研究翻译的同时分析女性主义是如何与翻译相连接的以及女性主义对翻译有哪些重要的积极影响,打破了传统译论中原文与译文的主仆关系。

雪莉·西蒙(Sherry Simon)、劳丽·钱伯伦(Lori Chamberlain)等都为女性主义翻译理论做出了极大的贡献。

1. 西蒙

西蒙所著的《翻译的性别：文化认同和政治交流》(1996)是西方第一本在女性主义视角下全面论述翻译问题的学术性专著。她的翻译观非常独特,认为原文中包含无限个文本链与话语链,而翻译就是其中意义的延伸。在她看来,翻译不是语言之间的转换。另外,她也指出社会意识和话语建构了性别,而性别又构成了身份与经验。

2. 钱伯伦

钱伯伦对性别政治十分关注,她通过分析17世纪到20世纪翻译中的性别化隐喻来探索其中的性别地位。西方文化一直将翻译视为和女性同等的地位,认为翻译是次要的。将这种男女之间的不平等的地位关系投射到文本关系上,是不合理的,必须消除。女性的地位、女性译者的地位都应该得到提高。

(七)后殖民主义学派

后殖民主义翻译理论作为一种多元文化批评理论,是将翻译和政治、民族、种族相结合的产物。后殖民主义主要分析宗主国和殖民地的关系、帝国主义的文化侵略,揭露了西方形而上学话语的局限性,使民族、文化或团体成为话语的"主体"和心理认同的对象。帝国主义开展殖民活动的对象由曾经的领土转变为现在的意识。这从翻译方向的不平衡性上就可以看出来,强势语言被翻译成弱势语言的作品多,而弱势语言被翻译为强势语言的作品少。

后殖民主义学派的主要代表人物有被称为"后殖民的圣三位一体"的爱德华·赛义德(Edward W. Said)、盖亚特里·斯皮瓦克(Gayatri Chakravorty Spivak)和霍米·巴巴(Homi Bhabha)。此外,道格拉斯·罗宾逊(Douglas Robinson)和特佳斯维妮·尼兰贾纳(Tejasveni Nilanjana)也是比较有影响力的人物。

1. 赛义德

在赛义德看来,西方殖民主义者想要制约东方,就制造出了东方主义这样一种根深蒂固的政治教义。东方一直处于被西方主流学术界所忽视的地位,而赛义德偏偏将研究的目光聚焦于此,他的研究成果对后来所有的后殖民主义翻译理论和实践都带来了启迪。赛义德备受关注的另外一个学术成果就是"理论的旅行"概念。他指出,当某种理论在进入另一个情景的过程中,会失去自身的某些特征,并且与进入地的文化发生相互作用。因此,翻译完全会导致理论的变化。正因为如此,通过翻译而达到的文化再现使东方人在西方人眼中始终扮演着一个“他者”的角色。

2. 斯皮瓦克

斯皮瓦克的翻译研究视角纷繁复杂,他擅长将其他领域的思想植入翻译研究中,并因此派生出自己的翻译理论。他既从比较文学、社会学、哲学、人类学中吸取精华,又从解构主义、翻译理论、女性主义、马克思主义等中国流派中进行广泛的借鉴。斯皮瓦克深受解构主义的影响,并从一种独特的文化理论阐释的角度解释并发挥了德里达的重要理论概念,如延异、差异、播撒、痕迹、踪迹、语音中心主义、逻各斯中心主义等。从此,阐释作为人文科学著作翻译的新手法被人们了解,这是一种不囿于原文语言和结构的翻译策略。不仅如此,斯皮瓦克还对语言的修辞与逻辑之间的关系进行了研究,认为修辞是摧毁逻辑的主要力量,因此译者应该认可语言的修辞性,并且还认为翻译是一种涉及伦理和政治的文化批判问题,而不仅仅是传递意义。

3. 巴巴

巴巴的主要研究成果在后殖民翻译理论中是不可替代的,如他提出的“第三空间”“混杂性”“言说的现在”等概念,其中混杂性理论影响了全球性后殖民语境下的民族和文化身份研究。巴巴对民族建构与话语叙述理论进行了系统的学习,并且很自然地将二者应用在文化翻译实践,进而产生了积极的效果,从而后殖民文化研究和翻译理论研究在解构性方面有着创造性的表现。他的文化翻译理论直接对西方文化霸权主义发起挑战,强调语境的特殊性、历史的差异性,并且为少数族裔的立场摇旗呐喊。

4. 罗宾逊

罗宾逊深入系统地掌握了西方翻译理论和历史,并将解构主义和后殖民理论结合起来,从语言学和文学翻译角度对翻译问题进行系统的研究。人们可能怎么也想不起来“帝国”和翻译有什么联系,然后正是罗宾逊将二者结合起来进行探索,并撰写了《翻译与帝国:后殖民翻译阐释》这本经典著作。在该书中,他从帝国的政治、文化、社会视角,考察翻译在殖民化与非殖民化发展历史中的功能。在他看来,翻译就是一种人际沟通,译者需要和原文作者、目的语读者进行沟通。另外,他还从艾里克·切非兹(Eric Cheyfitz)的后殖民翻译理论汲取学术营养,以此来分析人种学、人类学与翻译的关系。

5. 尼兰贾纳

尼兰贾纳指出，翻译可以改变文化和社会。由此可见，翻译和文化之间是息息相关的。因此，他认为翻译是把一种文化翻译成另外一种文化能够理解的语言活动。

在尼兰贾纳看来，翻译与文化关系密切，是文化和社会转变的重要因素。她在《为翻译定位：历史、后结构主义和殖民语境》一书中，对后殖民语境中的翻译问题进行了分析和论述，将文化和政治因素引进了翻译研究。在她的研究视角中，翻译并非语言转换，而是一个建构起殖民主体的话语场所，形成了一种不平等的权力关系。尼兰贾纳认为，如果要探索翻译和文化、殖民主义的关系，就应该将翻译与人种学结合起来分析。

第二章　英汉翻译的基础

英汉民族的文化背景不同，导致所形成的语言存在巨大差异。两个民族之间想要顺利展开沟通与交流，就需要学习与掌握对方的文化与语言。英汉两种语言之间的差异主要表现在词汇、句子、语篇与修辞上，而两个民族的文化差异则主要体现在思维、价值观等层面。为此，本章就从英汉民族的语言、文化差异入手，探讨英汉翻译的基础。

第一节　英汉语言差异

一、英汉词汇差异

对于英汉语言来说，词汇是其组成的细胞，英汉两种语言中的词汇是非常丰富的。但是，这种丰富性也导致了英汉词汇在搭配、词义等层面的差异性。下面就对英汉词汇差异展开分析。

（一）英汉词汇搭配能力差异

词汇的搭配研究的是词与词之间的横向组合关系，即所谓的“同现关系”。一般来说，搭配是约定俗成的，但是英汉搭配存在着明显的规律，不能混用。例如：

as plentiful as blackberries 多如牛毛

black tea 红茶

另外，很多词具有很强的搭配能力，如英语中的 to do 可以构成很多词组。

to do the bed 铺床

to do the window 擦窗户

to do one's teeth 刷牙

to do the dishes 洗碗碟

通过上述 to do 组成的这些词语可以看出其搭配能力的广泛,可以用于“床”“窗户”“牙”“碗碟”等,但是汉语中与之搭配的词语不同,用了“铺”“擦”“刷”“洗”等。再如,汉语中的“看”也是如此。

看电影 see a film

看电视 watch TV

看地图 study a map

(二)英汉词汇意义差异

1. 完全对应

在英汉两种语言中,有些词在词义上是完全对应的,一般这类词包含名词、术语、特定译名等。例如:

paper 纸

helicopter 直升机

steel 钢

radar 雷达

2. 部分对应

在英汉两种语言中,有些词呈部分对应,即有些英语词词义广泛,而汉语词词义狭窄,有些英语词词义狭窄,但汉语词词义广泛。例如:

sister 姐姐; 妹妹

gun 枪; 炮

red 红色; 紧急; 愤怒; 极端危险

yellow 黄色; 胆小的,胆怯的

3. 无对应

受英汉文化差异的影响,英汉语言中很多专门的词在对方语言中找不到对应词,就是“无对应”,也可以被称为“词汇空缺”。例如:

chocolate 巧克力

hot dog 热狗

气功 Qigong

风水 Fengshui

4. 貌合神离对应

在英汉两种语言中,有些词表面看起来是对应的,其实不然,这种对应的词语可以称为“假朋友”。例如:

grammar school 为升大学的学生设立中学,而不是“语法学校”
mountain lion 美洲豹,而不是“山狮”
talk horse 吹牛,而不是“谈马”
大酒店 hotel,而不是 big hotel
酒店 hotel,而不是 wine shop
白酒 spirits,而不是 white wine

二、英汉句法差异

(一)英汉语态差异

英汉思维模式存在差异往往会影响人们交际过程中语态的选择。通过对英汉语言的语态进行分析可知,英语这门语言在交际中善于使用被动语态,而汉语则不是,主动语态出现的次数比较多。英汉语言语态的差异同样反映在翻译过程中。众所周知,语言是文化的一种载体,所选择的语态不同,就意味着语言背后文化的不同。简言之,英语使用被动语态意味着西方国家的人通常看重客观事物,而汉语使用主动语态则意味着中国人对做事的主体比较看重。

1. 英语善用被动语态

在西方国家,由于受自然环境的影响比较大,因此西方人特别重视研究自然规律,希望可以把握出现某种自然现象背后的原因。西方人重视客观现象与事物,渴望对真理的探索。在语言表达层面,西方人喜欢使用被动语态对一些规律、自然活动、动作承受者等进行强调,他们十分看重所做事情的过程。所以,英语中的被动语态是十分常见的。在历史上,英语中的某一些文体将被动语态作为一种常规的表达方式。

在英语语法中,被动语态的表达形式多达十多种,而且如果使用的时态不同,那么被动语态的表达结构也是不同的。例如,一般现在时被动语态、一般过去时被动语态、一般将来时被动语态。不过,不同时态下的被动语态结构往往表达了不同的意义。例如:

English is spoken by many people in the world.
世界上有许多人说英语。
Apple trees were planted on the hill last year.
去年山上种了很多苹果树。
AI technology will be used in the future.
将来会用到人工智能技术。

对于以上三个句子,通过分析就可以得知,第一个句子使用的是一般现在时态,通过被动语态表达的是当前的状况;第二个句子使用的是一般过去时,通过被动语态表达的是过去的状况;第三个句子使用的时态是一般将来时,通过被动语态表达的是将来的状况。

2. 汉语善用主动语态

与英语不同的是,由于中国人在做事的过程中往往注重动作执行者,因此汉语中更注重使用主动语态,通过陈述具体的动作来清楚传达动作执行者的意图。不过,汉语中也是存在被动语态的,往往表达的是不希望、不如意的情况,如受到损害等。由于汉语中被动语态使用较少,因此汉语中的被动语态在表达上往往比较生硬。例如:

饭吃了吗?

病被治好了吗?

可以看出,上面两个句子使用了被动语态来表达,然而读起来十分拗口,不符合中国人正常的表达习惯。所以,上面两个句子可以修改为:

你吃饭了吗?

医生治好你的病了吗?

这样修改为主动句式之后,句子就显得流畅许多了。

(二)英汉句子重心差异

众所周知,英语句子的重心在前,汉语句子的重心往往在后面。这就意味着英语句子通常将重要的、关键的信息放在句子的开头部分,位于句首,让读者一看就可以领会整个句子的意图。汉语句子往往将重要的信息、关键内容等放在句子的尾部,次要信息、不重要的内容则放于句首。下面通过典型实例进行说明。

传说在清朝末期,曾国藩作为湘军的首领奉命去围剿太平军,但战况不利,遭遇好几次战败,有一次甚至差点被太平军杀死在战场上。后来,他在向朝廷报告战况时使用了“屡战屡败”一词,该词如果翻译为英语,则是:“He was repeatedly defeated though he fought over and over again.”当时曾国藩的军师看到了这一情况,就将“屡战屡败”改为“屡败屡战”,用英语表达为“He fought over and over again though he was repeatedly defeated.”

表面来看,上述两句话中用的词是一样的,只不过将语序做了修改,然而正是因为语序不同导致了所表达含义大相径庭的结果。“屡战屡败”意味着曾国藩在围剿过程中一直处于战败中,对胜利毫无信心,所以只能报告给朝廷,最终也会受到朝廷的处罚。然而,使用了"屡败屡战"一词后,所表达的含义就不同了,这句话传达的信息是曾国藩是一名效忠朝廷的好官员,虽然在战争中吃了败仗,但并没有气馁,所以应该受到朝廷的褒奖。

从汉语角度来分析可以得知,"屡战屡败"的重心是"败",而"屡败屡战"的重心则是"战"。可以说,军师的巧妙更改不仅保住了曾国藩的颜面,而且也救了他的性命。由此可见,在将汉语翻译成英语的过程中就需要重视句子重心的问题,从而准确传达原文的思想。

三、英汉语篇差异

对于英汉两种语言来说,语篇即语言的运用,是更为广泛的社会实践。在英汉语言中,语言是词汇、句子等组合成的语言整体,是实际的语言运用单位。人们在日常交谈中,运用的一系列段落都属于语篇。同时,语篇功能、语篇意义等都是根据一定的组织脉络予以确定的。英汉语篇在组织脉络上存在着明显的差异,这些差异影响着人们的谋篇布局。

(一)英汉表达方式差异

1. 主语与主题

英语属于主语显著的语言,其凸显主语,除了省略句,其他句子都有主语,并且主语与谓语呈现一致关系。对于这种一致关系,英语中往往采用特定的语法手段。汉语属于主题显著语言,其凸显主题,结构上往往包含两个部分,一部分为话题,一部分为对话题的说明,不存在主语与谓语之间的一致关系。例如:

The strong walls of the castle served as a good defense against the attackers.

那座城墙很坚固,在敌人的进攻中起到了很好的防御效果。

显然,英语原句有明确的主语,即 The strong walls of the castle,并且其与后面的谓语成分呈现一致关系。相比之下,翻译成汉语后,结构上也符合汉语的表达,前半句为话题,后半句对前半句进行说明。

2. 客观性与主观性

西方人为客观性思维,因此英语侧重物称,往往将没有生命的事物或者不能主动发出动作的事物作为主语,并以客观的口气加以呈现。中国人为主观性思维,因此汉语侧重人称,习惯采用有生命的事物或者人物作为主语,并以主观的口气来呈现。受这一差异的影响,英语中经常使用被动语态,而汉语往往以主体作为根本,不在形式上有所拘泥,句子的语态也是隐含式的,例如:

These six kitchens are all needed when the plane is full of passengers.

这六个厨房在飞机载满乘客时都用得到。

显然,英语句子为被动式,而汉语句子呈现隐含式。

(二)英汉逻辑连接差异

1.显明性与隐含性

所谓显明性,是指英语中的逻辑关系是依靠连接词等衔接手段来衔接的,语篇中往往会出现 but, and 等衔接词,这可以被称为"语篇标记"。相反,所谓隐含性,是指汉语语篇的逻辑关系不需要用衔接词来标示,但是通过分析上下文可以推断与理解。英语属于形合语言,汉语属于意合语言,后者注重意念上的衔接,因此具有高度的隐含性;前者注重形式上的接应,逻辑关系具有高度的显明性,例如:

跑得了和尚,跑不了庙。

The monk may run away, but never his temple.

上述例子中,汉语原句并未使用任何连接词,但是很容易理解,是明显的转折关系。但是,在翻译时,译者为了符合英语的形合特点,添加了 but 一词,这样才能被英语读者理解。

2.浓缩性与展开性

英语在语义上具有浓缩性。汉语中呈现展开性,即常使用短句,节节论述,这样便于将事情说清楚、说明白。英语具有独特的思维方式与语言特点,这也决定了表达方式的高度浓缩性,习惯将众多信息依靠多种手段来思考,如果将其按部就班地转化成汉语,那必然是不合理的。例如:

She said, with perfect truth, that "it must be delightful to have a brother", and easily got the pity of tender—hearted Amelia, for being alone in the world, an orphan without friends or kindred.

她说道,"有个哥哥该多好啊",这话说得入情入理。她没爹没娘,又没有亲友,真是孤苦伶仃。软心肠的阿米莉亚听了,立刻觉得她很可怜。

上例中, with perfect truth 充当状语,翻译时,译者在逻辑关系上添加了"增强"的逻辑关系。英语介词与汉语介词不同,是相对活跃的词类,因此用 with 可以使感情更为强烈,在衔接上也更为紧密。相比之下,汉语则按照语句的次序进行平铺,这样才能让汉语读者理解和明白。

3. 直线性表述与迂回性表述

英汉逻辑关系的差异还体现在表述的直线性与迂回性上。英语侧重开门见山，将话语的重点置于开头，然后再逐层介绍。汉语侧重铺垫，先描述一系列背景与相关信息，最后总结陈述要点。例如：

Electricity would be of very little service if we were obliged to depend on the momentary flow.

在我们需要依靠瞬时电流时，电就没有多大用处。

上例中的逻辑语义是一致的，都是“增强”，但是在表述顺序上则相反。英语原句为主从复合句，重点信息在前，次要信息在后，在翻译成汉语后，则次要信息优先介绍，而后引出重点信息，这样更符合汉语的表达。

四、英汉修辞差异

无论是英语还是汉语，任何一种修辞都是有意识、有目的地对话语进行建构和理解的行为，是将社会文化背景作为参照，将语言作为媒介的社会交际过程。在修辞格的使用上，英汉有些是相同的，如比喻、排比等，有些则存在明显差异。

（一）英语 Onomatopoeia 与汉语拟声

1. 二者语音差异

在修辞中，“拟声”修辞是较为古老的修辞格，无论是英语还是汉语，都有拟声词，其是对语言的极大丰富，使语言更为生动传神。英汉语言中有很多的拟声词，它们是通过模拟自然声音来获得的新的词汇。对同一声音，不同民族在声音模仿与感知上可能存在相似的地方，因此在语音形式上有着某些相似性，甚至可能是重合的。例如：

哈哈 ha-ha

啪嗒 patter

乒乓 ping-pong

但是，由于拟声是某一民族从自身语言固有的语言系统出发来改造加工的，因此很多拟声词也融合了特定语言中的声音，实现了特定语言与自然声音的融合。因此，英汉两个民族的语言音系结构与词汇形态不同，导致他们对同一声音的感知与模拟习惯也存在差异。例如：

对人类声音的模拟：

titter 嗤嗤的笑声

boo 呸(表达轻蔑与嫌弃)

对动物声音的模拟:

chirp 唧唧(蟋蟀的叫声)

bleat 咩咩(羊的叫声)

对大千世界声音的模拟:

zip 嗖嗖(子弹的声音)

rumble 隆隆(雷电的声音)

clink 叮当(杯子碰撞的声音)

英汉拟声词在语音层面的差异使得中国人难以使用英语在大脑中创造出意境,也很难体会出英语中一些栩栩如生的意境。

2. 二者功能差异

英汉语言在句法层面存在明显的差异,使得两种语言中拟声词的句法功能与词类归属也存在明显的差异性。具体来说,英汉两种语言中的拟声词都可以充当句中的成分,但是二者在本质属性与主要句法功能上呈现差异性。

一般来说,除了常常作为独立成分,汉语中的拟声词还可以充当短语与句子成分,如定语、状语等。例如:

正在这时,石洞里面传来了"咕咚咕咚"的脚步声。

她急得嗷嗷的。

显然,上例中"咕咚咕咚"充当了定语,"嗷嗷的"充当了补语。在句法特征上,汉语拟声词与形容词类似,如可以跟"的""地"等。由于其与形容词接近,因此很多时候可以担当形容词的作用,承担几乎所有形容词的句法成分。

相比之下,英语拟声词在句法层面上就有明确的归属,绝大部分充当的是名词或动词。

充当名词的英语拟声词:

rat-tat-tat 叩击声

drip-drop 滴答声

充当动词的英语拟声词:

chug-a-lug 咕嘟咕嘟地喝

pip-pule 叽叽喳喳地叫

一般来说,英语拟声词的动词类用法较多,很多名词拟声词也可以转化成动词拟声词。

（二）英语 Parody 与汉语仿拟

1. 英语 Parody

英语中的 Parody 源自古希腊，在亚里士多德时代就已经出现，指的是一种对现有诗歌风格进行模仿的诗体。Parody 与历史有着密切的关系，并且随着时代的变迁，其概念也在发生改变。但综合来看这些历代的概念，其都包含一个共同的特点，即都认为 Parody 是幽默、滑稽的修辞方式，通过对其他作者的词、句子、段落等进行仿拟，传达一种嘲讽、娱乐之感。

现如今，Parody 这种修辞手段是通过对各种格言、成语、言语等进行故意模仿，修改其中的部分词语来融入自身作品之中，保障自身作品的感染力与表现力。例如：

To the Mondavi brothers, wine was thicker than blood. They feuded bitterly over control of Charles Krug Winery.

对于蒙特维兄弟而言，酒浓于血，他们因争夺查尔斯 · 库勒格酿酒厂，忘了手足之情，反目成仇。

在这里，wine was thicker than blood 是对 blood is thicker than water 的仿拟，其一针见血地揭示出蒙特维兄弟之间固有的那种矛盾，并且是对他们追求利益、忘记恩义的一种调侃与讽刺。

2. 汉语仿拟

汉语中的仿拟现象最早在秦汉时期出现，这种修辞现象非常普遍，但是并未作为一种修辞格呈现。直到 20 世纪 20 年代，仿拟才被作为修辞格出现在汉语之中。所谓仿拟，即故意仿照某种既成形式，从而实现嘲弄讽刺的目的。例如：

满心婆理而满口公理的绅士们的名言暂且置之不论不理之列。

上例中，“婆理” 仿拟自 “公理”，将绅士们自身的那种口是心非的姿态展现出来。

3. 二者差异

从表面上看，英汉仿拟是对应的，但是由于英汉两种语言属于不同的语系，因此在语法上二者也存在明显的差异，具体而言表现为如下几点。

（1）英语仿拟常常隐去本体。与汉语仿拟相比，英语仿拟往往会隐去本体，在运用仿拟时一般需要具备两大条件。

其一，本体是家喻户晓的。

其二，读者具有较高的文化功底，能够从自身的文化知识出发判断出仿拟的本体。

如果不具备这两大条件,那么这样的仿拟就毫无意义了。相比之下,汉语是较为灵活的,可以将本体隐去,也可以让本体与仿体同时出现,并且这种同时出现是汉语仿拟的典型格式,目的是体现出彼此衬托与照应。例如:

To Arm or Not to Arm—That is the Question.

这是一句众人皆知的名言。读者一看到就会自然想到本体,即莎士比亚《哈姆雷特》中的语句。

(2)英语仿拟存在特定的词缀仿词。英语属于表音文字,其形态理据性要比汉语更为强烈,具体表现为英语中存在大量的派生词与复合词。因此,英语仿拟存在一种特定的词缀仿词方法。例如:

He had a clean-ceavatish formality of manner and kitchen-porkerness of carriage.

他着装整洁,举止得体,如同厨房中的火钳一样站得笔直。

上例中,clean-ceavatish 仿拟本体为 clean cravat,即意思为“整洁的领带”; kitchen-porkerness 仿拟本体为 kitchen-porker,意思是“厨房里面的火钳”。这种仿拟并不是创造出新词,而是在本体的后面添加词缀,并且只呈现在英语中。

(3)汉语仿拟可以实现“一本多仿”。汉语仿词有明显的“一本多仿”的情况,即在同一个句子或者同一个段落中,同时出现多个以一个本体仿拟来的仿体。这在汉语中较为常见,但是英语中很少。例如:

这哪是“抓点”,明明是“吃点、喝点、拿点”啊!

上例中,“抓点”为本体,并仿拟出了“吃点、喝点、拿点”,这就是典型的“一本多仿”,并且是排比句式,是对一些领导干部不廉洁的讽刺。

(三)英语 Pun 与汉语双关

1. 英语 Pun

英语中的 Pun 源于拉丁语,意思是“以不同的名称来称呼”,是一种通过同音异义或同形异义的方式传达一种幽默之感。在英语的修辞格中,Pun 的使用是较早的,在莎士比亚的作品中就运用了 3 000 多处双关。现代的 Pun 已经没有了莎士比亚时期的高雅与严肃,变得较为诙谐与通俗。由于 Pun 能用于营造气氛,因此在英语中的运用也较多。一般来说,英语中的双关有两种。

(1)同音同形异义词。同音同形异义词即同一个词但表达不同的意

义,或与其他词进行搭配时传达出不同的意义。例如:

To English will I steal, and there I'll steal.

我溜进英国行窃。

上例中虽然使用了两个 steal,但是意义是不同的,前者是"溜进"的意义,后者为"偷窃"的意义。这两个 steal 的运用传达出了双关的效果。

(2)同音异形异义词。同音异形异义词即读音相同但拼写不同、意义不同的双关。例如:

Seven days without water makes one weak.

不折不扣的七天构成了一周。

七天不喝水使人虚弱无力。

对于上例, weak 与 week 是同音异形词,构成双关,可以理解为上述两种含义。但是,具体是哪一种,往往需要根据上下文来定。

2. 汉语双关

汉语双关是运用一个词、一个句子对两层意思加以表达,使语言更显得幽默风趣,或者说的是此但意义表达的是彼,从而对语义予以加强。一般来说,汉语双关包含两类。

(1)谐音双关。所谓谐音双关,是指运用相同的音或者相近的音来构成的双关。例如:

道是无晴却有晴。

上例中,"情"与"晴"就属于谐音双关,从表面上看,"晴"代表的是一种天气,实际上表达的是对郎君的情谊。因此,其与"情"有着同工之妙。

(2)语义双关。所谓语义双关,是借助词语一词多义的特征来进行表达的,即表层含义与深层含义是两回事。例如:

这些年喝这些苦药,我大概是喝够了。

显然,"苦药"一词表层含义是用来治病的药,在这里却表达出深层意义,即指的是人生中的苦闷,是一种人生的苦药。

3. 二者的差异

由于中西方的思想方式存在明显的分歧,即西方人重视分析,中国人重视综合,因此在双关语的运用上有明显的不同。

首先是含蓄与直接的差异。众所周知,中国人性格较为内敛。思维方式是螺旋形的思维,因此在双关的使用上并不会借助词语的多义性,而是由词的进一步引申来实现的。相比之下,西方人性格独立,思想也较为开放,因此是直线形的思维。在双关的运用上,西方人注重面对面沟通,目的是通过幽默的方法让对方理解。因此,英语中的双关一般将英语词本身的多义性作为前提。

其次是意味深长与自我解嘲的差异。汉语的双关不仅是为了营造幽默的效果，还往往话里有话，给人以意味深长之感。相比之下，英语往往多是为了营造幽默的氛围。

（四）英语 Repetition 与汉语反复

1. 英语 Repetition

英语的 Repetition 是对同一词、句、段的重复，目的是对情感的突出与强调，以使听者产生共鸣。Repetition 除了包含连续反复与间隔反复外，它的分类更为详细，并且很多学者对其观点不一。一般可以从反复的位置、词的变化形式、语义三个层面来进行划分。

（1）根据反复的位置，Repetition 的位置可以划分为如下几种。

其一，首语反复，即在两个及以上的诗行、分句或句子的开头等进行词语或词组的重复。这一反复形式最为常见。

其二，尾语反复，即在连续的诗行、分句或句子的尾部进行单词、短语等的重复。

其三，首语反复＋尾语反复，即一个句子的首尾部分与后面句子的首尾部分相同。

其四，首尾反复，其与前者不同，即一个句子的首尾使用相同的部分，这一反复会给人留下深刻的印象，尤其常见于俗语之中。

其五，尾首反复，即前面一个句子的尾部与后面一个句子的首部相同，这一反复的成分与汉语“顶针”类似。

其六，逆转反复，即按照颠倒的词组对某一个词或短语进行重复，这样的重复会使得语言更为活泼清新，也可以将语言之间的相互关系揭示出来。

（2）根据形态变化与语义，英语的 Repetition 可以划分为以下两类。

其一，同根词反复，即同一个词位于同一个句子中，通过不同的词形变化、格、语态变化等形成修辞上的反复，这属于词汇形态层面的反复。

其二，同词异义反复，即同一个词通过相同或者相近的语法形式在同一个句子中以不同的词义进行反复，这是语义层面的反复。

可见，英语中的 Repetition 要比汉语中的反复更为复杂。

2. 汉语反复

汉语修辞学着重研究的是所反复的语言单位的连续或者间断，并将反复划分为两类：一类为连续反复，另一类为间隔反复。连续反复又可以称为“紧接反复”,即将反复的部分连续说出的一种反复形式,中间不添加其他的词或句子,因此这种反复又可以进一步划分为词的连续反复、句子的连续反复、词组的连续反复。间隔反复又可以被称为“隔离反复”,指的是反复的词语与句子中插入其他的词、句子等,因此这类反复也可以进一步划分为隔词反复、隔词组反复、隔句子反复、隔段落反复、首尾反复等。

除此之外,汉语中也有一些特殊的反复修辞,由于古汉语中单音词具有较大的使用比重,字又是汉语中最小的语义单位,因此对字的反复是汉语反复的一大特点。例如:

中吃中看中国菜

上例“中”得以反复使用,呈现一种和谐匀称与音律美。但是,前面两个“中”代表的是“中意”,后面的“中”则是专有地名,是对语气的加强。

第二节　中西文化差异

不同的生活环境造就了人们不同的历史文化和风俗习惯,也使得人们形成了不同的思维方式和价值观念。思维方式和价值观念影响着人们的语言表达方式,制约着人们的行为方式。在文化领域下,英汉民族具有不同的思维方式与价值观念,也就有了不同的语言表达方式和行为方式,如果不了解中西方思维方式与价值观念之间的差异,将难以有效了解对方,也不利于进行有效的翻译。因此,对英汉思维模式与价值观念进行差异比较很有必要,本节将对此进行具体研究。

一、英汉思维模式差异

所谓思维模式,就是思维主体在实践活动基础上借助思维形式认识对象本质的思路。思维模式是人们大脑活动的内在程式,受到文化的影响。在英汉语言背景下,英汉民族所处的社会环境有所不同,人们的体验和经历各有差异,因此看待世界的角度也不同,有着不同的思维模式,而这又进一步影响他们的社会体验和经历,也影响他们的语言发展。以下就对英汉思维模式进行比较分析。

（一）分析性思维与整体性思维

1. 西方的分析性思维

西方倾向分析性思维，对事物进行分析时，既包括原因和结果分析，又包括对事物之间关系的分析。17 世纪以后，西方分析事物的角度主要是因果关系。恩格斯特别强调了认识自然界的条件和前提，他认为只有把自然界进行结构层面上的分解，使其更加细化，然后对各种各样的解剖形态进行研究，才能深刻地认识自然界。西方人的分析性思维就从这里开始萌芽，这种思维方式将世界上的人与自然、主体与客体、精神与物质、思维与存在等事物放在相反的位置，以彰显二者之间的差异。

这种分析性思维包含两个层面。一是分开探析的思维，即把一个整体的事物分解为各个不同的要素，使这些要素相互独立，然后对各个不同的、独立的要素进行本质属性的探索，从而为解释整体事物及各个要素之间的因果关系提供依据。二是以完整而非孤立、变化而非静止、相对而非绝对的辩证观点去分析复杂的世界。马克思主义哲学大力提倡这种思维层次。

2. 中国的整体性思维

在最早的生成阶段，宇宙呈现出阴阳混而为一、天地未分的混沌状态，即太极。太极动而生阳，静而生阴，在动静交替中产生出阴阳来。阴阳相互对立、相互转化。事物总是在阴阳交替变化的过程之中求得生存、发展。从哲学的角度来看，阴和阳之间的关系是从对立走向对立统一的。这就体现了中国传统哲学的整体性特点，它不注重对事物的分类，而是更加重视整体之间的联系。我国儒家和道家也认为人与自然、个体与社会就是一个大的整体，二者是不能被强行分开的，必须相互协调发展。儒家所大力提倡的中庸思想就发源于阴阳互依互根的整体思维。

基于整体性思想，中国人总是习惯于首先从大的宏观角度初步了解、判断事物，而不习惯于从微观角度来把握事物的属性，因而得出的结论既不确定又无法验证。由此，中国人逐渐养成了对任何事物不下极端结论的态度，只是采取非常折中、含糊不清的表达方式，在表述意见时较少使用直接外显的逻辑关系表征词。总而言之，中国人善于发现事物的对立，并从对立中把握统一，从统一中把握对立，求得整体的动态平衡。

（二）抽象思维与具体思维

1. 西方的抽象思维

英语民族侧重抽象思维，常用大量抽象的概念来表达具体的事物，反映事物内在的情况和发展规律，注重逻辑与形式的论证，具有“尚思”的特征。在语言的使用中，就表现为惯用抽象的名词来表达复杂的理性事物。下面来看拜伦的诗句。

She walks in beauty, like the night,
Of cloudless climes, and starry skies;
And all that's best of dark and bright,
Meet in her aspect and her eyes;
Thus mellowed to that tender light,
Which heaven to gaudy day denies.

在上述诗句的比喻中，主体和喻体的相似程度不高也没有关系。人的美和自然之美一样都是美的，将这两种美抽象地联系在一起，可以相互映衬，表明同一种意思。

2. 中国的具体思维

汉语民族侧重具体思维，人们在说明问题和描述事物时习惯用形象法和比喻法，具有“尚象”的特征。这种思维对语言的影响是汉语用词具体，习惯以具体的概念来表达抽象的事物，而且句中常会出现多个动词连用的情况，读起来生动形象。例如：

去年今日此门中，人面桃花相映红。
人面不知何处去，桃花依旧笑春风。

（崔护《题都城南庄》）

上述诗句用词简单，语言简朴，形象具体，用意清晰明了。作者用了“人面”“桃花”等具体义项，表达了与旧日美人的缅怀之情。类似这种的用具体名词或贴近生活的词语来表达抽象内容和情感的方式在汉语中十分常见。

（三）逆向思维与顺向思维

1. 西方的逆向思维

不同民族的人们在观察事物或解决问题时，会采用不同的视角和思维方式。西方人习惯采用逆向思维，通常从反面描述来实现预期效果。

这种思维在语言上有着充分的体现，如在说“油漆未干”时，英语表达是 wet paint，在说“少儿不宜”时，英语表达是 adult only。

2. 中国的顺向思维

相较于西方，中国人更倾向于顺向思维，就是按照字面陈述其思想内容。这在语言中的体现十分明显，如“成功者敢于独立思考，敢于运用自己的知识”这句话就是按顺序表达，而且其意思可以按照字面意思理解。这句话英语表达时则是“Winners are not afraid to do their own thinking and to use their own knowledge.”由此可以看出中西方思维方式的差异。

（四）直线思维与曲线思维

1. 西方的直线思维

西方人的思维呈现直线式，在表达思想时往往是直截了当，在一开始就点明主题，然后再依次叙述具体情节和背景。这种思维方式对语言也产生着重要的影响，即英语为前重心语言，在句子开头说明话语的主要信息，或者将重要信息和新信息放在句子前面，头短尾长。例如，“It is dangerous to drive through this area.”该句子以 It is dangerous 开始，点明主题，突出了重点。

2. 中国的曲线思维

中国人的思维方式呈现曲线式，在表达思想和观点时常迂回前进，将做出的判断或者推论以总结的形式放在句子最末尾。这种思维方式在语言中的反映是汉语先细节后结果，由假设到推论，由事实到结论，基本遵循“先旧后新，先轻后重”的原则。例如，同样是“It is dangerous to drive through this area.”这句话，汉语表达则是“驾车经过这一地区，真是太危险了。”从该例既能感受到中国人的曲线思维，又能了解中西方思维的差异。

（五）创新思维与保守思维

1. 西方的创新思维

西方人的创新思维较强，并且也具有鲜明的批判性，因此西方哲学在各个时期都有不同的理论体系，前仆后继。西方思维方式趋于多元化，注重多方向、多层次、多方法地寻求新的问题解决方案，重视追根穷源，具有发散性与开放性。西方人勇于打破常规。对西方人来讲，有变化，才有进步，才有未来，它们三者之间有着直接的关联。没有变化、进步，就没有未来。西方人历来变化多端。翻开西方历史，显而易见的是标新立异的成功。正是这种创新的价值取向，使西方人永远生活在生机勃勃的氛围中。

2. 中国的保守思维

中国封建社会的一体化政治结构决定了中国传统文化长期以来遵守“大一统”思想，要求个人和社会的信仰一致。这种“大一统”思想又通过儒家的“三纲五常”“礼乐教化”来得到巩固。儒家倡导中庸之道，反对走极端，避免与众不同，主张适可而止。中国封建社会希望社会中所有的人——上至国君，下至百姓，都形成同样的价值取向和行为模式。在这种“大一统”文化的熏陶之下，中国人的思维方式相对保守，极端排斥异己，因而也具有很强的封闭性，缺乏怀疑、批判、开拓和创新的精神。但是，正是因为这种保守思想，中华文化才得以保存、延续和发展。

二、英汉价值观念差异

价值观是指人们对周围客观事物的意义、重要性的总评价。人们对客观事物的主次、轻重、好坏的排序，构成了价值观体系。价值观和文化是双向互动的关系，因此不同的文化促成了不同的价值观。以下就对英汉价值观进行比较分析。

（一）金钱观念差异

《茶花女》中有这样一句名言：“金钱是好仆人、坏主人。”是做金钱的主人，还是做金钱的奴隶，这实际上反映了两种不同的金钱观。所谓金钱观，就是指对金钱的看法和态度。简单来说，就是认为金钱是重要的还是次要的。金钱是适应商品交换的需要而产生的，随着商品经济的高度发展而逐渐成为财富的象征。对于任何民族，日常生活都离不开金钱的流通，而对金钱的不同态度则反映了不同的价值取向。了解中西方不同的金钱观，对于了解中西方文化差异有着很大的帮助。

1. 西方的金钱观

西方文化历来崇尚物质，西方人一向都是热情和大胆地追求物质利益，他们认为物质成就的获得代表着个人的成功，自我的实现首先是物质成就的实现，然后是其他层面的进步和满足。但是，西班牙人有着不同的金钱观，西班牙人认为人的生命是宝贵的，不要为钱去拼命，而应该尽情地享受人生，因此多数人对金钱的态度是今天可以使人有权有势，但不一定使人幸福。

2. 中国的金钱观

在中国传统文化中，人们固然认为金钱十分重要，但并没有将金钱的获得作为成功的标志或者生命的必需，而是“身外之物”。中国有句俗语说的是金钱“生不带来死不带走”，实际上就是对金钱观的反映。在中国文化中，金钱和地位并不等同，所以中国人对金钱的态度要豁达很多。究其根源，主要是因为中国千百年来受儒家思想的影响，向来重农抑商，以农为本，以商为末，有“为富不仁”“无商不奸”“见利忘义”的看法。读书人认为谈钱有辱斯文和清高，并且以不言“阿堵物”为高尚。“金钱如粪土，朋友值千金”，视钱财如粪土，重义轻利被认为是检验正人君子的标准，成为中华民族的传统美德。商人总是被人讽刺和轻视，被认为重利轻情，因此整个社会都充斥着“万般皆下品，唯有读书高”的心态。这种金钱观在语言上也有着鲜明的体现，如“君子爱财，取之有道”“钱字有两戈，伤尽古今人”等。在当代社会，尤其是近些年来，随着社会经济的发展，人们对金钱的认识和态度发生了很大变化，追求财富成为人们生活的重要部分，挣大钱成为人们的重要愿望。与此同时，也出现了不少现实社会问题，金钱成了衡量人能力的一项标准，在与金钱的博弈过程中，亲情、友情和爱情都败下阵来。这种拜金现象在语言中也有所体现，如“有钱能使鬼推磨”“人为财死，鸟为食亡”“一文钱难倒英雄汉”等。

（二）审美观念差异

美学由西方哲学和诗学（文艺理论）发展而来，由德国哲学家、美学家亚历山大·戈特利布·鲍姆加登（Alexader Gottlieb Baumgarten）于1750年提出。审美是人类都有的心理活动，是人们根据自身对某事物的要求所做出的一种对事物的看法。审美是一个群体中人与人之间联系的纽带。审美观是审美主体对美的总体看法。审美观作为价值观的重要组成部分，与价值观的其他组成部分有着密切的联系。通常情况下，审美观随着需求和认知的变化而变化，它体现了个体的需求和认知，因此审美观还因文化的不同而不同。

1. 艺术审美观

在哲学领域，艺术美学是一个重要组成部分，被称为“艺术哲学”，起初是指“对感观的感受”。根据艺术美学的理论，艺术是美，美也是艺术。中西方艺术审美观既有共性，也有差异性。

（1）中西方艺术审美观的源泉。就美学史而言，中西方审美观理论源远流长。其中，柏拉图和老子是中西方审美观照理论的源头，是人类文明史上第一个轴心时代的东西方民族的伟大代表。

①柏拉图的“迷狂”。从理论形态上讲，柏拉图的审美观照理论通过他的专门论述，已经形成了相对清晰的脉络体系。他的《大希庇阿斯》就是一篇美学专论。

从审美的主客体方面讲，柏拉图比较强调审美观照时的超然物外的审美态度，强调直觉观照的方式。柏拉图认为，受到尘世欲望影响的人无法享受美的快乐，参与过多的社会琐碎事务会钝化自己对美的感受。他将美感同生理欲望、利害关系相互割裂开来。美感是灵魂在“迷狂”状态中对美的理念的回忆。需要注意的是，他的审美观照是炽烈的、沉醉的，他认为艺术家由于神灵附体而处于迷狂状态，由此产生了狂喜的、沉醉般的直觉。

从审美的实践性的角度讲，柏拉图认为审美观照与人的社会实践毫无联系，这也是他的审美观照理论的弱点所在。作为审美观照的主体，总是要用人的感受器官来进行审美观照的，而审美的感官本身恰恰不能脱离人类的实践。人类的手足、耳朵、鼻子、眼睛等审美感官是“以往全部世界史的产物”，是人类全部的实践形式的历史的“积淀和遗传”在人的感官上的结果，而人类的审美感官在进行观照时也同时把“全部世界史”都机能化了。

②老子的“玄鉴”。从理论形态上讲，老子的审美观照理论蕴含在他的哲学思想里，没有独立的美学体系，比较混沌、零散，而更多的是为审美观照理论提供了哲学基础。

从审美的主客体方面讲，老子和柏拉图的共同点在于都比较强调直觉观照的方式，他也认为审美观照时首先要有一个“虚静”的审美心胸，排除私心杂念，保持平静如水的内心状态。然而，他和柏拉图不同的是他的审美观照是平和的、旷舒的，认为只有保持淡泊的、安宁的心境，美才会出现。

从审美的实践性的角度讲，老子的审美观照理论有着和柏拉图的审美观照理论一样的致命弱点。

（2）中西方艺术审美观的共性与差异性。在人类社会的初级阶段，由于生产力的不足，无论中国还是西方，起初的艺术审美都主要考虑社会功利作用。

在西方国家，艺术的主要作用是“认识”。西方阐释学家保罗·司格勒斯（Paul Sigles）将艺术比作代码，可以借助媒介传递信息。虽然在西方的历史发展过程中，在大部分时期艺术只在特定时期承担社会功能，但在大部分时期艺术充当着个体情绪与情感的载体。从古希腊时期起，西方哲学家就认为艺术是对自然的模仿。后来，柏拉图在《理想国》(卷十)里指出，文艺又是现实世界的“影子”。亚里士多德认为，文艺只是起了“净化”的作用。西方哲学传统认为，艺术只是在观察社会、表现现实，而不能改造社会，它始终是一个旁观者。所以，西方审美观更多地表现为人类的情绪或情感，注重个体情感的愉悦。

在中国古代并没有系统的美学学科，但有很多美学概念与西方美学如出一辙。中国的艺术审美观主要来自儒家思想。在儒家传统思想中，艺术是修炼“仁爱”之心的主要手段。“言，心声也”“文，心学也”“书，心画也”等言论，就将艺术和心灵表现联系在一起。另外，儒家学说中的“诗言志”表明，人们可以通过文艺的修炼达到仁的境界。由此可见，中国传统文化认为，艺术是道德教育的主要载体。因此，中国艺术审美观最终更多地走向审美伦理化和功利性。

2. 文学审美观

语言美是存在于语言中的一个审美信息结构。它既然是一个“结构”，就不仅仅是可以意会的，也是可以言传的。换言之，人们完全可以对其加以解剖、分析、描写、表现。语言中的审美构成包括物质形态审美构成与非物质形态审美构成。物质形态的审美信息存在于音韵、词句、章节等的具体的、物态的结构中，非物质形态的审美信息存在于语言的精神风貌中。因此，审美客体的审美构成可以分为两个表里相托、形意相融的系统：形式系统和非形式系统。

中西方的文学起源不同，有着不同的文学观。西方文学起源于模仿外物，中国文学起源于心物感应。因为西方文学源于模仿外物论，文学必然具有叙事的特征。中国文学源于心物感应论，文学必然具有抒情的特征。西方文化选择的是知识之树，中国文化选择的是生命之树。这种文化差异表现在文学审美观上就是西方的追寻意识、中国的空灵意识。

(1)西方的“追寻意识”。在西方人看来，主体必须尊重、了解客体，才能在这个客观世界上生存下来。这体现了西方人的追寻意识。古希腊德谟克利特曾说过：“从蜘蛛我们学会了织布和缝补，从燕子我们学会了造房子，从天鹅和黄莺等歌唱的鸟我们学会了唱歌。”这样的文化氛围经过一代一代的传承，影响了整个民族和社会，以至于亚里士多德的“模仿说”在西方文学历史上长期居于主导性地位。“模仿说”的基本观念指出，一部作品是否能够称得上美妙，要看这部作品是否能将自然中人的言行举止模仿得非常形象生动，非常接近于被模仿的对象。这种“模仿说”后来体现在文学样式上,促进了叙事文学的兴起和繁荣。亚里士多德将文学样式分为三种类型,史诗是第一位的,然后才是抒情诗和戏剧。例如,世界上各个民族的史诗无不是对民族发祥、迁徙、所经历的战斗流血以及英雄业绩的模仿和再现。从文艺复兴一直到现代文学,“追寻意识”都是西方文学中的一条主线。“追寻意识”是西方文学和审美意识中崇尚自由、追寻、发展精神的集中体现。

古希腊的文化精神经过文艺复兴的传承,已经成为西方文化的根本内涵之一。西方人赞美生活、讴歌人类、歌颂人生,不断挑战自我、超越自我,以人为本、执着现实、积极进取。作为西方文化另一渊源的基督教,重视道德,强调仁爱和救赎,将“爱”视为伦理的最高原则,深深地影响着近代新型资产阶级。中世纪传说中的“圣杯”以及诸多骑士寻找圣杯的故事,滋生出了追随、寻找、复归等文化意义。这样经过西方古典叙事文学的积淀,经过西班牙“流浪汉小说”的潜在导引,西方文学的主题大多是彰显个体奋斗和个人自由,由于作品吸收了广泛的社会现实的一些信息以及作者渗透出了先进的人道主义风格,因此会引起社会意识形态的审视和批判性思考。

(2)中国的“空灵意识”。中国的“天人合一”哲学观对中国文学有着重要的影响,使得中国历代文学家没有探求自然、历史等的意识,而是把注意力放在自己内在的生命意识的表达上,在文艺中强调抒发意志、吟咏性情的重要作用。正如汉代的《毛诗序》所言:“诗者,志之所之也,在心为志,发言为诗。情动于中而形于言,言之不足故嗟叹之,嗟叹之不足故永歌之,永歌之不足,不知手之舞之,足之蹈之也。”此外,“永”即为“咏”。在这种“诗言情、歌咏志”的观念下,诗是心物感应出来的,因此就不难理解,历史悠久、人数众多的中国虽是诗歌的国度,却长期没有西方那样宏大的史诗。

“空灵”是一个美学概念,属于美学中的一种风格,主要是指作品有灵气、弹性足,可以用于形容作品在形象、内涵、意境、氛围等方面的特征。但是,中国文学将“空灵”一词的含义进行了引申和拓展,实际上是对“空灵”的一种借喻,主要是指中国文学对艺术精神、情感意趣以及“出世”思想的追求。例如,陶渊明之所以能写出这样脍炙人口的诗句——“采菊东篱下,悠然见南山”,是因为他为了释放自身的失落、伤感与愤怒的情绪,而陶醉在这种悠闲、出世的氛围中。再如,孟子提出“达则兼济天下,穷则独善其身”,这里的“穷”是指困境,在现实中很多有才能、有抱负的人都可能遭遇巨大的困境,可见在儒家思想中,“达”与“穷”是两种完全相反的生活状态,但是人们在这两种状态中都能找到最理想的人生目标。

当自己深处困境时,则更应该提高自己的品德和修为。当然,“穷”的状态是人们都不愿意面对的,因为它让人悲伤,人们往往为了迅速地从这种状态中解脱出来就会自觉地从内心或者外界寻找一些安慰物或者心理的补偿物。因此,中国文学的审美情趣呈现出一系列空灵性的特点。例如,中国文学常以仙和仙界折射人伦社会,表现出一种超越悲剧、超越现实的浪漫情怀。

在中国文学中,“自然”是消解悲剧情怀和寄托情怀的重要因素,如象征高洁的松、竹、梅、菊等。再者,山水也充分显示出了悲剧意识的消解功能,王维就是最好的证明,他的“明月松间照,清泉石上流”“行到水穷处,坐看云起时”等诗句都显示出山水自然与生命情思的呼应。另外,酒因为自身的特点常常让人意识模糊,表现出醉意,因此也能给世人们带来暂时的释放情绪的感觉。中国的文人墨客常常将酒作为自己抒发情感的意象,并且通常都是代表一种达到快乐的手段和事物,酒在中国文化中是一个非常重要的因素。“对酒当歌,人生几何”,一方面,酒能够麻醉人的大脑,从而使人得到暂时的轻松,进而忘掉令人悲痛的处境和一些道德的束缚;另一方面,酒对人的精神有一种真正的放松作用。陶渊明就是通过喝酒才意识到了文化的本质和核心思想,于是决定在混乱的世间独自修养身心,这就显示出一种高尚的节操和追求质朴生活的人格。除了酒之外,梦在中国文学中也代表着一种空灵的审美形态,因为梦里的事情不是现实生活中发生的真实事情,所以它能够弥补现实的不足。例如,求仙不成的李白说“梦中往往游仙山”,《桃花扇》用人生如梦以缓解巨大的悲剧意识。要说最能证明中国文学“空灵”意识的例子,应该是中国文学始终走在追求意境这条道路上,追求思想与意境的和谐共生。意境就是用有限的言语来衬托无限的意蕴,令人回味无穷。

(三)自然观念差异

1. 西方的“对立”观念

西方文化是主体与客体相对立的文化。人面对着自然,要么感到畏惧,要么就是想尽一切办法去征服。这就形成了人与自然的对手关系。

之所以形成这种状态,还要追溯到公元前 3000 年到公元前 2000 年左右的欧洲文明萌发期,即所谓“爱琴文明”时代。西方文明的发源地是古希腊。希腊半岛和爱琴海地区多山地,土地贫瘠,但是有着很多良好的港口,这种地理环境使希腊人很早就从事海上贸易,使得希腊文明呈现出强烈的海洋性，发展了西方社会经济的商业文明。当时的人们通过航海和商业来谋生存、发家致富。这一点可以通过考古发掘的器皿和壁画来证明，海草、珊瑚、海豚、章鱼等形象在那些器皿和壁画中到处可见，足见海洋生活对他们而言并不陌生。实际情况是，海洋比陆地更能显示自然作为人类对手的气质。大海波涛汹涌、狂风大浪、危险重重，因此人们明白不能“靠天吃饭”，也不可能“乐天知命”，人们要经常面对大海搏击，人不能征服大海，就要被大海吞没。人必须具备冒险的勇气和探索精神，才能求得在海洋上的生存权利。因此，人与自然之间是一种认识、征服和改造的关系。人要勇于挑战自然，彰显人的价值和力量。

2. 中国的“顺应”观念

中国位于亚洲东部的大陆上，地形复杂、气候多样、河流纵横的自然基础很早就萌发了初期的农业文明。可以说，中国文化起源于大河，黄河被称为中华民族的母亲河。除此之外，中国还有黑龙江、松花江、辽河、长江等各大流域。农耕文明与游牧文明的互动推动着中华文化的不断发展，总体上还是以农耕文明为主导。

在农耕社会，自然条件的好坏直接影响着人们的生活状况，人们在当时无力改变自然条件，祈求自然的眷顾、赐予，希望风调雨顺、五谷丰登。中国古人认为，人要顺应统一的规律，和自然一致、和谐。在原始的巫术活动中，人企图用自己的情感感染自然、影响自然，希望“老天爷慈悲”。人们愿意顺应天命，从不抵抗天的旨意，既不甘做奴隶，也不想当主人。中国古代人从来没有把自然的“天”视为有独特能力的对手。人与自然是一种顺应与融合的关系。中国强调“天人合一”，自然被作为人格神崇拜，当时的人们非常注重天与人之间的相互融合和协调。这种人与自然合一、物我不分的观念直接导致了中国人综合思维的特征，考虑问题往往从整体和大局出发，中国人强调人与人之间的和谐。中国人的自然观是中国产生集体主义价值观的重要根源。

（四）道德观念差异

1. 平等与奉献

（1）西方的平等观念。西方的道德观念深受西方人文主义的影响。西方的人文主义是指那些发扬纯粹属于人和人性的品质的一种途径。在西方哲学史上，普罗泰格拉（Protagoras）第一次把人作为研究对象，强调了人的主体地位和能动作用，开创了西方人文主义的哲学思想。文艺复兴时期的“人的发现”是对古希腊时就已经存在的人的一种意识的唤醒，强调、发挥古希腊、古罗马典籍中关于人性、人的价值、人生幸福的思想。启蒙运动时期西方人文主义由贵族转向平民、由王权转向人权，更加明确地强调个人能量的解放和释放，促使无限力量的形成。到了19世纪，人文主义认为个人才能发挥促成知识、财富、文明等方面的增长，在物质和道德方面将人提高到前所未有的新高度。

人文主义倡导的自由、平等思想贯穿着中世纪以来的社会、政治、经济、文化等各个方面。西方的传统是崇尚法律，法律被认为是自由、平等、正义的象征。

（2）中国的奉献观念。中国很早就有了“利他主义”道德观，这一思想可以追溯至传统价值观的利义观。孔子在他在《论语·里仁》中指出，“君子喻于义，小人喻于利”，这种利义观影响中国社会几千年。利他主义产生的是一种奉献精神，这种精神的特点是将他人利益凌驾于个人利益之上。历史发展至今，奉献依然是中国核心价值观的基本元素。所以，在中国，不乏具备奉献精神的人物，古有“先天下之忧而忧，后天下之乐而乐”的范仲淹，后有全心全意为人民服务的雷锋，今有感动中国的大学生志愿者徐本禹等。

2. 德与仁

（1）西方的“德”观念。在西方社会，智慧、勇敢、节制和正义一直都是人们崇尚和遵循的道德价值观念。西方的伟大思想家柏拉图认为，正义是智慧、勇敢、节制三种美德的统一，同时正义这种美德是催生智慧、勇敢、节制这三种德性的前提。这一思想在柏拉图所著的《理想国》中有所体现，柏拉图从城邦正义、个人正义两个层面来阐述正义，他指出城邦正义就是城邦中的每一个人都只做自己的事情，个人正义则是指自己内心的各个部分不可相互干涉。正义还指人的智慧、勇敢和节制三种德性各司其职、和谐共处。正义使得人们安于自己在社会中的地位和职责，使得社会能够和谐有序地运行。

（2）中国的“仁”观念。在中国，仁和义是最为重要的道德价值观念，其中“仁”位于仁、义、礼、智、信的首位。孔子认为，“仁”作为儒家之道的根基，作为伦理主张和道德理念的“仁”和“温良恭俭让”等具体德行是不同的。孟子继承并发扬了孔子的思想，在《孟子·梁惠王上》中描述了他认为的理想社会，即“老吾老以及人之老，幼吾幼以及人之幼”，这与孔子的思想是一脉相承的。可见，推己及人是儒家的一贯态度，这符合仁的真实情感。当然，“仁”只是抽象的道，它又具体化为人际交往的准则，即“仁者爱人”“己所不欲，勿施于人”“己欲立而立人，己欲达而达人”等。而且，儒家认为“仁”是后天获得的，具体的修身程序为“学礼—约之以礼—自觉地循礼行事—存养仁”。但是，“仁”的实现并不意味着修身的终止，对“仁”的追求就如同对真理的追求，永无止境。

（五）教育观念差异

1. 西方求真

西方哲学强调对真理的追求，认为自然的目的在于探求真理，以便指导自己去改变自然、征服自然。无论是古希腊哲人赫拉克利特、柏拉图，还是亚里士多德，都主张认识的根本目标在于发现真理、认识真理，并把能认识真理视为人的最高追求。人们眼中的中世纪代表着愚昧、荒诞，虽然如此，那时候的人们仍然大肆宣扬着对真理的追求。奥古斯丁就认为，在真理面前，心灵和理性都要让步，人人都想要获得幸福，但是途径只有一条，那就是获得真理，并且认识了真理便认识了永恒。但是，要发现真理还需要运用科学的手段，因此培根创造出了通过实验与理性来发现真理的科学方法。同样，笛卡尔也强调，追求真理要运用正确的方法，至于什么是正确的方法，还要深入研究。对于真、善、美的向往，是人类的共有的特性。但是，西方文化是先求真，再求善，真优于善。例如，古希腊早期哲学只涉及真，而未涉及善。后来，道德问题在哲学中地位有所提高，但仍然存在于真理的基础上。一直到近代，西方文化一直遵从这种真高于善、善基于真的格局，由此我们可以说西方文化为认识文化。

2. 中国求善

在某种意义上，可以说中国文化是一种伦理文化。这是因为在中国古代文化中，认识、求真往往与伦理、求善结合在一起，并且前者附属于后者。《论语》作为儒学的经典，就是以伦理为核心的，然后延伸至政治等方面。孔子甚至将“中庸”看成美德之至。孟子也是在其“性善”说基础上建立起“仁政”和“良知、良能”学说的。孟子认为，认识的先天能力（良知、良能）源于性善。“诚”的中心内容是善，“思诚”的中心内容是“明乎善”。唯有思诚、尽性，才能解除对良知、良能的遮蔽，获取充分的知识和智慧。显然，善高于真而衍生真。宋明理学作为儒学的新阶段，已吸收综合了道、佛的某些重要思想，但其基本构架仍是伦理思想统驭认识论，如“格物致知”的认识论就在伦理学的控制范围之内。理学的认识论完全被伦理学兼并了。

在中国古代，社会的价值观表现为文化政治化、道德化，人们在乎社会秩序和人际关系的礼仪，并认为这是“正道”。当时的人生理想被宣扬为读经书、考科举、进入仕途，因此许多知识分子争先恐后地追求仕宦前程,都在研究怎么度过人生、怎么安邦治国才算是最好的选择,而对与此没有直接关联的学问非常漠视。这种趋势在汉代以后就表现得更加明显,重义轻利,重人伦轻自然,重政治轻技术。甚至儒家思想还将理性思辨和科学分析置于日常生活、伦常感情和政治观念中,使科学理论伦理化、政治化。道家的文化是一种朴素的文化,他们推崇原始的、蛮荒的世界,普遍蔑视科学技术。这种情况在封建社会的后期变得更加严重,十分不利于科学技术的发展。人们都想通过宦官仕途而成为人上人,劳动者因为没有文化而不能把技术抽象为科学,而有文化的知识分子实际上就是封建官僚的后备军,又不屑于具体的科技。这就造成了"主流学问"与实用知识的脱节以及劳动实践与知识创造的割裂。所有这些实际上已经成为科技进步道路上的一个巨大的绊脚石。

总体而言,基于文化领域,英汉思维模式和价值观有着显著的差异,这些差异体现着英汉文化的特点,折射着英汉民族的历史文化、风俗习惯等。了解英汉思维模式和价值观念的差异,可以避免在跨文化交际中产生误解,确保跨文化交际准确、有效地进行。

第三章 英汉翻译中的常见问题

众所周知,翻译不仅是语言之间的转换,更是文化之间的转换。因此,在翻译中,不仅要将语言差异的问题予以解决,还需要对文化差异的问题进行分析与审视。也就是说,在翻译过程中需要注意的问题有很多,如可译性问题、词汇空缺问题、文化等值与文化欠额问题、文化翻译误区问题等,了解了这些问题,对准确有效地进行翻译十分有利。本章将对这些常见的英汉翻译问题进行探讨。

第一节 可译性问题

在翻译界,可译性问题一直都是关注的焦点。可译性与不可译性是两个紧密相关的概念,在论及可译性问题时,不可避免地会涉及不可译性问题,它们一直都是翻译界争论的话题。实际上,并不存在绝对的可译性和不可译性,只是可译的程度与不可译的程度问题,二者是一个相对的概念。

一、关于可译性问题的界定

对于可译性与不可译问题,很多学者进行过研究与探讨。学者威尔斯指出,文本是否可译的问题在19世纪才成为研究的重点问题,但是文学的可译性问题可以追溯到文艺复兴时期。一般来说,文学的可译性问题与可译的限度有着密切的关系。因此,下面就对一些学者的可译性观点展开分析,并重点探究可译性的限度。

(一)洪堡特的观点

德国学者洪堡特对可译性与不可译性的问题进行了辩证与系统的探究,这就使得可译性问题登上舞台。在洪堡特看来,语言具有普遍性,但是也有着特殊性。也就是说,对于语言而言,普遍性中存在着特殊性或差异性。这些特殊性与普遍性是相互协调的关系,而普遍性的存在决定了语言是可译的,特殊性的存在决定了语言存在某些不可译的情况。

在洪堡特看来,语言是发出的主体与另外一些主体间联系的工具。对于人而言,语言是先于主体存在的,是一个传承下来的客体。这就是说,语言是客观的,这一点决定着语言与个人是独立的两个层面,也决定了语言能够成为人类普遍的认知手段,这就是可译性的表现。同时,洪堡特还指出,语言不仅是客观的,还是主观的,即语言是某种世界观的体现,是一种精神存在,因此不同的人有着不同的语言,这就是不可译的表现。

在洪堡特看来,等值的翻译是不存在的。译者在进行翻译时,往往会遇到两大困难。

其一,努力接近原作,不得不牺牲目的语及其风格。

其二,靠近目的语,不得不牺牲原作。

这就是说,要想实现一种语言与另外一种语言的完全等值,这是无法做到的,每一种语言在对概念的表达形式上都存在着明显的差异。虽然看到了这一点,他也对翻译的可行性进行了充分的肯定。在洪堡特看来,每一种语言的创造力都是无穷的,因此每一种语言的表达方式可以无限变换。同时,翻译针对的是言语,如果从细节上不能翻译的东西,可能在聚合的整体层面是可以翻译的。

(二)刘宓庆的观点

我国学者刘宓庆指出,可译性针对的是在两种语言转换中源语的可译程度。从刘宓庆的定义中可以看出,可译性是存在某些限度的。由于源语与目的语在语言结构、文化等层面存在明显的差异,因此在语言各个层次都存在着能够互通信息的通道,这就对语言的有效转换造成了阻力,这就是所谓的可译性的限度。

就广义层面来说,可译性限度既可能体现在语言层面,也有可能体现在文化层面。因此,可译性问题的实质在于译者能否准确再现源语作品中呈现的精神风貌与思想,而不是仅仅探讨源语是否可译。

(三)贺麟与陈康的观点

贺麟的可译论与陈康的不可译论都是对翻译进行的抽象哲学的思辨。

贺麟(1940)认为,要想探究翻译的真理,首先要从理论层面对源语文本翻译的可能性问题进行分析。贺麟从心理学的角度对自己的理论加以验证,认为翻译的哲学基础在于“人同此心,心同此理”,心同理同之处才是人类的真实本性和文化创造之真实源泉,而心同理同之处亦为人类可以相通、翻译,即可用无限多语言去发挥表达之处。

陈康(1985)认为,某一种文字中的字、词等表示的是其在自身文字中产生了思想,代表的是该民族的思想,而不可能用另外一种文字的字、词将其自身没有过的思想传达出来。这就是翻译的不可译问题。

总而言之,很多翻译家都看到了不同语言的差异性问题,并且肯定了语言的普遍性及其引申的可译性。学者奈达也认为,虽然不同语言存在差异,但融合的要素大大超过了分裂的要素,因此翻译是可能的,是可以进行交际的。

可译性与不可译性问题也深受我国学者的重视,并且研究历史悠久。早在东晋时期,佛教学者释道安就提出了“五失本”理论,指出了容易导致译本丧失本来面貌的五种情况,并提出在必要时对译文进行修饰,以便于读者理解。尽管这存在很大难度,但也是可译的。唐代玄奘提出了“五不翻”原则,这里实际上指的是“不意译”,而非指不翻译,“不意译”也就是音译,而音译就是不可译。刘宓庆指出,可译性并不是绝对的,而是具有一定的限度。

本质上而言,可译性与不可译性并不是泛指两种语言之间是否可译,而是指“某些感情和艺术色彩以及文化特色比较浓厚的作品,在传译时由于语言的差别而所能达到的译文确切性的程度问题”。相互转换的两种语言以及两种语言所承载的文化都有着显著的差异,所以确保源语与译语的完全对等翻译是不可能的,也就是说译文无法完全等同于原文,但可以无限地趋近于原文。奈达指出:“在语言间不可能做到完全的对等,因此也没有完全准确的翻译。译文的总体影响只会接近原文,而不可能在具体内容上一致。”由此可见,可译性与不可译性并不是相互独立、完全对立的两个概念,二者相互依存,而且有着紧密的辩证关系。

二、可译性的理据

对客观事物认知的相似性使得人们拥有了大致相同的概念体系,也使得翻译具有了可译性。

(一)相似的经验世界

人类身处在同一个世界中,体验的也是同一个世界,所以在知识观念形成的过程中会拥有相似的世界经验,这些相似的世界经验就是翻译可译性的依据。

针对翻译而言,原文作者和译者面对的文本多指的是同一外部世界,必然也会存在共同的体验,也就有着共同意蕴。以英汉翻译为例,英汉两种语言属于不同的语系,无论在拼写、读音和表达方式上都存在显著的差异,这一定程度上也是不同世界观念的反映。尽管如此,但相似的世界经验为可译性提供了重要依据,使得人们可以相互交流。

(二)共同的语言基础

不同地域的民族在诸多方面都存在显著差异,人们仍可以相互交流,这主要源于人类语言的基本相同的功能。语言是人们生存、交流的重要工具。处于相似的自然环境中,人们有着相似的行为、经历和感受,因此语言的基本功能也具有相似性。比勒(K. Buhler)和雅各布逊都对语言的功能进行了总结,纽马克(Newmark,2001)在两位所提观点的基础上提出了语义翻译(semantic translation)和交际翻译(communicative translation)的概念。可见,语言功能的普遍性为可译性提供了依据。

(三)文化的相互融合

不可否认,不同的文化之间存在巨大差异,但也存在共性。随着社会的发展,各个民族之间的交流日益频繁和紧密,文化也开始相互影响、相互渗透,随之文化的差异越来越小,共性逐步扩大。

不同文化在相互融合的过程会产生互化,这种文化具有相互性,而语言的相互影响也是如此。例如,英语中的很多显性连接词语在现代汉语中出现并使用,这使得汉语的意合传统受到了很大冲击;而受汉语意合特点的影响,现代汉语中越来越多的名词直接作定语。随着文化不断融合,语言也得以丰富和发展,文化与语言相互融合极大地扩大了二者的共性,也为语言的可译性提供了某些层面的理据。

三、可译性的限度——不可译性

就宏观的情况而言,语言具有可译性,但是这种可译性不是绝对的,而是有限的,这也可以称为“不可译性”。从语言层面出发,不可译性又分为相对可译性和绝对不可译性。

在翻译过程中,不仅要深入了解翻译的可译性,也有必要认识翻译的不可译性。卡特福德认为,不可译性有语言的不可译和文化的不可译之分。傅仲选指出,不可译性可分为绝对不可译和相对不可译。这里主要对卡特福德的分类进行说明。

（一）语言的不可译

1. 语音上的不可译

世界上没有完全相同的两种语言,每一种语言都有着区别于其他语言的语言系统和特色,而这也就导致了语言的不可译。

就英汉语言而言,英语属于多音节语言,只有简单的声调变化,而没有语调的变化。汉语属于单音节语言,声调变化复杂,而且语句工整。将汉语中整齐工整的诗句用英语中与之相对应的语句来翻译,几乎是不可能的,即便可以翻译,也需要进行调整,原文的含义也必然会受到损害。此外,有着鲜明民族特色和地方特色的方言和口音也是不可译的,在另一种语言中不可能找到与之相对应的手法。可见,在语音层面上,不同语言是不可译的。例如:

东边日出西边雨,

道是无晴却有晴。

The west is veiled in rain, the east enjoys sunshine; my gallant is as deep in love as day is fine.

原文诗人通过“晴”和“情”的谐音双关,深刻地表达了自己的思想情感,不仅语言工整,而且读起来朗朗上口。通过英语来表达相同的谐音相关,同时传递原文含义,是不可能实现的。译文虽然传达了原文的含义,却损害了原文的语音特色。

2. 词汇上的不可译

在词汇形态上,每一种语言都独具特色,这也就导致语言的词汇形态具有不可译性。例如:

人曾为僧,人弗可以成佛。

可以看出,这种有着明显汉语特色的字形特征和拆字组句技巧在英语中是不存在的,所以翻译是十分困难的,不论如何翻译,都不能完好地保留原文的形象。

3. 句法上的不可译

在句法上,英汉语言的差异是巨大的。英语属于形合语言,常依靠各类连接词来维持语言的连贯,而且常附带一些定语从句、状语从句等从属成分,句子结构呈“葡萄形”。汉语属于意合语言,常依靠上下文关系来组句成篇，一般不需要连接词，也很少附带从属成分，句子结构呈“竹竿形”。在翻译时，要想达到语义对等，必然会有损源语的句法结构，所以英汉语言在句法上不可译。

4. 文体风格上的不可译

文体风格是指文章的体裁格式和语言特色，其涉及范围广泛，包括各种体裁、个人特征和民族特色等。这种独特性就决定了文体风格的不可译性。例如，韵律、咬文嚼字等文体风格是很难进行翻译的，这里将其做不可译处理。例如：

寻寻觅觅，冷冷清清，凄凄惨惨戚戚。

I've a sense of something missing I must seek. Everything about me looks dismal and bleak. Nothing that gives me pleasure, I can find.

原诗句用了七对叠字，将作者的情感淋漓尽致地表达了出来，而且层层深入，感人肺腑，艺术风格十分独特鲜明。上述译文在内容上进行了准确传达，但文体风格与原文相差甚远，通过译文，读者几乎没有获得同源语读者读这首诗时相同的感受。由此可见，在文体风格的翻译上，是存在可译限度的。

（二）文化的不可译

文化是一个社会对事物的客观反映，存在于一种文化中的现象，在另外一种文化中可能不存在，也就没有与之相对应的表达方式，即使可以间接表达，也会对信息造成损害，因此在一定程度上也具有不可译性。文化的不可译具体包括两种情况：文化词汇空缺和指称词语冲突。

1. 文化词汇空缺

某些词汇是一个民族特有的，对本民族而言，这些词汇的概念意义是一目了然的，但对于其他民族而言是十分陌生的，更不用说词汇的内涵意义了。这是因为这些词汇所传达的概念在非本族人民的文化中根本不存在，这就是所谓的“词汇空缺”。“词汇空缺”在英汉两种语言中十分常见，而且对翻译造成了一定的困难。例如：

hipple 嬉皮士

阴阳 Yin Yang

hipple 和“阴阳”都是英汉语言中所特有的表达，有着独具特色的文化含义，在另外一种文化中根本不存在，而且也没有相应的表达，所以对他们进行翻译是非常困难的。hipple 译为“嬉皮士”也只传达了“嬉皮笑脸”含义，并没有表达其真实含义。“阴阳”也只能音译。

2. 指称词语冲突

指称词语冲突包含语义文化冲突和语用意义冲突两种情况。

有时将一种文化信息符号忠实地转换为另外一种语言符号时，内涵意义会发生显著的变化，甚至完全相反，这就是语义文化冲突。例如：

泰山北斗 Mount Tai and the North Star

虽然译文与原文实现了指称意义上的对应，但语义文化并不对应。在汉语文化中，“泰山北斗”是对德高望重之人的尊称，很显然译文并没有准确传递这一文化信息。

语用意义冲突是指词语文化信息符号的语用意义在进行语际层面的转换时会产生冲突。例如：

《红楼梦》*A dream of red mansions*

对于红色，其在英汉文化中有着不同的含义，在汉语文化中，红色具有喜庆和昌盛的意义，但在西方文化中，红色具有危险和暴力的象征意义。所以，《红楼梦》这一著作名译为 *A dream of red mansions* 是不妥的，应译为 *The story of the stone*。

第二节　词汇空缺问题

在翻译过程中，词汇空缺问题经常出现，这一问题会给译者带来很多翻译层面的障碍。上文已经提到并简要介绍了词汇空缺，这里就对其进行详细说明。

一、词汇空缺的概念

不同民族的语言和文化不尽相同，反映在词汇层面就会形成不同的个性，即一个民族的词汇可能在另外一个民族是不存在的，这些词汇的概念与意义对于其他民族是非常陌生的，这就是所谓的“词汇空缺”。

在英汉语言中常会见到词汇空缺现象。例如，英语中有 strong point 和 weak point 的说法，但汉语中只有“弱点”而没有“强点”的说法。再如，汉语中“长处”和“短处”的说法，但英语中只有 shortcoming 而没有 longcoming 的说法。

很明显，词汇空缺势必会对语言的转换和文化的交流造成困扰，这就需要译者在翻译过程中注意这一现象，并灵活采用一些相应的措施。

二、词汇空缺的原因

(一)地理环境差异

不同民族的人们身处不同的地理环境,所以该民族语言中描述地理环境的词汇在其他民族中可能会不存在,也就是存在词汇空缺。例如,“泰山”在汉语中有着独特的文化内涵,其喻指德高望重的人和强大的实力,如“有眼不识泰山”。无论是泰山这一物体还是其文化内涵,都是汉语文化所特有的,其他文化中并不存在,如果按照字面意思直接译为 have eyes but fail to see Taishan Mountain,就会丢失其文化信息,读者也会产生疑惑,不明所以。英语中的 take French leave(不辞而别)和 Spanish athlete(吹牛,胡说八道的人)也是其他民族所不具有的,不能按照字面意思直接翻译,否则会令读者不知所云。

(二)价值观念差异

价值观念深刻地反映着文化,因文化背景的不同,所以不同民族的人们有着不同的价值观念,这在思维方式、语言表达等方面有着显著的体现。受中国传统观念和文化的影响,中国人崇尚礼仪、讲究谦让,在与人交际时常会采用很多谦辞,如“寒舍”“鄙人”等。受个人主义价值观的影响,西方人追求自由、讲究平等,在与人交际时常会直接表达,而且富有逻辑,汉语中的一些谦虚表达在英语中并没有相对应的形式。

(三)社会风俗差异

英汉民族有着各自独特的社会风俗,反映在语言上,也会导致这方面的词汇空缺。例如,中国的传统节日如“除夕”“清明”“中秋”等在西方国家并没有,与之相对应的一些节日风俗,如“守岁”“扫墓”“吃月饼”等在西方国家更是没有,这些富有中国特色的习俗在英语中根本没有相对应的表达形式。西方文化中万圣节的 trick or treat、感恩节的 turkey 等,在汉语中也没有相应的表达。可见,社会风俗差异也会导致词汇空缺现象的产生。

三、词汇空缺的翻译难点

（一）双语信息空白

双语信息存在偏差是词汇空缺的一种常见表现形式，也就是一种语言中的词汇在另外一种语言中不存在。这种情况，是很难进行翻译的。例如，汉语“提”包、“挑”柴、“挎”篮中的“提”“挑”“挎”都有“携带”的意思，但英语中表示“携带”含义的词只有 take，bring，carry，而且与汉语表达完全不对应。

（二）文化内涵不对等

词汇空缺还表现在文化内涵的不对等上，即虽然两种语言中有相对应的表达，但所蕴含的文化信息不同。如果忽视了这一点，在翻译时就很容易丢失重要的文化信息，错误引导读者，甚至可能引起文化冲突。例如，“熊”这一动物在中西方都存在，但所表达的文化含义不尽相同。在中国人看来，熊是一种行动缓慢、呆傻样态的动物，所以常用它来比喻反应迟钝的人。但在西方人看来，熊是一种凶残的动物，常用来比喻那些鲁莽的人。可以看出，文化内涵的不对等必然会影响翻译的有效进行，因此在翻译过程中要注意这一问题。

第三节　文化等值与文化欠额问题

翻译对于文化等值是一直追求的，但是受文化背景的影响，翻译过程中不可能回避不等值现象，进而造成文化欠额问题的出现。本节就对这两个问题展开详细的分析和探讨。

一、文化等值问题

美国学者奈达提出了等值论，他指出翻译对等包含形式对等（formal equivalence）和功能对等（functional equivalence）这两种。形式对等注重语言的形式和内容，功能对等注重翻译的效果。在翻译中注重形式对等而忽视功能对等，就会造成文化信息欠额。

（一）文化等值的类型

1. 零等值

所谓零等值，即一种语言所传达的文化内涵在另外一种语言中很难找到对应项。之所以出现这一现象，主要受到两个因素的影响和制约。

（1）历史内涵的独特性。无论是哪一个民族，其都有着独特的发展历史，也正是这一历史的存在，导致语言具有丰富的文化内涵。但是，有些蕴含着丰富历史文化内涵的词语，在另外一种语言中往往处于零等值状态。在翻译此类词汇时，不适合采用直译的方法，因为直译的方法会造成文化内涵的缺失。例如：

Peace Will Be His Pyramid.

译文 1：和平将是他的一座金字塔。

译文 2：和平将成为人们记住他的丰碑。

原文是基辛格为遇刺身亡的埃及总统萨达特所写的一篇悼念文的标题。基辛格用 Pyramid 作比喻，不仅歌颂萨达特的丰功伟绩，也表达自己的敬仰与怀念之情。采用直译法译出的译文 1 显然不能表达作者的真实感受，译文 2 则表达了作者的真实寓意。

（2）习俗内涵的特殊性。随着社会不断进步与发展，每个民族形成了独特的生活规则和习俗，随之语言中也就有了相对应的独特表达方式。这些有关习俗的独特表达方式在另外一种语言中往往处于零等值状态。汉语中常用“色狼”来表示“好色之徒”，但英语中常用 goat 来表示；汉语中常用“水性杨花”来指代举止轻浮的女人，而英语中用 butterfly 来表示。在翻译时，简单的直译常会造成文化内涵的缺失。

2. 部分等值

所谓部分等值，指的是某一语言所传达的内涵，在另外一种语言中只能实现部分对应。例如，汉语中的“孤儿”和英语中的 orphan 就只能是部分等值。

3. 假性等值

在英汉语言中，有很多的词汇虽然字面意思相同，但内涵意义相差甚远，这就是所谓的假性等值。例如：

short drink

表面含义：少量饮料

真实含义：烈性酒

（二）翻译中的文化等值

翻译不仅涉及语言，更关乎文化，做到文化对等是其目的。纽马克认为："文化对等是把源语的文化词转化成目的语的文化词的一种近似的翻译。"译者作为连接原文和读者之间的桥梁，为原文和读者之间搭建了沟通的渠道——译文，其不仅要处理语言问题，更要处理文化障碍问题。译者在翻译过程中不仅要传递语言的表层言语信息，还要传递深层文化信息，这样才能有效传播文化。

翻译是一种文化信息传递和接受的互动过程，要想提高互动的效果，就要确保文化信息的等值，避免简单的字面转换，减少翻译中的文化欠额。

二、文化欠额问题

纽马克（1981）指出，文化欠额翻译（under-loaded cultural translation）是指"在翻译中零传输或者部分传输源语文化环境中的内涵信息，即译文所传递的文化信息量小于原文的文化信息量"。文化欠额翻译会导致原文文化信息的不完整传输，会直接影响译文的质量。

上文提到，翻译中过于注重形式也就是字面信息的等值就会造成文化信息的欠额。例如：

Shall I compare thee to a summer's day?

对这一名句进行翻译时，很多译者将其译为"能把你比作夏日吗？"实际上，因地理位置的不同，夏日在英汉文化中有着不同的含义。英国的纬度较高，并没有酷热的烦恼，所以英国人十分喜爱夏日，但中国的夏日则是酷热难当。采用直译法进行翻译，会使原文的地域文化内涵丧失。将原句译为"我可以把你比作充满生机的夏日吗？"更能传递原文的文化内涵。

第四节　文化翻译误区问题

作为文化之间交流的一种手段，翻译往往受制于译者对翻译的认识。由于译者在认识上存在多个层面的误区，因此翻译也会存在某些弊端。这些误区的存在导致文化的神采逐渐被淹没，也会造成文化交流中出现严重的冲突。本节就来具体分析文化翻译误区问题。

一、文化翻译误区的体现

文化翻译误区主要体现在如下三个层面：一是对原文化理解出现偏差；二是译者过于注重书面表达而忽视文化内涵的传递，导致表达上的偏差；三是对读者的认知力与理解力予以忽视。

（一）理解偏差

在进行文化翻译之前，首先要对文化进行理解与把握，如果存在偏差，那么就会导致文化的传达出现问题。文化需要不断理解与适应，如果理解不到位，必然会导致在表达时出现文化缺失，甚至会出现误译。例如：

托内兄如海荐西宾 接外孙贾母惜孤女

（《红楼梦》第 3 回）

译文 1：Mr. Ling gives his guest from the west an introduction to the Yungkuo Palace. The Princess Ancestress takes a motherless **child** lovingly into her home.

（Florence & Isabel McHugh 译）

译文 2：Lin Juhai recommends a tutor to his **brother-in-law.**

The Lady Dowager sends for her motherless **grand-daughter.**

（Yang Hsien-yi and Gladys Yang 译）

在中国古代，“西宾（或者西席）”是对教师的尊称。译文 1 的译者因为不了解这一名词，导致翻译成 guest from the west，意思是“从西方来的客人”，但是汉语中的客人可能指代的是任何人。因此，这样的表达并不准确。相比之下，译文 2 就传达了原文的含义，将原有词汇的文化内涵真实地表达了出来。

有时候，译者在对原文的语言现象与逻辑关系进行分析之后，还是无法进行理解，之所以出现这样的现象根源在于译者对原文所涉及的客观事物没有一个深入的理解，尤其是在历史背景、特有事物、专业术语等层面。

（二）表达偏差

在表达层面，译者需要用另外一种语言进行重新组织，表达出自己对原文的理解与把握。从一定程度上说，理解对于表达起着极大的影响作用，但需要指明的一点是，即便是理解正确，也不一定能够保证表达上的正确。翻译绝对不是简单地字面转换，这样会导致文化内涵的缺失。很多时候，直译可以对原文的语言特色、文化特色进行保持，但是每一个民族，各自的特色不同，尤其在词汇、句法上有明显的体现，因此两种语言之间是存在空缺的，很难实现完全的对应。如果直译的方法不能被读者接受，这时候就应该采用其他的方法，尤其是直译与意译的结合。

（三）未考虑读者

译作最终是要为读者服务的，译作质量是高还是低很大程度需要读者加以检验。一般来说，读者具备一定的认知水平，如果译作无法与他们的认知水平相符合，那么读者的理解就会出现偏差。因此，在翻译时，译者需要将读者的认知能力、理解能力等考虑进去。

二、文化缺位与文化错位

（一）文化缺位

“文化缺位”这一概念首先是由苏联著名的翻译理论家索罗金（Sorokin）等人提出的。人们在接受新的文化信息的时候，往往会将已有的旧文化认知激活，从而构建对新文化信息的理解与把握。不同的民族，它们的文化认知也必然存在差异，正是这种差异的存在，导致文化缺位的产生。

1. 文化缺位的内涵

苏联翻译理论家巴尔胡达罗夫（Barkhudarov，1975）对比和分析了不同语言中的词汇，提出在另外一种语言中存在不等值的词汇。

1980年末期，苏联学者索罗金正式提出了“缺位”这一理论，他通过对不同民族的话语展开深入研究，对“缺位”下了一个明确的定义，即认为一种文化在另外一种文化中处于缺省的状态。

我国学者对文化空缺现象也进行过研究和探讨。

何秋和（1997）认为，在每一个民族中，都存在其特殊的语言文化，这些在其他民族中并不具备，这就是“缺位”的表现。

王秉钦教授（1995）认为，“缺位”指的是一种民族中的语言文化不被其他民族明白与接受的空白情况。

可以看出，对“缺位”的界定有很多，但是这些界定都存在一个明显的特点，即都认为受到不同民族文化差异的影响，一种语言中存在的概念或现象在另外一种语言中不存在,或者找不到与之相似的情况,这就导致了空缺。

2. 文化缺位的特点

(1)不理解性。文化空缺的第一大特点就是不理解性。例如,在英语语言中,屈折现象是非常常见的现象,并且名词数、格、时态等也都是有着深层的意义。这很难被汉语民族理解。

(2)不习惯性。文化空缺的第二大特点就是不习惯性,即两种语言在语法、词汇层面表现的差异。同时,两种语言在引发联想、对事物的区分上也存在明显的不同,因此将这种现象又称为"异域性"。其在对事物的认知与表达层面体现得尤为明显。

例如,英语中 aunt 一词是大家熟知的,很多人也知道其既可以代表"阿姨",也可以代表"舅妈""伯母"等。但是,在汉语中,由于中国人等级划分非常鲜明,因此很容易让中国人不理解、不习惯。

(3)陌生性。文化空缺的第三大特点是陌生性,即两种语言在修辞、表达、搭配等层面产生的联想与情感不同。例如:

一丈青大娘骂人,**就像雨打芭蕉**,长短句,四六体,鼓点似的骂一天,一气呵成,也不倒嗓子。

上例中,加黑的部分采用了比喻的修辞,这种通过用喻体来代替本体的说法,可以给整个语言增添色彩。但是,对于西方民族来说,这种现象并不常见,因此会是陌生的、新奇的。

(4)误读性。不同文化在摩擦与接触中,文化之间出现误读的情况是非常常见的。也就是说,对于一种文化中的现象,另外一种文化中的人们会采用本土思维对其进行解读,那么很容易出现不确定情况或误读情况。

例如,在澳大利亚,袋鼠是一种常见的动物。18 世纪,探险家们刚见到这一动物,就询问当地居民它的名字,当地居民告诉探险家是 Kangaroo。因此,在探险家的大脑中,这一词就自然而然地形成了,并且含义就是"袋鼠"。实际上,其本意是"我不知道"。但是,久而久之,这个名字也就这样被固定下来。人们也就不会探究其真伪了。

(二)文化错位

所谓文化错位,即人们对同一文化事物、同一文化现象产生的内涵解读与认知联想上的错位。文化错位现象常常在不同的文化圈内发生。一般来说,一个文化圈的人只对本圈的事物有一定的认知,而对其他文化圈的事物不了解或者缺乏认知,这样导致在跨文化交际的过程中,人们习惯用本圈的认知对其他文化圈的事物加以判断,从而产生文化错位。

同一文化事物、同一文化现象在不同的文化圈里会有不同的指称形式,也可能会产生不同的联想。即便处于同一种语言中,虽然读音相同、词语文字相近,其内涵意义也可能存在某些差异。这就是文化错位的表现。下面具体分析文化错位的几种类型。

1. 指称错位

每一个民族,其对事物的分类标准都有各自的特征,都习惯用自己熟悉的事物对其他事物进行指称。

指称错位即在不同的文化环境下,同一事物、同一现象在语言上的指称概念存在错位性差异。当然,造成这一错位性差异的因素有很多,如历史差异、地域差异等。这些差异导致有些词汇的表面意义相同,但是实质含义不同,或者指称含义相同,但是表达形式不同,或者表达形式相同,但指称含义不同。

2. 情感错位

所谓情感错位,即在不同的文化背景下,人们对同一事物、同一现象所赋予的情感会存在错位现象。不同民族,其情感倾向可能是不同的,这就有可能造成情感错位。一般来说,情感错位包含如下两点。

(1)宏观情感错位。基于哲学的背景,中西方国家对同样的事物的情感倾向会存在明显差异,这就导致价值判断的差异性。中国人往往比较注重共性,比较内敛;西方人注重个性,比较直接。因此,在跨文化交际的过程中,会出现宏观情感的错位。

无论是在英语中,还是在汉语中,表达感谢的言语行为是十分常见的,所使用的频次与场合却存在明显差异。西方人不仅对同事、上司、陌生人的帮助表达深深的感谢,对那些关系亲密的朋友、亲属也会表达谢意。例如,丈夫给妻子冲一杯咖啡,妻子会表达感谢;儿子给爸爸拿一份报纸,爸爸也会表达感谢等。与之相比,由于受中国人传统观念的影响,下属为上司办事是应尽的义务,因此没必要说感谢,而且家庭成员之间不需要表达感谢,因为在中国人看来,亲属之间表达感谢会让人觉得很见外。另外,对他人给予的夸奖或者关心,西方人都会表达感谢。例如,西方人觉得别人关心自己时,往往会说"Have a good flight?""Not at all bad, thank you!"用这样的话语表达对对方的感谢。同时,西方人在公共场合发言之后,一定要听到听众的道谢之声,这样才能让发言者感受到听众在认真地听他说话。因此,"Thank you!"在英语中使用频率颇高,甚至高于汉语中的“谢谢”。中国人在表达感谢时主要是感谢人，而西方人除了要感谢人，还要感谢物品，甚至会感谢时间。因此，西方人常用“Thank you for your time.”等这样的表达。

受传统文化的影响，请求在英汉语言交际行为中也非常常见。中国人在请求时要么直接，要么过于间接，经常会用暗示的方式请求他人。在中国，地位较高的人、年长的人向地位较低的人、年轻的人提出请求是非常合理的，因此往往是直接的请求。例如，总裁对秘书说“小李，把这个材料复制一下”，这种就是直接式的请求，因此往往会使用祈使句。但是这对于西方人来说，往往会觉得很突兀或者非常不礼貌。地位较低的人、年幼者向地位较高的人、年长者提出请求时，往往会比较谨慎小心，采用婉转或者间接的方式提出。发话者在提出请求时，往往也会建立一个情景框架，这样可以让对方听起来更为合理，使对方有一个思想上的准备。例如，某员工向老板请假，一般会说“主任，我今天不舒服，所以我今天请个假”。但是，这种过于间接的方式往往会让西方人感到迷茫。西方人在请求他人做事时，往往会使用不同的间接式言语行为来表达文明或者礼貌，间接的程度往往受请求者与被请求者的熟悉程度、社会地位以及请求内容的难易程度等的影响。被请求者的年龄越大、社会地位越高，间接的程度就会越大。另外，请求行为是直接还是间接，还会受到场合、环境等的影响。在西方社会，人们多会根据句法结构的变化来实现请求，或者根据语句的言外之意来实现请求的目标。例如，要向他人借笔，按直/间接程度的不同，可以说：

Give me a pen.

Lend me a pen, please.

Hi, buddy, I would appreciate it if you'd let me use your pen.

Would you please lend me a pen?

I'm sorry to bother you, but can I ask you for a pen?

在请求时，中西方可能都会采用直接的手法，但是直接的原因不同。中国人往往受传统思维的影响，会出于他人的取向和面子来考虑实施请求，他们尽量做到不损害他人的面子。西方人则与个人取向有着密切的关系，人们在向他人提出请求的时候往往会比较委婉，尽量不给人强加的感觉，他们首先考虑的是不能损害彼此的消极面子。

除了请求，还有拒绝。拒绝主要是围绕请求、邀请等展开的。汉语中影响拒绝言语行为的因素主要是社会地位，地位较低者在拒绝地位较高者的建议或者请求时，往往会表达遗憾和道歉，但是地位较高者拒绝地位较低者时往往不需要道歉。受平等的人际关系取向的影响，西方人对社会地位较高的人并不会向中国人那样敏感，反而他们会十分关心地位是否平等，不同社会地位的人在拒绝建议与请求时，都会表达遗憾和道歉。如果关系较为明朗，如亲朋之间，美国人倾向于使用 no 等更为直接的方式；如果关系不够明朗，即较为熟悉的同事与同学之间，人们倾向于间接地拒绝，具体如下。

表示遗憾：I am sorry...

陈述拒绝原因：I have a headache.

对请求者移情：Don't worry about it.

表示自己的态度：I'd like to but...

哲理性的表态：One can't be too careful?

原则的表示：I never do business with friends.

表示未来可能接受请求的愿望或可能性：If you had asked me earlier...

此外，寒暄非常常见，如果一个人善于寒暄，那么他就更容易打开交际，如果一个人不善于寒暄，那么就会让对方感到冷场，交谈很难进行下去。虽然寒暄语并不会传递什么有价值的信息，但是在交际中也是非常重要的。交际双方注意的并不是寒暄语的语义，而是其所传达的情感。中国人在寒暄时往往会说"到哪去？""你吃了吗？"这些话语仅仅是为了客套，问答的双方都不会将其视作有意义的话题。但是，西方人听到这类话会认为你要请他吃饭或者有其他什么目的。西方人见面时往往会说"Hi!""Hello!""Good morning!"等，但是不会询问与他人隐私相关的事情。此外，中国人在寒暄时往往会问一些与钱财、年龄等相关的话题，对方也不会介意，但是如果西方人听到这样的问题，会认为你侵犯了他人的隐私。西方人在寒暄时往往会谈及天气等与个人无关的话题。另外，中国人在见面时往往会根据具体的情况说"买菜呀！""打球呢！"这样的话，西方人很难理解这些描述，认为这些话没有任何意义。中国人还往往以称呼来与对方进行寒暄，如"张老师""李总"这样的称呼，是对教师、上司的寒暄。

（2）微观情感错位。微观情感错位是人们对具体事物的情感倾向的错位。

由于中西方文化在很多层面存在差异性，这导致英汉两种语言也各具特色，表达形式纷繁复杂。其中，颜色词所蕴含的象征意义就是中西方文化差异的一种明显的表现。中国人对于红色是非常偏好的，认为红色代表着喜庆、吉祥如意，但是忌讳白色，因为在中国人眼中，白色代表的是贫困，有丧葬的意思。相较于中国人对于颜色的偏好，西方的不同国家有着不同的偏好。埃及人对于明显的色调是非常推崇的，认为白底或黑底上面的绿色、橙色、红色等是很搭配的颜色,但是他们对紫色、黄色特别厌恶,认为这些颜色代表着死亡或者丧葬。摩洛哥人喜欢黄色与粉红色,这是吉祥的颜色,厌恶白色,认为白色代表着丧葬与贫穷。法国人、比利时人认为蓝色不吉利,因此厌恶蓝色。意大利人对艳丽的颜色是非常喜欢的,认为紫色代表着消极。

数字是中西方文化中重要的一部分。人们的日常生活几乎离不开数字,因此中西方产生了很多与数字相关的语言。但是,中西方对数字的理解与信仰存在明显差异。例如,在中国人眼中,“四”与“死”谐音,因此中国人对于“四”这个数字是极度厌恶的。人们在选择门牌号、车牌号时,也会避开这个数字。在西方人眼中,four是非常受人们欢迎的,其与three一样,被认为是方形的代表,因此是非常稳固的。在西方人看来,人们生活的世界都离不开four这个数字,因此也诞生了很多与four相关的语言。再如,在汉语中,数字“五”有着特别重要的意义。在中国古代,有“五行”之说,即“金、木、水、火、土”这五大元素。在这五行之中,五大元素相克相存。同时,“五”在数字一到九中居于中间,是奇数,也是阳数。五行相克是中华民族辩证思维的体现,呈现的也是汉民族的价值观,具有深远的哲学意义。英语中与five相关的习语并不多见,因为西方人认为five这个数字很不吉祥。并且,英语中five的构词能力与其他数字相比是较小的。又如,在中国人眼中,“七”是比较忌讳的,如人死后的第七天被称为“头七”,七七四十九天会还魂,家属需要告慰亡魂。正是有着这样的寓意,因此中国人避讳送礼送七件,而往往选择八件。在办喜事时,人们也不会选择有“七”的数字,宴席也不会用七道菜等。农历七月初七是中国人熟知的日子,但是在这样的日子中,人们是不会选择办喜事的,这源自牛郎与织女的典故。因为每年的这一天,牛郎与织女会相会,人们相信如果这一天下雨,那么必定是二人的眼泪,表达一种伤心之情。另外,与“七”相关的很多习语也都包含贬义的意思。在西方文化中,seven是一个十分吉利的数字,含有圆满、幸运的意思。这是因为上帝用七天创造了世界,圣母玛利亚有七件高兴的事情。因此,西方文化中的善事、美德等都与seven有着紧密的联系,并且诞生了很多与seven有关的习语。

由于受文化传统、文化内容等诸多因素的影响,英汉两种语言赋予了动物词汇一定的文化内涵,并形成了各自特定的动物文化。动物文化体现了不同民族在道德、精神、生活等层面的内容,是对不同民族心理文化与社会文化背景特征的反映。例如,中国人眼中的“龙”是一个图腾的形象。在中国的古代传说中,龙能够降雨,能够上天入地,集合了多种动物的本领。中国人赋予龙吉祥的象征,并认为是“龙的传人”,感到非常的自豪。在中国几千年的历史中,龙的地位一直非常高大,并作为封建皇权的一种象征,如"真龙天子""龙袍""龙脉"就是典型的代表。中华民族推崇龙的英勇不屈的精神,也正是基于这一精神,中华民族力图将其发扬光大,形成一种不屈不挠的精神观念,构成中华民族的一种道德规范。相比之下,英语中的 dragon 与龙的文化内涵存在明显的差异,这是最为典型的例子。在西方的神话传说中,dragon 是一种有着巨大蜥蜴、长有翅膀、身上有鳞、具有长蛇尾、能够喷火的动物,是邪恶的代表。甚至,dragon 被西方人认为是凶残的,应该被消灭,这从很多古代神话人物事迹中可以体现出来,很多英雄都会去剿灭这种怪物,并且最后以怪物被杀作为结局。现实中,有很多与 dragon 相关的包含贬义的说法。再如,中国人眼中的狗是令人讨厌的动物,代表着龌龊、肮脏。很多与狗相关的语言都是用来骂人的,如"狗仗人势""狗急跳墙"。相比之下,在英语民族, dog 的地位是非常高的,它们不仅用于打猎、看家,还往往是为了陪伴。有的人没有儿女,往往用 dog 来替代,他们的 dog 往往有很多特权与优待,有吃有穿,还有音乐家为其专门谱的"狗曲",生病时还往往请兽医来诊治,还会请专科医生、心理学家来疏导与治疗。如果主人外出,它们还可以享受假期待遇。又如,在中国文化中,猫一般是精灵、可爱的代表。中国人对猫是非常喜欢的,因为猫可以和主人做伴、可以消遣,还能够抓老鼠,非常实用。相比之下,在西方文化中, cat 是魔鬼的化身,在中世纪,是巫婆的守护神,尤其是黑色的 cat 更让西方人躲避,非常厌恶。因此,英语中常使用 cat 一词代表包藏祸心的人。

大自然的绿色象征着生命,人类与植物有着密切的关系,依靠这些植物,人类才得以延续与发展。千百年来,人们将植物作为物质基础,并运用植物来表达情感与思想。因此,植物就逐渐具有了深刻的审美价值与文化意蕴。概括来说,人们对各种植物的态度、看法及各类植物所蕴含的意义反映的是该植物文化的基本内容。由于受文化背景、自然条件的影响和制约,各民族有着不尽相同的植物文化。例如,汉语中的水仙花是"花草四雅"之一,在我国已经有 1 000 多年的培育历史了,从宋朝以来,有很多对水仙花歌颂的诗词。水仙花在诗词中被认为是"凌波仙子",代表的是轻盈漫步的仙子,因此有了"高雅、脱俗"的含义。英语中的 daffodil 是道德的象征,代表的是一种自我欣赏、傲慢、自尊自大。在希腊神话中,那喀索斯(Narcissus)是一位美少年,但是他只爱惜他自己,对他人不关心,回声女神厄科向他表达爱意,他直接拒绝了她,之后厄科逐渐憔悴,躯体消失,只留下山林中的回声。爱神阿佛洛狄特为了惩罚那喀索斯,让他迷恋上自己的倒影,最后憔悴而死,死后化成了水仙花。因此,

daffodil 有了与 narcissus 同样的寓意。再如，在汉语中，海棠是娇艳动人、风姿绰约的代表，其中有的红中有白，有的白中泛红，如同少女的脸颊。因此，海棠花的第一个寓意就是“美貌”。例如，唐朝何希尧的《海棠》中有“著雨胭脂点点消，半开时节最妖娆”。诗人将半开海棠的娇娆展现在读者面前，其如同一位娇羞的少女，在春雨中那样得楚楚动人。英语中的 crab apple 与我国的海棠品种不同。英语中的 crab apple 指山楂子，口味比较酸涩，人们常用其来比喻“孤僻的人、性格不随和的人”，如《造谣学校》中有这样一句“...with his odious uncle, Crabtree”（带着他那讨人厌的叔叔）。

3. 类比错位

类比错位是指不同文化群族用于借指比喻的事物所表达的含义的错位。

（1）类比物的错位。在不同的自然环境和社会背景中，人们会接触到不同的事物。古代中国人长期生存在小农经济体制下，所以物产丰富，类比物多种多样，并且多与农业相联系；而西方民族的生存环境相对狭小，物产资源相对贫乏，并且生产方式从畜牧转变为工业，其类比物多与牧业、工业相关。

（2）类比含义的错位。人们往往借助熟悉的事物来表达某种含义，这就是借喻。在不同的文化里，相同的类比可能具有不同的含义，此时不能直译。例如，“The sorority had a hen party for its members.”中的 hen 不能译为“鸡”，因为在汉语中“鸡”可以指代性服务工作者，而在英语中雌性动物可以用来指妇女，因此此处的 hen party 在英语中是指“女性聚会”。

第四章　翻译的常用技巧

由于中西方在思维、历史、文化等方面有着显著差异,因此英汉两种语言在词汇、句子、语篇、修辞层面上存在着明显的不同。上述章节已经对英汉两种语言进行了比较分析,本章将从翻译技巧入手,具体分析词汇、句子、语篇、修辞翻译的常见技巧。

第一节　词汇翻译技巧

无论是在英语中还是在汉语中,都有丰富多样的词汇,在对英汉词汇进行翻译时,需要根据不同的词汇现象采用不同的翻译技巧。另外,翻译与文化密切相关,因此在英汉语言中有很多特殊的文化词汇,掌握这类翻译技巧,才能更好地理解句子与语篇。

一、普通词汇翻译

对于普通词汇的翻译,一般需要考虑词汇搭配、词性、上下文关系、词义的褒贬与语体色彩等层面。下面就具体对这几个层面加以分析。

(一)确定词汇搭配

由于受历史文化的影响,英汉两种语言都有各自的固定搭配。因此,译者在翻译时应多加注意这些搭配。例如:

heavy crops 丰收
heavy road 泥泞的道路
heavy sea 汹涌的大海
heavy news 令人悲痛的消息
浓郁 rich
浓茶 strong tea

浓云 thick cloud

浓眉 heavy eyebrows

（二）弄清词性

英汉语言中很多词汇往往有着不同的词性，即一个词可能是名词也可能是动词。因此，在进行翻译时，译者需要确定该词的词性，然后再选择与之相配的意义。例如，like 作为介词，意思为“像……一样”；like 作为名词，意思为“英雄、喜好”；like 作为形容词，意思为“相同的”。下面来看一个例句。

I think, however, that, provided work is not excessive in amount, even the dullest work is to most people less painful than idleness.

然而，我认为对大多数人来说，只要工作量不是太大，即使所做的事再单调也总比无所事事好受。

上例中，如果将 provided 看作 provide 的过去分词来修饰 work，从语法上理解是没有问题的，但意义上会让人产生困惑。如果将其看作一个连词，翻译为“只要、假如”，那么整个句子的含义就很容易让人理解了。

（三）考虑上下文

上下文之间存在着紧密的关联，这种关联构成了特定的语言环境。正是由于这种特定的语言环境，才能帮助读者判定词义，并且衡量所选择的词义是否准确。事实上，不仅某一个单词需要从上下文进行判定，很多时候一个词组、一句话也需要根据上下文来判定。例如：

Fire!

火！

上例可以说是一个词，也可以说是一句话。如果没有上下文或者一定语境的辅助，人们很难确定其含义。其可以理解为上级下达命令“开火”，也可以理解为人们喊救命“着火了”，但是要想确定其含义，必须将其置于具体的语境中。

（四）分析词义褒贬与语体色彩

词义既包含喜欢、厌恶、憎恨等感情色彩，又包含高雅、通俗、庄严等语体色彩，因此在翻译时需要根据上下文来进行区分，并且将其代表的情感色彩与语体色彩体现出来。例如：

An aggressive country is always ready to start a war.

好侵略的国家总是准备挑起战争。

An aggressive young man can go far in this firm.

富有进取心的年轻人在这家公司前途无量。

显然，通读完上述两句话就可以得知，两句中的 aggressive 的情感色彩是不同的，第一个为贬义色彩，而第二个为褒义色彩。

二、文化词汇翻译

习语、人名、地名、动物词、植物词、饮食词汇、服饰词汇、建筑词汇等具有极深的文化内涵，不仅内容包罗万象，其使用也极其广泛，可以说是语言文化的瑰宝。不论是在英语中还是在汉语中，这些词汇数量都非常可观。下面就对这些文化词汇的翻译技巧展开探讨。

（一）习语翻译

不同的民族所处的地理环境、历史背景、经济生活、风俗习惯、心理状态、价值观念等各不相同，并且习语与人们以及人们生活的环境有着密切联系，所以习语被赋予了深厚的民族特征。

例如，以英语为母语的国家多数处于海洋围绕的板块上，美国位于北美洲，三面环海；英国地处不列颠群岛上，四面环海。可见，多面环绕海洋是英美国家重要的地域特征。得天独厚的海洋资源使得航海运输业成为英美国家重要的产业，他们对海洋有着深刻的认识和情感，所以创造了丰富的海洋文化。于是，英语中出现了很多与海洋和航海工具相关的习语，如 all/completely at sea（茫然、困惑），in the same boat（同处危机），set sail（远航）。受海洋这一特殊地理环境的影响，英国的气候变化无常，时而风和日丽，时而大雨滂沱，所以英国人对气候非常无奈，并且经常抒发对气候的心情，如“Everyone talks about weather, but no one could do anything about it.”同样，与气候有关的英语习语也有很多，如 in the wind（在酝酿中），a drop in the ocean（沧海一粟）。因为中国位于亚洲东部、太平洋西岸，是一个半封闭式的大陆，并且地形复杂、气候多样、河流纵横的自然基础很早就萌发了初期的农业文明。可以说，中国文化起源于大河，黄河被称为中华民族的“母亲河”。此外，中国还有黑龙江、松花江、辽河、长江等各大流域。农耕文明与游牧文明的互动推动着中华文化的不断发展，总体上以农耕文明为主导。因此，汉语中有大量与农事有关的习语，如“深栽茄子，浅栽葱”“芝麻开花——节节高”。

由上述内容可以了解到，英汉习语汇聚了语言的精髓所在，蕴涵着丰富的文化信息，同时从中能了解到英汉习语的异同。要想对习语进行翻译，就要充分了解习语的寓意，掌握英汉习语的异同，进而采用恰当的翻译方法，以有效还原习语的外在形式与内在意义。具体来讲，习语的翻译可采用以下几种方法。

1. 直译法

英汉语言中的一些习语在形式和喻体形象上非常接近，译者翻译时就可以采用直译法，再现原文的形式，并保留原文的喻体。例如：

tower of ivory 象牙塔

put oil on the flame 火上浇油

纸老虎 paper tiger

无可救药 beyond cure

2. 意译法

由于中西方文化背景的不同，许多英汉习语在形式和意义上无法对等，此时就不能用直译法进行翻译，而可以尝试用意译法进行翻译。运用意译法可以传达出原文含义和语体风格，其不拘泥于原文的形式和修辞手法。例如：

a lion in the way 拦路虎

the heel of Achilles 致命的弱点

like a fish out of water 很不自在

大张旗鼓 on a large and spectacular scale

赔了夫人又折兵 suffer a double loss instead of making a gain

3. 套译法

假如英汉语言中的习语在内容和形式上都比较接近，即字面意义、喻体形象和比喻意义都相似，那么译者就可以借用相互对应的习语进行对等翻译。例如：

make pig of oneself 猪一样的饭量

A rat crossing the street is chased by all.

老鼠过街，人人喊打。

（二）人名翻译

无论是在英语中，还是在汉语中，人名是历史发展的产物，是日常生活与交往的媒介和向导，具有丰富的文化内涵。但是，由于人名文化存在明显的差异，导致译者在翻译时会遇到很多困难。更应强调的是，特定文化中的人名命名与社会经济文化关系密切,通过翻译人名,人们可以了解不同社会经济文化的差异性,懂得对方人名的内涵与文化色彩。

对于英汉人名的翻译,一般要遵循如下几点原则与方法。下面具体来分析和论述。

1.“名从主人”译法

全球一体化进程的推进,以及很多异国婚姻以及移民的增多,导致姓名的语源逐渐被隐藏,很多人逐渐获得了所在国家的国籍,感情上也形成了对该国的认同感。这就导致很多后代的名字很难寻根溯源,也引起了一个常见的问题,即除了一些名人,译者要想翻译准确,就需要对每一个名字的主人的身世进行研究,但是这显然不现实。

另外,中西方人名在构成、来源等层面存在差异,这就要求翻译时一定将该民族的人名特征反映出来。就翻译来说,汉语属于表意文字,英语属于表音文字,因此人名的翻译不适合采用转写的方法,大多采用音译法。所谓音译法,就是尽可能用目的语语音对源语的语音进行模仿。在对人名进行音译时,译者需要“名从主人”,即翻译时需要遵从源语的发音与读音规则。当然,姓名的顺序也需要符合目的语国家的规范,中国人名往往是姓前名后,西方人名则相反。

根据《关于改用汉语拼音方案作为我国人名地名罗马字母拼写法的统一规范的报告》,对于英语人名的翻译,译者必须尊重各国主权,采用各国标准的罗马拼写来进行翻译,一律采用音译的方法,而不能使用意译。例如:

Snow:这一人名不能翻译为“雪”,而应该翻译为“斯诺”

Talleyrand:这一人名不能翻译为“泰里兰”,而应该根据法语规则,翻译为“塔列朗”

另外,虽然中西方人名的含义丰富,但是人名作为符号,其含义逐渐丧失,因此在翻译时只需要展现表层形式,不需要对某些特殊含义进行刻意表达。例如:

霍启 Huo Qi,不需要翻译为 Disaster

Sharp 夏泼,不需要翻译为“尖刻”

这一原则被当前的译者接受,并且作为翻译中的一项重要方法。但是,这一方法的运用也存在一些问题,还有待进一步研究。

2.“约定俗成”译法

事物的名称往往根据人们的意向来确定,并且被人们逐渐遵守。后来,人们经过长期的实践,最后对事物的名称、形式等进行确定,逐渐地

"约定俗成"。历史上很多名人的人名翻译一般适用这一原则。这是因为随着历史的发展,这些译名被逐渐沿袭运用并保留下来。例如:

Pearl Buck 赛珍珠

Bernard Shaw 萧伯纳

Holmes 福尔摩斯

Kissinger 基辛格

Pushkin 普希金

对于这些具有一定影响力和历史背景的人名的翻译,基本采用了固定的译法,这就是约定俗成用法的体现。

3. 归异结合译法

归化法是指对源语表达形式进行省略或替换,找到地道的表达形式表达目的语。归化法的运用会丧失源语文化意义,更符合目的语的文化意义。异化法是指译者对源语文化进行保留,并尽量向作者的表达贴近的策略。虽然语言是对客观世界的反映,但是受不同思维方式与文化背景的影响,不同民族对同一事物的认知也存在明显差异。译者在对具有丰富历史色彩的信息进行翻译时,应该尽量保留其文化背景知识,采用异化法是比较好的选择,有助于传递源语文化。

对于采用归化法还是异化法翻译人名,译者往往比较迷茫,实际上这二者没有优劣之分,译者需要具体问题具体分析。在改革开放之前,中国人名的翻译往往都是采用归化法。例如,将武打明星成龙翻译为 Jackie Chen。但是,随着研究的深入,这种归化法受到人们的质疑,很多人认为这种方法不可取,让人们判断不出人名文化的源头。因此,异化法诞生。例如:

刘翔 Liu Xiang,而不是 Xiang Liu

姚明 Yao Ming,而不是 Ming Yao

尤其在翻译文学作品时,归化法往往会将中西方人名中的文化差异抹杀掉,失去人名中所承载的源语文化信息,造成中西方人名文化氛围不协调。例如:

Tolstoy 托尔斯泰,不需要翻译为"陶师道"

Gogol 果戈里,不需要翻译为"郭哥儿"

4. 同名同译法

受历史、社会等的影响,同名不同译现象非常多。例如,对于《红与黑》的作者 Stendhal,《辞海》中将其翻译为"司汤达",《中国大百科全书》将其翻译为"斯丹达尔",《外国历史名人辞典》中将其翻译为"斯汤达”。对于这些译名，读者很难做出判断，因此译者在翻译时尽量同名同译。例如：

Smith 史密斯

Robert 罗伯特

（三）地名翻译

对于地名文化的翻译，应该坚持两条原则：一是让外国人看懂，另一个是基于第一条原则，让本地人能明白他人说的地名是什么。在翻译某些地名时，译者应该具体问题具体分析。

1. 音译法

音译是主要的翻译方式。中国一些省、市、县等的地名往往使用汉语拼音，即音译。例如：上海（Shanghai）、天津（Tianjin）、和县（Hexian）、萧县（Xiaoxian）。需要指出的是，如果有些地名写成拼音形式容易混淆时，建议用隔音符号进行分割。例如，西安（xi’an）、建瓯（Jian’ou）、兴安（Xing’an）、东阿（Dong’e）。

英语中也是如此。为了保证中西方地名翻译的准确性，并且保留源语文化的底蕴，西方很多地名往往采用音译方法。例如：

Pisa 比萨

Berlin 柏林

Toronto 多伦多

Vienna 维也纳

2. 意译法

英汉语言中有些地名代表的是美好愿景，有些地名代表的是富饶物产，有些地名代表的是浓郁地域特征等。为了体现这些地名固有的文化内涵，有时候可以采用意译法。例如：

象鼻山 the Elephant Hill

牛尾海 Port Shelter

大屿山 Lantau Island

英语中也是如此，有些地名用音译法很难展现其内涵，因此采用意译法进行翻译，如通用名，修饰专属名的新旧、方向、大小的形容词，含有数字的地名，来自人名的地名等。例如：

Great Island 格雷特岛

Mount Alabama 阿拉巴山

Three Lakes（Wash.）三湖村（华盛顿）

3. 非义译法

在翻译某些专有地名时，对于那些具有实在意义的词，需要采用显义，但是对于某些不存在实在意义的词，需要使用非义译，避免不必要的联想。例如，Sydney 翻译为“雪梨”是违背了最大音似原则，而将其翻译为“悉尼”则更符合，这是因为“雪梨”作为常见水果，具有实在意义，如果将不具有这一意义的城市名翻译为一个水果名，显然是不妥帖的，容易引起误解。

4. 显义译法

一些地名的某些单词具有实在含义，在对这些地名进行翻译时，往往需要采用显义法，如下面这些例子都包含 New 这个词。

New Zealand，太平洋西南部一个岛国。1942 年，诺漫斯发现了这一岛屿，因地貌与荷兰的 Zealand 岛屿有着类似特征，因此称其为“新的西兰岛”。显然，在这里的 New 是一个实义词，不是一个地理符号，翻译成“新西兰”要比“纽西兰”更为恰当。

New South Wales，澳大利亚东南部沿海的一个州。有人将其翻译为“新南威尔士”，简称“新洲”，也有人将其翻译为“纽修威”，简称“纽省”。实际上，其是相对于英国 South Wales 来命名的，这里的 New 有着真实的含义，不仅仅代表的是一个地名。鉴于此，翻译为前者更为合适。

5. 习惯译法

我国幅员辽阔，很多地方有着相同的名字。对于这一现象，译者必须严格按照中国地名词典标注的读音和书写形式进行翻译，不能随意更改。例如：

山东省单县的单城 Shancheng Town

黑龙江双城区的单城镇 Dancheng Town

在英语中，来源于人名、民族名的地名通常采用其习惯译名。例如：

White Harbor 怀特港

San Luis Canal 圣路易斯运河

Indiana（State）印第安纳州

（四）动物词翻译

任何一种民族语言都与其文化紧密相连，由于受文化传统、文化内容等诸多因素的影响，英汉两种语言赋予了动物词汇一定的文化内涵，并形成了各自特定的动物文化。

英汉动物词汇文化有着明显的差异,这就要求在翻译时应该多加注意,具体可以采用如下几种方法。

1. 直译法

所谓直译,即将源语中的动物文化意象直接翻译为目的语文化中的对等意象。由于人们对某些动物的情感有些共通性,因此在翻译时可以实现文化重合,进行意象的等值传递。例如:

A lion at home, a mouse abroad.

上例中包含两个动物意象:lion 与 mouse,而英汉两种语言中都可以用狮子形容凶猛,用老鼠形容胆小,因此可以直译为“在家如狮,在外如鼠”。

她只会鹦鹉学舌。

She just parrots what others say.

上例中,鹦鹉在英汉两种语言中的意义基本一致,都可以用于指代某人没有自己的观点,缺乏主见。

2. 省译法

所谓省译,即对动物文化意象的减值传递,有些动物词汇在英语中有着丰富的文化内涵,但是在汉语中并不存在;反过来同样如此,因此译者可以采用意象减值传递的手法,直接翻译出动物意象的内涵,也可以称为“释义法”。例如:

a poor fish

英语中的 fish 可以指代特殊的人,但是在汉语中并不存在这一意象,因此可以将动物意象省略,直接翻译为“倒霉的人”,这样才能消除读者的阅读障碍。

rain cats and dogs

由于汉语中并不具备与之对应的动物文化意象,因此翻译时只需要将意象省略,保留“倾盆大雨”即可。

3. 转译法

所谓转译,即在目的语中存在一种动物意象能够与源语动物意象实现对等,这样做的目的是便于理解与把握。有时候,译者采用转译的翻译手法主要是因为源语意象并不能被读者理解与把握,并且目的语中恰好存在与之相契合的对等意象,因此就用其加以替代,以便目的语读者理解把握。例如:

落汤鸡 like a drowned rat

拦路虎 lion in the way

力大如牛 as strong as a horse

瓮中之鳖 like a rat in a hole

（五）植物词翻译

由于英汉植物词汇文化存在明显的差异，因此对于植物词的翻译需要遵循一定的技巧。

1. 直译法

一些植物词汇在英汉语言中的联想意义基本相同或者相似，这时可以采用直译的手法进行翻译，能够将原文的形象保留下来。例如：

sour grapes 酸葡萄

hold out the olive branch 抛出橄榄枝

a stick and carrot policy 大棒加胡萝卜政策

2. 意译法

一般为了考虑读者的接受程度，往往需要保留原文的风味。因为如果采用直译手法，会导致读者无法理解。因此，译者需要考虑原文与译文的文化差异，翻译时选择与目的语接近的词语，将原文的意义表达出来。例如：

苦如黄连 as bitter as wormwood

如果将其翻译为 as bitter as coptis，会让目的语读者感到奇怪，也很难理解，翻译为 as bitter as wormwood 更为恰当。

The idea that such a tomato might be involved in murder was terrible.

这么一位漂亮的女人竟然会卷入谋杀案件中，真是可怕。

如果将 tomato 翻译为西红柿，译为“这么一个西红柿竟然卷入谋杀案中，真是可怕”会让人贻笑大方的，显然会让目的语读者难以理解。

（六）饮食词汇翻译

1. 西方饮食文化翻译

（1）菜肴文化翻译。西方人在烹饪菜肴时注重食物搭配，保证营养，因此与中式菜肴相比，西方菜肴种类很多，菜名也非常直白、简单，往往以国名、地名、原料名等来命名，如丹麦小花卷、牛肉汉堡等。

关于西方菜肴文化的翻译，人们的看法不同，有人认为应该意译，即用中国类似菜品的名字来替代。例如：

sandwich 肉夹馍

spaghetti 盖浇面

但是,一些人认为这样的翻译是不妥当的,虽然两种食物在外形上相似,但是味道、材料上明显不同,因此这样的翻译是错误的。为了保证翻译地道,反映出西方菜肴的韵味,笔者认为应该将直译与意译相结合来翻译。例如:

potato salad 土豆沙拉

grilled chicken 香煎鸡扒

apple pie 苹果派

corn soup 粟米浓汤

shrimp toast 鲜虾吐司

vegetable curry 什菜咖喱

(2)酒文化翻译。西方的酒文化有着悠久的历史,随时历史的积淀,西方的酒文化逐渐形成自身的特点。对于酒文化的起源,西方有很多说法,但是大多都认为源于神话故事。在英语中,很多词语都与酒有关。例如:

bacchus 酒的通称

bacchant 狂饮酒作乐的人

bacchic 狂欢醉酒的人

bacchae 参加酒神节狂欢的妇女们。

对于酒名的翻译,一般采用如下几种翻译技巧。

①直译法。有些酒名采用直译法进行翻译,可以实现较好的翻译效果。例如:

Bombay Sapphire 孟买蓝宝石

Canadian Club 加拿大俱乐部

②音译法。在西方酒名的翻译中,音译法是最常见的方法,并且主要适用于原有的商标名没有任何其他含义的情况。例如:

Vermouth 味美思

上例中 Vermouth 本义为"苦艾酒",因为其在制作过程中添加了苦艾叶,并且以葡萄酒作为酒基,因此微微带有苦涩的味道,但是如果仅仅以其中的一个原料命名实为不妥,听起来给人以忧伤的感觉,与葡萄酒香甜的味道相违背,因此采用音译,改译为"味美思"更为恰当。

③意译法。除了直译与音译外,意译也是西方酒文化翻译的常见方法。例如:

Pink Lady 粉红佳人

Wild Turkey 野火鸡波本

2. 中国饮食文化翻译

中西方饮食文化存在明显的差异，因此在向西方宾客介绍中国菜肴时，尤其介绍中国菜名时，必须掌握一定的翻译技巧，要把握菜肴命名的侧重点，让宾客能够对菜肴一目了然，并了解菜肴文化背后的内涵。

（1）以形象手法或典故命名的菜肴的翻译。中国菜肴中有很多用形象手法或典故命名的菜肴，在对其进行翻译时，应该将菜肴的本原加以还原，力求能够将其原料、做法等都翻译出来，并且兼顾修辞方式。

例如，为了取吉祥的寓意，中国菜名常会借用一些不能食用的物品，如“翡翠菜心”。显然“翡翠”是不能食用的，是蔬菜艺术化的象征，因此在翻译时应该将“翡翠”省略掉。又如，“麻婆豆腐”这道菜是四川地区的名菜，传闻是一个满脸长满麻子的婆婆制作而成的，但是西方人对这一典故并不了解，因此翻译时不能直译为 a pock-marked woman's beancurd，而应该以这道菜味道的特殊性作为描述重点，便于目的语读者理解，可以翻译为 Mapo tofu stir-fried tofu in hot sauce—the recipe is attributed to a certain pockmarked old woman。

（2）以烹饪方法命名的菜肴的翻译。在中国饮食文化中，烹饪方法居于核心地位，根据烹饪方法进行翻译并表达出来，有助于目的语读者了解中国菜肴的文化内涵。例如，“干煸”是将原料进行油炸，之后捞出来，加入少许油再进行翻炒，直至炒干后起锅。在翻译“干煸牛肉丝”这道菜时，可以尝试在西方菜肴中已经存在的烹饪方法中找到与“干煸”类似的，如“烤干、烘干”“煎”等。根据其制作过程，可以将其翻译为 sauted beef shreds。

（3）以特殊风味命名的菜肴的翻译。在中国菜肴中，很多是凭借味道广为流传的。因此，在翻译时需要考虑这些特殊的风味，除了需要将原料展示出来，还需要将其风味特色展现出来。例如，“鱼香肉丝”是四川的一道非常具有独特风味的菜品，其与“鱼”并没有关系，而是通过作料的搭配而烹饪的一种具有鱼香的菜品。因此，在翻译时不能翻译成 fish-flavor shredded pork，而应该翻译为 stir-fried pork shreds in garlic sauce。

（4）以特色命名的菜肴的翻译。中国饮食文化具有悠久的历史，加上原材料与烹饪方法非常丰富，因此很多菜名都是独一无二的，因此在翻译这类菜名时，往往需要进行迁移处理，把握目的语的当地特色，采用音译的方式来处理。例如：

汤圆 Tang Yuan

混沌 WonTon
饺子 Jiaozi
包子 Baozi
馒头 Mantou
锅贴 Kuo Tieh
炒面 Chow Mein

（七）服饰词汇翻译

1. 西方服饰文化翻译

（1）把握文化空缺词。英汉物质文化的不同导致词汇表达上的差异性，文化空缺词就是其最突出的表现。所谓文化空缺词，即某一民族特有的词汇，可能是在历史长河中逐渐形成的，也可能是该民族独创的。对于这类词的翻译，不是要求按照字面意思来翻译，而是要求将其在原文中的效果传达出来，译出其原作中的文化内涵。例如，对于帽子，西方就有很多表达。

bowler 常礼帽
fez 红毡帽
Stetson 牛仔帽
Skull-cap 无檐帽

中国读者对于"礼帽"可能还算熟悉，但是其他的帽子就不熟悉了。再如：

have a green bonnet/wear a green bonnet

对于这个短语，很多人都翻译为"戴绿帽子"，显然是错误的，其含义为"破产"，这就要求在翻译时不能直接按照字面意思翻译，而应该弄清楚其负载的文化内涵。

（2）把握英美习语内涵。在英美习语中，有很多与服饰相关的习语，在翻译时应该追本溯源，将习语的内涵挖掘出来。例如：

a bad hat

这个短语的含义并不是"坏帽子"，而是"坏蛋、流氓"，美国人常用这个习语代表"蹩脚的演员"，指代的是那些无用的人。

at the drop of a hat

这个短语的意思并不是"帽子掉地上"，而是用来指代一触即发的人、火暴脾气的人。这个习语源自以前的战斗，裁判员突然将举着的帽子扔到地上作为可以开枪的信号。

hat in hand

同样，这个短语的意思并不是“手里拿着帽子”，而是不得已地求人帮忙，其指的是一些老百姓在面对权贵的时候，往往会脱帽致敬。这一点与中国传统礼仪相似。

（3）明确服饰特殊指向。在日常生活中，人们往往对那些与普通人着装不同的特殊人群予以注意，即人们会将注意力集中于那些特色鲜明的服饰上，长此以往，人们就使用一些具有代表性的服装来修饰穿这类衣服的人。例如；

a bass hat 位高权重的人

boiled shirt 拘泥刻板的人

silk gown 赋有英国皇家律师高贵身份的人

stuffed shirt 爱摆架子的人

white collar 白领阶层

blue collar 蓝领工人

gray collar 灰领阶层

gold collar 金领阶层

2. 中国服饰文化翻译

（1）传达服饰功能。服饰作为人类穿戴的物品，首先是为人们的生活服务的，因此必然带有自身的用途与功能。这就要求在翻译时应该将服饰的功能传达出来，即要告诉目的语读者某一服饰的用途。在中国，很多传统服饰都是中华民族特有的，这对于外国人而言是很新鲜的，甚至没有听说过的。对于这类翻译，最好在音译的基础上进行阐释，以便目的语读者理解与把握。例如：

云肩 Yun-jian

如果这样翻译，目的语读者显然是不能理解的，因此有必要在其后加上这样一句：

a kind of shawl, a women's distinctive and decorative accessory wrapped around the shoulders, which is made of colored silk brocade and embroidered with four symmetrical and connected moire pattern.

这是对 Yun-jian 的补充解释，以便目的语读者一目了然，也只有让目的语读者对该服饰的功能有清晰的把握，才能展开对该服饰后续的文化解读。

（2）传达服饰文化属性。从不同角度对中国的服饰进行审视，会发现明显的不同，其中会涉及强烈的情感因素。以“绣荷包”来说，如果从儒家人伦观的角度来说，这体现了中国传统观念“三从四德”；如果从风俗的角度来说，这可能代表一种定情之物；如果从审美的角度来考量，这可以说是中国古代的一种工艺品。那么，如何让目的语读者了解不同角度的文化含义呢，这就要求译者在翻译时应该考虑上下文语境以及目的语国家所处的民族、风俗、审美习惯等，将隐含的民族文化语义揭示出来。对于“绣荷包”两个角度的理解，可以翻译如下：

代表“定情之物” a token of love for male and female

代表“手工艺术” the magnificent hand-made folk art

(3)传达服饰的原味性。译者在翻译时必须要符合目的语国家的语言习惯，通过深层次地挖掘原文，用目的语的语言形式表达出来，做到“意译”。这样的翻译形式往往见于诗词中关于服饰的表达，目的是彰显传统文化中意境悠远的文化色彩。例如：

青袯蒙头作野妆

Working in the paddy field with blue clothing and cowl

上例中以现在分词引导，展现出江南水乡俊俏的女子在田间劳作的情景，给人以超乎自然的魅力，使女子的美丽与自然场景浑然天成，不需要人工雕琢，实现了人与自然的和谐统一。

(八)建筑词汇翻译

1.西方建筑文化翻译

(1)把握专业词汇。西方的建筑文化非常广泛，因此不可避免地会运用到很多专业术语，对这些术语进行翻译时要特别注意，保证译文能够将这些术语的特定含义传达出来。例如：

welding 焊接

steel bar 钢筋

bar arrangement 配筋

beam column wed 梁柱腹板

reinforced concrete 钢筋混凝土

同时，大量专业术语的运用要求在翻译时保证建筑文化的艺术性。例如：

The study had a Spartan look.

这间书房有一种斯巴达式的简朴景象。

该例中采用了直译与意译结合的技巧，避免翻译时太过于机械性，成功将这间书房的建筑美感传达出来。

(2)注意被动句式。在西方建筑文化中，被动句式较为常见，汉语中

则较少,因此在翻译时译者应该对其进行恰当处理。例如:

The old civil engineer is respected by everybody.

这位老土木工程师受大家尊敬。(被动翻译为被动)

Theodolite is widely used in the construction survey.

经纬仪在建筑测量中广泛应用。(被动翻译为主动)

2. 中国建筑文化翻译

(1)约定俗成法。众所周知,北京是一个世界闻名的古都,拥有的古典建筑有很多。很多学者对这些古典建筑进行过研究与翻译,随着时代的进步,这些翻译逐渐固定下来,成为约定俗成的表达。例如:

颐和园 the Summer Palace

四合院 quadruple courtyards/courtyard houses

水榭 waterside pavilion

故宫 the Imperial Palace

天安门 Tiananmen Square

园林 gardens and parks

紫禁城 the Forbidden City

胡同 hutong (bystreet)

亭 kiosk

碑铭 inscription

园艺 gardenin

(2)直译法。对于描述类的中国建筑,译者在翻译时往往采用直译技巧。直译的目的不仅是将原文的意义准确传达出来,还是为了对原文语言形式如句子结构、修辞手法等的保留。对中国居住文化进行直译有助于让目的语读者了解中国传统建筑文化的魅力。例如:

北京宫殿又称“紫禁城”,呈南北纵长的矩形,城墙内外包砖,四面各开一门,四角各有一曲尺平面的角楼,外绕称为“筒子河”的护城河。

Beijing Palace, also known as “the Forbidden City”, showed a rectangle with a north—south longitudinal length. City walls covered by bricks, pierced by a gate on the four sides and decorated by a flat turret in the four comers are surrounded by a moat called “Tongzihe River”.

上例是对紫禁城的描述,译文直接采用直译技巧,让目的语读者通过语言来描绘出头脑中紫禁城的形象,勾勒出一幅紫禁城图,进而了解中国的建筑与自身国家的建筑的差异性。这样做不仅保留了原文的文化要素,也达到了与原作类似的语言效果,还使得中国建筑文化成功地走出去。

（3）直译加注法。受历史习惯、社会风俗的影响，不同的文化难免存在空缺，这给译者带来了巨大的困难。当然，这在中国传统建筑文化的翻译中也是如此。中国的很多建筑有着悠久的历史，并极具特色，很多术语对于外国人也是闻所未闻的，如果在翻译时不进行特殊处理，那么会让目的语读者不知所云，也就很难实现翻译的目的。因此，对于此类翻译，译者应该从源语文本考量，本着传播中国建筑文化的目的，采用音译加注的方式来处理。例如：

高大的承天门城楼立在城台上，面阔九间……

The tall and noble Chengtianmen Rostrum stand on the platform with a nine Jian (the distance between two columns: often used in descriptions of ancient architecture)...

上例中，“间”是中国传统建筑术语，即四根木头圆柱围成的空间，但是这个字对于西方建筑并不适用，西方建筑往往采用的是“平方米”。对于二者的换算，当前还没有踪迹可寻。因此，最好的翻译方法就是直接翻译为“间”，然后在后面添加解释，即中国古代建筑的一种丈量单位，这样目的语读者就能够理解了。

第二节 句子翻译技巧

在进行句子翻译时，首先要了解英汉句子的差异，这对翻译来说具有重要的指导作用，其次要恰当运用翻译技巧，这是确保翻译有效进行的基础。本节将重点介绍句子翻译的常见技巧。

一、顺译

顺译即按照顺序进行翻译。顺译法并不意味着每个词都按照原文的顺序翻译，允许小范围局部的词序变动。顺译法通常适用于英语表达顺序与汉语表达顺序基本一致的情况下。例如：

As soon as I got to the trees I stopped and dismounted to enjoy the delightful sensation the shade produced: there out of its power I could best appreciate the sun shining in splendor on the wide green hilly earth and in the green translucent foliage above my head.

我一走进树丛，便跳下车来，享受着这片浓荫产生的喜人的感觉：通过它的力量，我能有心情赏玩光芒万丈的骄阳，它照耀着开阔葱茏、此起彼伏的山地，还有我头顶上晶莹发亮的绿叶。

显然，在翻译时，译文按照原句的顺序来翻译，当然并不是逐字翻译，而是有些许的变动。同时，译文体现了汉语的独立分句的表达习惯，也易于汉语读者理解。

二、逆译

逆译即逆着原文顺序进行翻译，因此通常从原文后面部分开始翻译。逆译法通常适用于英汉表达顺序存在较大差异甚至完全相反的情况下。例如：

A great number of graduate students were driven into the intellectual slum when in the United States the intellectual poor became the classic poor, the poor under the rather romantic guise of the beat generation, a real phenomenon in the late fifties.

20 世纪 50 年代后期，美国出现了一个任何人都不可能视而不见的现象，穷知识分子以“垮掉的一代”这种颇为浪漫的姿态出现而成为美国典型的穷人，正是这个时候大批大学生被赶进了知识分子的贫民窟。

如前所述，这种翻译技巧的产生主要是从英汉的语序差异考虑的，即英语句子为前重心，而汉语句子为后重心。因此，在翻译时将 A great number of graduate students were driven into the intellectual slum 这一主句置于最后翻译出来，体现了汉语的表达习惯。

三、拆译

拆译即将英语中的词、词组或从句等成分进行拆分，突出重点，有利于句子的总体安排。如果英语长句中的主句与从句或主句与修饰语之间联系不太紧密，翻译时就可采用拆译法进行处理。例如：

As we lived near the road, we often had the traveler or stranger visit us to taste our gooseberry wine, for which we had great reputation, and I confess, with the veracity of an historian that I never knew one of them to find fault with it.

我们就住在路边。过路人或外乡人常到我们家，尝尝我们家酿的酸果酒。这种酒很有名气。我敢说，尝过的人，从没有挑剔过。我这话像历史学家的话一样靠得住。

通过分析上述例子可以看出，英语句子一般较长，其中包含了很多从句、修饰语等，如 for which...and...with...that... 等，在翻译时如果按照英语的表达习惯，会让汉语读者费解。因此，译者往往将长句进行拆分，以小句、短句的形式呈现给汉语读者，易于汉语读者的理解和把握。

四、合译

合译即将原文中两个或两个以上的英语词语或句子合译为一个汉语单词或句子，或用一个单句表达原文中的一个复合句，从而使译文逻辑更加清晰。例如：

Our marketing director is going early to participate in the conference beforehand, and the rest of us will leave next Thursday to set up. The show opens on Friday. The exposition will last three days, so Sunday is closing.

我们市场部主任打算提前参加会议，其余的人下周四出发去布置。展览会周五开幕，持续三天，周日闭幕。

分析上例，英语句子是由三个句子构成的，但是后面两个句子所叙述的内容都是围绕 The show 展开的，因此在翻译时不必对此进行重复，而翻译成三个短句即可。

第三节　语篇翻译技巧

前面两节已经讲解了词汇与句子的对比与翻译，而这些都是为了语篇翻译服务的。了解了词汇和句子的翻译技巧，才能更好地完成段落与篇章的翻译。下面从两个层面论述英汉语篇的翻译问题。

一、翻译中考虑语境

语篇是为了表达一定的内容而进行的写作形式。为了传达作者思想，语篇作者往往会利用语境来烘托气氛。具体来说，情境语境体现了社会文化，是社会文化的现实化。在具体的语篇翻译过程中，译者需要重视语篇语境的影响作用，发挥语境的信息提示功能。

具体来说，语篇翻译的过程需要译者对语篇结构进行思考与梳理，而语境是为了帮助译者理解句子结构的重要线索。此外，语篇中的语境能起到补充成分的作用。这是因为语篇的连贯特征包含其省略的部分，而省略的前提是情境语境在发挥作用。省略是为了避免语言信息的重复，从而凸显主要信息,使文章更加连贯。但是,在具体的语篇翻译过程中,有时省略的部分不容易为人所理解,此时就需要译者发挥语境的作用,进行针对性的翻译。

二、翻译中注重衔接

在语篇翻译中,对于衔接的翻译十分重要。衔接指上下文的连接,是文章表达流程、语义连贯的重要因素。译者对文章衔接的理解才能更好地进行语篇翻译。在语篇翻译中,译者需要深入把握语篇衔接手段上的对等,将源语语篇中所出现的衔接项目在目的语中有所体现,从而实现"概念""人际""谋篇意义"的对等。

第四节　修辞翻译技巧

语言是表达思想的一个重要工具,而修辞是语言的艺术。在语言应用中,修辞格起着非常重要的作用,其不仅可以使句子更加匀称、铿锵有力,还使得语言表达更加鲜明、生动。由于英汉两种语言有着悠久的历史,它们各自的修辞方式也是非常丰富的,但由于思维方式、风俗习惯等差异的存在,导致修辞方式在运用上有相同也有相异的地方。本节来具体分析这些相同或相异修辞格翻译的技巧。

一、直译法

在英汉两种语言中,明喻(simile)、隐喻(metaphor)、拟人(personification)、夸张(hyperbole)等修辞格是常见的修辞格,对于这些修辞格的翻译,我们可以采用直译的方法,这样才能做到神形的相似。例如:

In his dream he saw the tiny figure fall as a fly.

在他的梦中,他看见那小小的人影像苍蝇一般地落了下来。(明喻修辞)

The red flower smiles to the sun.

鲜红的花冲着太阳微笑。(拟人修辞)

显然,从上面的例子可以看出,英汉语言在这些修辞格的运用上存在着相似性。

二、意译法

由于英汉语在思维方式、行为习惯等层面存在着差异性,在修辞格的运用上也会存在一些不同的地方,对于这些修辞格的翻译,我们可以采用意译法进行表达。具体来说,可以采用如下几点技巧。

(一)转换修辞格

所谓转换修辞格,就是译者在进行翻译的时候,需要将一些修辞格转换成另外一种修辞格,这样便于读者理解和把握,同时有助于增强语言表达的感染力。这一类的修辞格主要有矛盾修辞(oxymoron)、头韵(alliteration)等。另外,还有一些修辞格在汉语中是不存在的,这时候就不能机械地采用直译的手法,而是采用其他合适的修辞格展开翻译。

矛盾修辞是将意义相反或者看似矛盾的词语进行搭配,从而构成修饰关系,以对事物的复杂性与矛盾性加以强调。虽然读者乍一看可能觉得不合逻辑,但是仔细分析又觉得很有道理。例如:

bad good news 既坏又好的消息

bitter-sweet memories 苦甜参半的回忆

这种修辞格在汉语中不常出现,因此在翻译时要采用灵活的方式进行处理,从而保证行文的流畅性。

头韵是指一组词、一句话中的开头音重复出现的词,是英语中常见的修辞形式,用来对语言的节奏感加以增强,对语言的旋律进行美化。现代英语中头韵常常出现在谚语、散文之中。在翻译的过程中,需要根据不同的情况加以选择。例如:

Money makes the mare go.

有钱能使鬼推磨。

(二)更换比喻形象

不同的民族其比喻形象有着不同的内涵,并且少数事物有着自身特有的典故,因此在对英语修辞格进行翻译时,译者可以更换比喻形象,避免发生偏离。例如:

as timid as rabbit 胆小如鼠

在中国,兔子是敏捷的动物,但是西方人认为兔子比较胆小,因此在翻译时我们需要了解这一形象,明确英汉文化对兔子的不同认识,从汉语的习惯出发,翻译成“胆小如鼠”更为妥当。

（三）增加用词

在翻译的过程中,我们往往需要从原文的意义与语法考虑,增添一些词或者短语,从而保证与原文的思想相符合。

Success is often an idea away.

这句话如果直译的话可以翻译为“成功往往只是一个念头的距离”,这样的表达与汉语的习惯不符,因此我们可以增加“与否”,翻译为“成功与否往往只是一念之差”,这样的行文才更为流畅,才能让读者理解。

第五章 文化维度下的翻译

众所周知，文化因素是翻译过程中最不可忽视的因素之一，可以说翻译本身就是一种文化交流活动。因此，在探讨翻译时必然绕不过文化这一概念。本节就来论述文化维度下的翻译。

第一节 文化简述

无论是在历史上还是在现代社会，人们所说的社会都是全球社会，每一种文化都是将宇宙万物囊括在内的体系，并且将宇宙万物纳入各自的文化版图之中。总体上说，文化会涉及人与社会的关系、人的存在方式等层面。但是，其也包含一些具体的内容。下面就来具体论述什么是文化。

一、文化的定义

对于普通人来说，文化就可以比作水与鱼的关系，是一种平时都可以使用到却不知道的客观存在。对于研究者来说，文化是一种容易被感知到却不容易把握的概念。对于文化的定义，最早可以追溯到学者爱德华·泰勒（Edward Burnett Tyler，1871），他这样说道："文化或者文明，是从广泛的民族学意义来说的，可以归结为一个复合整体，其中包含艺术、知识、法律、习俗等，还包括一个社会成员所习得的一切习惯或能力。"之后，西方学者对文化的界定都是基于这一定义而来的。1963 年，人类学家艾尔弗雷德·克洛伊伯（Alfred Kroeber）对一些学者关于文化的定义进行总结与整理，提出了一个较为全面的定义。

（1）文化是由内隐与外显行为模式组成的。

（2）文化的核心是传统的概念与这些概念所带的价值。

（3）文化表现了人类群体的显著成就。

（4）文化体系不仅是行为的产物，还决定了进一步的行为。

这一定义确定了文化符号的传播手段,并着重强调文化不仅是人类行为的产物,还对人类行为的因素起着决定性作用。同时,其还明确了文化作为价值观的巨大意义,是对泰勒定义的延伸与拓展。

在文化维度下,本书作者认为文化的定义可以等同于2001年联合国教科文组织发表的《世界文化多样性宣言》中的定义:文化是某个社会、社会群体特有的,集物质、精神、情感等为一体的综合,其不仅涉及文学、艺术,还涉及生活准则、生活方式、传统、价值观等。

进入20世纪90年代之后,很多学者也对文化进行了界定,这里归结为两种:一种是社会结构层面上的文化,指一个社会中起着普遍、长期意义的行为模式与准则;一种是个体行为层面上的文化,指的是对个人习得产生影响的规则。

这些定义都表明了文化不仅反映的是社会存在,其本身就是一种行为、价值观、社会方式等的解释与整合,是人与自然、社会、自身关系的呈现。

二、文化的发展

(一)中国文化的发展

中国是历史悠久、文明开化较早的国家。中国文化与西方文化共同为人类文明进步做出了突出贡献。

1.秦汉到明代的文化

中华民族有着发达的农业和手工业,直到16 ~ 17世纪,中国文化依然走在世界前列。秦汉到明代中叶,文化发展的标志性事件主要包括张骞出使西域、宋元时期四大发明的西传、马可·波罗游记的诞生、郑和下西洋等。

张骞出使西域。张骞出使西域标志着中国大规模地向外派遣政治使节的开始。公元前139年,为了对付日益强大的匈奴部落的侵犯,汉武帝采取了正面进攻以及联合其他受匈奴压迫的部落共同行动的战略。张骞出使西域就是这种战略之下的一个布局。在出使的13年里,张骞经历了战乱流离、扣留软禁、奴役劳作、情感诱惑等各种情况,了解了西域的政治、经济、地理、风俗等。这次出使虽然没有达到联合其他民族的目的,但是为中西方文化交流打开了一个通道。自此,西域与汉朝的贸易、文化往来日趋活跃,汉朝的丝绸通过西域运往更远的地方,因此形成了著名的“丝绸之路”。

宋元时期四大发明的西传。宋元时期四大发明是借助阿拉伯人传入西方的。四大发明的西传直接导致了欧洲文艺复兴运动。以四大发明为代表的中国先进文化的西传,催生了西方资产阶级以及西方的近代化。

马可·波罗游记的诞生。中国元朝不断进行海外扩张,出于政治目的,西方也不断派遣使节来华,并且一些欧洲商人也频繁来到中国经商。1275年,马可·波罗一家受罗马教廷委托,送信函给元朝皇帝忽必烈。这一送,倒是把他留在了中国,他在中国度过了17个年头。他到处游历,包括中国和其他国家,并撰写了震撼欧洲的《马可·波罗游记》一书。该书肯定了中国元朝发达的物质文明和精神文明,激起了欧洲探索中华民族的欲望。

郑和下西洋。明初,明成祖朱棣实行对外开放的政策,海上丝绸之路十分繁荣。原内宫太监郑和连续七次统率百艘巨舰以及众多官兵,渡过南洋、印度洋,到达红海,历经东南亚、南亚、西亚、东非的多个国家和地区,与所到国家和地区进行经济文化交流,主要是输出中国先进的物质文化、制度文化和精神文化。

2. 明代中叶到晚清的文化

从明朝万历年间,以利玛窦为代表的传教士对西方文化在中国的传播做出了很大贡献,以徐光启为代表的中国知识分子对中国文化在西方的传播也做出了很大贡献,他们对中西方文化的融汇都做出了有益的尝试。从明代中叶到晚清,传教士是中西方文化交流的重要媒介之一,但是传教士所传来的“西学”也有自己的局限性,它只是中世纪封建教会的神学和经院哲学。

明朝国力下降,又实行长达百年的封闭政策,政治混乱,土地赋税沉重,平民百姓生活艰苦,由此引发了严重的社会危机。在这种形势下,一些知识分子就开始反思,开始倡导“经世致用”的求实精神,这也为西方新观念进入中国打开了一扇门。此时的西方世界在吸收了东方的先进文化之后,在资本主义生产关系和生产力方面表现出了强大的生命力,并开始迫切寻求海外市场。

但是,尚未进行工业革命的西方,生产力还不够发达,对文明程度较高的中国贸然采取行动也无法轻易取胜,于是就派遣传教士深入中国,了解中国,试探中国,而不是一开始就武力相加。所以,传教士可谓是中西方文化和平交流的主要使者。

3. 近代中国文化

在鸦片战争时期,中国文化已经变得腐朽,而西方的现代因素已经发展得很成熟了。西方对中国的态度由爱慕变为侵略,清王朝的闭关锁国也无法真正阻止西方文化的入侵。当中国与外界隔绝的状态被暴力打破的时候,解体是之后必然会发生的事情。

中国经历了前所未有的历史大变局,这一祸根归因于中国人的心态与实际角色脱节一千多年而不自知,中国人不能意识到外来文化的挑战。鸦片战争后,经历了丧权辱国之痛的中国先进知识分子,积极学习西方先进的科技和文化,以洋务运动、辛亥革命、五四新文化运动为代表,并不断探索。

(1)洋务运动。以林则徐为代表的先进人士首先提出向西方学习,发起了旨在自强自救的洋务运动。洋务运动的指导思想是用西方的科学来巩固封建制度。洋务运动经历了三十个年头,在军事工业、工矿业及交通运输等领域积极向西方学习,创立了中国近代海军。但是,洋务运动的局限性也是很明显的,即引进的基本只是物质文明。

(2)辛亥革命。中日甲午战争的失败说明,洋务运动只引进物质文明,无法从根本上挽救民族危机。于是,有了以康有为和梁启超为代表的维新变法运动,有了辛亥革命。虽然两者最终以失败告终,但是标志着中国有识之士对于西方文明的认识已经达到中间的制度层面。

(3)五四新文化运动。第一次世界大战后,面对西方国家对于中国的不平等待遇,中国知识分子掀起了五四反帝爱国运动。中国开始了由旧文化向新文化的转型。新文化运动倡导民主和科学,标志着中国人对西方现代文明的理解已经达到了思想文化的深层结构。与此同时,马克思主义开始在中国广泛传播,它在本质上是中西方文化交流的产物。在马克思主义与中国工人运动相结合的基础上,中国共产党诞生了,预示了中国文化必定独辟蹊径,走出一条不同凡响的道路。

通过以上简要回顾中国文化的发展变迁可以看出,文化作为上层建筑,自始至终受到经济基础的制约。近代之前,由于地理距离的遥远和科技、生产力的落后,世界各地之间的文化交流非常有限。张骞出使西域、四大发明西传、郑和下西洋等,都是在国家强大的经济实力保障下进行的。到了近代,科技、通信、经济的发展,促进了文化大规模的发展。

根据虚实平衡法则,先进的文化总是向后进的文化输出;根据互通有无法则,后进的文化总是向先进的文化模仿。文化的交流是双向的,但时而平衡,时而不平衡。发展层次高的文化总是居于优势与主流,处于相对主动的地位,另一方则处于相对被动的地位。在两种文化的交锋中,弱势文化必然向强势文化靠拢,但这种靠拢要经历一个由浅入深、由表及里的过程。

任何文化交流在初始阶段，大抵都是非常表面的接触，尔后进一步的发展却正是建立在这些初步尝试的基础之上的。文化的相遇和交流没有快捷的方式，需要耐心、虚心与灵活度。文化的闭关自守是行不通的。文化隔离虽然在一定历史时期中巩固了文化的特质，但文化隔离在总体上毕竟是与整个人类文化发展相背离的，也无法使民族文化永葆生机与活力。

任何民族的精神思想都需要外来的刺激和启发，单靠在固有文化圈内进行自我改进是不能持久的。吸收外来文化先进的、适合自己的东西，文化就会蓬勃兴起；而不与外界进行交流，只在自己领地内近亲繁殖，文化就会逐渐衰弱。文化交流的主动性越强，文化复兴的可能性越大；如不主动进行文化交流，则会趋于边缘化或消亡。

（二）西方文化的发展

1. 古希腊时期的文化

（1）思想文化。古希腊是西方哲学的故土，哲学在当时与其他学科交织在一起，被称为“统摄群学”的学问，苏格拉底、柏拉图、亚里士多德被称为哲学“三圣”。柏拉图把哲学分为辩证学、法学、物理学、伦理学等门类，亚里士多德则将哲学扩大到几乎包括讨论宇宙和人生的所有学问，因此当时的哲学家也是自然科学家或其他学问专家。

从公元前 6 世纪到前 4 世纪的希腊城邦，哲学被分为两个阶段，前期称为“自然哲学”时期，哲学家所探讨的主要问题是本体论问题，即宇宙本原问题，讨论了万物的起源或生成问题。后期称为“人文哲学”时期，此时的哲学研究已从自然哲学转向了人的哲学，由对自然的认识转到了对人本身的认识。

古希腊哲学是在神话思维、原始宗教意识的基础上诞生的，是人类理性发展的产物，是在以理性代替了幻想、以智慧代替了想象、以经验的事实作为探索和解释的基础而产生的。被称为“欧洲哲学之父”的泰勒斯是米利都哲学学派的创始人，他早年曾游历过埃及和巴比伦，学习过几何学和天文学，经过多方面的科学活动，他认为万物的始基或本源来源于水，万物生于水，又复归于水。这反映了古希腊人对海洋的尊重，把水作为万物的创造者，标志着哲学已摆脱了宗教神话。爱菲斯学派代表哲学家赫拉克利特继承了米利都学派的思想主张，认为运动是世界的普遍原则，水则是生命的本源，提出“我们不能两次同时踏进同一条河”“太阳啊，每天都是新的，永远不灭的更新”，从而指出万物流动的自然规律。

苏格拉底是古希腊人文哲学的鼻祖，他把哲学研究的对象直接指向人本身，他认为哲学是对人与社会的探讨，目的在于"认识自己"。他是西方思想史上第一个要求哲学应以"自我认识"开始的人。在知识论方面，他提出"美德就是知识"，而知识的对象是"善"，"善就是自知和自律"，要求人要有自知之明和自我克制，强调了知识和行为的联系，从某种意义上讲，他是西方认识论和伦理学的奠基人。在论辩法上他善于在辩论中揭露对方的矛盾，通过提问，把辩论引导到他所要达到的目标，后人把此种方法称为"苏格拉底反诘法"。苏格拉底常在雅典街头就人应具有的品格问题及真善美问题与人辩论。

柏拉图是苏格拉底的学生，曾在雅典郊外开办"学园"，流传至今的有30篇列话，经常被人引用的有《辩评篇》《法律篇》《理想国》等。柏拉图所创立的"理念论哲学"对西方的思想史和哲学史产生了巨大影响。他认为，理性世界与感性世界是对立的，感性的具体事物不是真实的存在，在感性世界之外，有一个永恒不变的、独立的、真实存在的理念世界，要获得理念，必须通过辩证思维，通过理念而达到理念，逐步上升为绝对理念，这是宇宙最高和终极的目的。除了理性，他又提出了意志和感情两重概念，还提出了三种美德论，三种美德指智慧、勇敢、节制，智慧是理性引导的结果，凭借意志坚持理性，就会产生勇敢，而理性控制感情就是节制，有了这三种美德后，才会有第四种美德，就是正义。

在艺术方面，他认为艺术家的创作是模仿个别事物的，艺术作品是"摹本"的"摹本"，与理念隔了两层，因此艺术不可能表现出真正的美，真正的美是艺术无法表达的，美属于哲学，艺术的美不过是美的影子而已。

柏拉图认为除了自然和人之外，存在着高居其之上的"理念"，这与一神教的"上帝"观念颇为相近，所以这一观点对后来的神学影响很大。柏拉图的理念论引导人们不满足于感官的认识而去探究真理的精神以及从局部经验向更高理性认知的方式，无疑会鼓励人们探求宇宙，探求自然进而探求人的本身。

亚里士多德是柏拉图的学生，曾任亚历山大大帝年轻时的教师，他否认柏拉图的"理念论"，认为离开个别事物的理念根本是不存在的，真正的知识存在于客观事物之中。

亚里士多德是古希腊文化的集大成者，他在哲学、政治学、伦理学、逻辑学、动物学、天文学、物理学、诗学、修辞学诸多方面都有开创与建树。其著作有万种之多，他完成了希腊哲学的系统化，提出科学分类的思想，还提出了有名的"二段论"，为逻辑学的发展打下了基础。他的《修辞学》《诗学》奠定了西方文艺理论的基础，他的《政治学》则成为西方政治学研究的开山之作。

在哲学上，他最大的贡献是提出了一切事物都是由“质料”和“形式”构成的“二元论”的理论，他认为事物皆由质料和形式二者构成，如一尊大理石像，质料是大理石，形式是阿波罗形象，二者是不可分割的，而形式要比质料重要得多。因为是形式使质料变为现有的事物，没有阿波罗这一形式，大理石就不可能成为大理石雕像，但质料和形式二者谁是本源的问题，亚里士多德没有解答。

（2）科学、艺术、历史学、技术。古希腊科学技术的成就是多方面的，数学家欧几里得在《几何原本》一书中，将各种定理、命题按照逻辑关系清晰地表达出来，成为近代几何学的奠基人。著名数学家阿基米德发现宇宙定理，论证并发展了机械学的基本原理，特别是杠杆原理，成为力学与流体力学的创始人。天文学家埃拉托斯特尼根据大地是球形的原理，计算得出地球周长为 39 600 公里，与实际长度 40 008 公里的数值相差不大，毕达哥拉斯在数学上提出著名的勾股定理。值得指出的是，古希腊科学家在探讨自然现象时注意深入事物的内部探究本质上的东西，尤其重视理论上的探讨，使哲学与科学相映成趣。

古希腊在文学艺术、历史学诸方面都取得了空前的成就，出现了希腊神话和三大悲剧作家：埃斯库罗斯、索福克勒斯、欧里庇得斯，创作出了人类历史上早期的悲剧作品，奠定了西方悲剧文化的基础。历史学方面则出现了希罗多德、修昔底德、色诺劳三大历史学家。

2. 古罗马时期的文化

古罗马文化是古希腊文化的继承和发展，古罗马文化继承了古希腊文化的特质，在哲学、文学、戏剧、文字、雕塑诸方面都保留了希腊文化的遗风。

古罗马人使用的拉丁字母是世界上广为流行的字母体系，这已是不争的事实。拉丁字母是在继承希腊字母简单、美观、匀称、便于书写和阅读的优点上发展起来的。15 世纪的意大利在书写上出现了“人文主义体”，即大写体，另外还有一种草写体，后来分别衍生出用于印刷的楷体与手写的斜体这两种文体。

在哲学上，古罗马的流派众多，影响较大的有“新斯多噶学派”。斯多噶学派是由希腊人芝诺创立的，这一学派认为人生追求的是美德而不是快乐，人需要始终和自然保持一种和谐，要抑制一切欲望，舍弃人生的乐趣，听从命运的安排，方能达到美德的境界。这个学派还提出了较系统的“自然法”理论，认为“自然法”是正义与理性的体现，是任何一个人及国家必须遵守的法则，由于文明人和野蛮人都具有自然法赋予的理性，因此人本来就是平等的，人们要消除对立和差别，所有人都能具有理性，成为一个社会共同体，这才是自然法要求的精神。社会应该是“世界国家”，自然法应该是“世界法律”。显然，斯多噶学派不仅要求人们逆来顺受、安分守己，而且还要求消除所有的矛盾和对立，以实现世界国家的理想，这一理论反映了奴隶主贵族的愿望和要求。

古罗马流行的新斯多噶哲学，继承了希腊学派的衣钵，坚持传统道德上的宿命论，要求人们完全听从于命运的安排，其代表人物塞涅卡认为，人不过是肉体的囚犯，要获得幸福，就要抛弃肉体的欲望，而人活着的一个重要使命就是不断和自己的肉体做斗争。该学派另一位代表人物爱比克泰德对命运问题做了进一步论证，他认为人们的尊卑贵贱都是与生俱来的，每个人都要具备“忍耐”“克制”的信念，遵守社会秩序。

在文学艺术创作方面，古罗马人在向古希腊人学习的基础上，在诗歌、散文、戏剧、人物传记诸方面都取得了辉煌的成就。在散文方面，西塞罗的演说词和书信类散文，辞藻华美，词义生动，妙语连珠，并且结构谨严，逻辑性强，具有很强的论辩性和说服力，被称为“西塞罗文体”。著名诗人维吉尔的《牧歌》歌颂了意大利的田园风光，表达了对生活的向往。另外，诗人贺拉斯、奥维德都创作出许多杰出的作品，戏剧方面出现普劳图斯、泰伦斯两位戏剧艺术大师。在建筑上，古罗马人继承了古希腊人的美学传统，修建了大型的公共浴场，还建造了造型雄伟的凯旋门、记功柱等。

古罗马文化扬弃了古希腊文化中消极的成分，在文化观念上，古希腊王公贵族的挥霍无度、醉生梦死、骄奢淫逸、浮华奢靡等风气，在一定时期、一定程度上被古罗马文化否定。

3. 文艺复兴时期的文化

文艺复兴的核心是人文主义运动，就其实质来看，人文主义是以“个体本位”为基础的资产阶级个人主义思潮，这一思潮的核心是人本观，显示以个人为中心的鲜明特征。正是借助这种新的价值观，人文主义思潮逐渐向整个思想文化领域渗透，形成文艺复兴这一新的文化运动。

欧洲社会经济的演变是决定文艺复兴形成和发展的重要因素。14世纪初，由于生产技术的进步和生产力的提高，资本主义因素开始发育；15世纪末随着地理大发现，世界市场的形成、资本主义的发展受到进一步刺激。但是，当时占统治地位的封建生产关系却严重阻碍了资本主义前进的步伐，在这种情况下，资产阶级发起了这场反封建的思想文化运动就成为必然。

人文主义思潮最早出现于意大利，这绝不是偶然的。随着意大利北部城市资本主义萌芽的生成，市民、农奴逐渐摆脱了封建依附体制的束缚，走出中世纪小生产的天地，投身于商品经济的大潮。在商品生产中，自由竞争和等价交换，使人们的思想观念发生了质的变化，人们由群体本位的人身依附渐渐培植起“个体本位”的独立意识，为人文主义思潮的勃兴提供了深厚的社会思想土壤。

资本主义的萌芽形成了早期的资产阶级，他们拥有了经济权，进而也取得了政治上的权力，为了获取更多的利润，他们关心生产，改进技术，开辟新商道，扩大国内外市场。登上政治舞台后，这些人不同程度地参与了政治，从不同的角度提出了反对宗教束缚、反对经院哲学的新主张。

人文主义的思潮伴随着资本主义萌芽的发育，首先出现在意大利北部的三个城市：威尼斯、热那亚、佛罗伦萨。这些城市已成为当时的工商业的中心。城市的发达改变了人们的生活方式，使人们的价值观发生了很大的变化，人们开始主动追求财富、自由、民主，因此城市的发展一方面打破了封建的生产关系；另一方面，新生资产阶级与此相应提出了新的生活欲望和新的生活要求。文艺复兴开始之际，意大利尚处在四分五裂中，城市之间的冲突、城市内部争权夺利的斗争、外敌的入侵、罗马教廷的干预使整个城市动荡不安，城市居民企盼和平、希望安定就成为必然，封建军队的首领利用当时的形势和人们的情绪，在各个城市建立起了封建独裁政权以维持现有的社会秩序。这些专制君主上台后，纷纷招揽与重用那些熟悉古典文化、多才多艺的人文学者，让其充当政治顾问、文学侍讲、家庭教师、宫廷秘书，以至于成为外交官及修建教堂的总监等，客观上形成了尊重知识、尊重人才的风气，为人文主义的思想文化传播与创造提供了有利的条件与环境，有力地促进了文艺复兴的酝酿和发展。大学对文艺复兴运动的勃起起到了不可替代的作用。最初的学校是由教会控制，但随着资本主义的萌芽，为适应人们对知识和科学的渴求，大学教育发展较为迅速。到了14世纪，意大利已有18所大学，“大学是科学家的摇篮”，文艺复兴时期的许多人文学者都受到大学教育，这时的大学设置了人文学科，传播世俗文化，以人和自然为研究对象，讲授学术、哲学、语言、文学等，促进了人文主义思想的形成和发展。

意大利有着深厚的文化底蕴，传统文化在推动意大利文艺复兴中也发挥了重要作用。丰富的文化典籍，图书院大量的藏书，使人文主义者在搜集研究古典文献中，找到了自由、平等、民主等思想理论依据，并以此来抵制封建等级制度和教会的蒙昧及禁欲主义，用古罗马的统一所营造的辉煌来针砭意大利的四分五裂。

人文主义的思想文化成就是多方面的,文艺复兴最初是从文学上开始的。意大利出现了三位人文主义的主要代表:但丁、彼得拉克、薄伽丘,被称为“文艺复兴三杰”,他们是西方近代文化的先驱者。

最能代表法国文艺复兴精神的是小说家拉伯雷和散文家蒙田,拉伯雷是法国最著名也是欧洲最享有盛名的人文主义作家,他学识渊博、多才多艺,他的五卷本长篇巨著《巨人传》,通过巨人国王卡冈都亚和其子庞大固埃的神奇故事,以夸张手法歌颂人类的智慧和力量,揭露批判了教会及其经院哲学,讽刺了教士的无能,抨击了司法机关的贪污腐败,反映出人民不堪压迫必然起来反抗的历史趋势。作品的现实主义讽刺艺术对后世的文学创作产生了巨大的影响。

蒙田是法国文艺复兴时期的重要作家,他的《随笔录》是一篇散文作品,也是一部哲学和政治思想著作,该作品的问世标志着散文正式进入文学领域,作品充分表达了对个性、人性的尊重及对整个世界、整个人类的关注。他用怀疑的态度揭露抨击了人与生俱来的弱点和缺点,发掘了人性丑恶的一面,表达了人文主义者对自身人性的评价态度。

西班牙文艺复兴时期代表作家塞万提斯,其不朽名著《唐·吉诃德》,表现了西班牙16世纪到17世纪社会政治、经济、道德、文化、风俗的各个方面,广泛地反映了西班牙的社会生活,深刻揭露了封建贵族的骄奢淫逸,无情讽刺了骑士制度和骑士文学,对被压迫者的疾苦表现出深切同情,展示了作者的人文主义思想。

“文艺复兴”时期的文学,但丁开其端,莎士比亚总其大成。莎士比亚是欧洲文艺复兴时期最有成就的戏剧家和诗人,他一生共创作悲剧、喜剧、历史剧37部,还有两首长诗和154首14行诗。他在作品中热情讴歌了人,称人是“宇宙的精华,万物的灵长”,他的戏剧创作多取材古希腊、古罗马、意大利、英国古代的故事和传说,反映的都是英国的现实,他创造的哈姆雷特、奥赛罗、李尔王、夏洛克、罗密欧与朱丽叶等艺术形象,成为千古不朽的艺术典型,恩格斯称赞“莎士比亚创作的情节是生动性和丰富性的完美融合”。

4. 近代时期的文化

美国科学家迈克尔逊和莫雷在1887年进行了一次高灵敏度的光学试验来检验牛顿的“以太”论。牛顿所描写的宇宙是物质的,物质由原子构成,由于“以太”的存在,物质的运动才成为万能,而“以太”是一种独特的透明载体,物质悬在其中,物质受到宇宙力量的推动,就在“以太”中运动。但试验结果,“以太”根本就不存在。这一论断导致了爱因斯坦“相对论”的提出,“相对论”彻底否定了牛顿的理论。

爱因斯坦认为，物质和能不是相同的东西，而是处于不同状态下的两种形式，二者可以相互转化。物质与能的质量有关，一个力的物体，也可以释放出巨大的能量，只有运动是永恒的，物体的运动接近光的速度时，物体就缩小了。这表明空间可以在运动中扩大或缩小，光本身也有质量，有质量就要受到重力的影响，因此遥远星球上的光线通过太阳重力场时必然偏斜，试验确系如此。

爱因斯坦的相对论彻底推翻了牛顿定律，它告诉世人：宇宙中没有绝对的规律，宇宙是无限的。爱因斯坦的时空规律虽然对人文学科造成极大影响，但他依然没有指出人类社会的存在和人类思维的关系。

奥地利精神分析学家弗洛伊德创立了精神分析法，这又是一次伟大的革命，他的学说对传统道德造成了极大的冲击，鼓励人们向传统的世俗思想挑战，这一理论对公众的影响远远超过爱因斯坦的相对论。

弗洛伊德学说集中在他的《释梦》《日常生活心理病学》等著作中。19 世纪以前的思想家和社会学家都认为人是具有理性的、有意识的，人们的思想和行为都受着外界力量的支配。弗洛伊德在看到人的理性一面的同时，看到了人也是非理性的和具有潜意识的，潜意识是受到内部力量的驱使，人时刻面临着不断的挑战，社会需要人把本能的冲动转化为思想，变为社会能接受的“超我”，当转变失败时，就会导致精神病，潜意识中最有动力的则是性冲动。这样弗洛伊德就揭示了人类心中潜意识的奥秘，这一发现对建立在理性基础上的资产阶级政治、经济、社会伦理等观念无疑是一个沉重打击，引发了 20 世纪人类思想的大解放。

三、文化的分类

（一）常规分类方法

1. 二分法

文化和交际总是被放到一起来讨论，文化在交际中有着无可替代的地位，并对交际的影响最大，因此有学者将文化分为交际文化和知识文化。

那些对跨文化交际直接起作用的文化信息就是交际文化，而那些对跨文化交际没有直接作用的文化就是知识文化，包括文化实物、艺术品、文物古迹等物质形式的文化。

学者们常常将关注点放在交际文化上，而对知识文化进行的研究较少。交际文化又分为外显交际文化和内隐交际文化。外显交际文化主要是关于衣、食、住、行的文化，是表现出来的；内隐交际文化是关于思维和价值观的文化，不易察觉。

2. 三分法

三分法是将文化分为物质文化、制度文化和精神文化的分类方法。

人从出生开始就离不开物质的支撑，物质是满足人类基本生存需要的必需品。物质文化就是人类在社会实践中创造的有关文化的物质产品。物质文化是用来满足人类生存需要的，只是为了让人类更好地在当前的环境中生存下去，是文化的基础部分。

人是高级动物，会在生存的环境中通过合作和竞争来建立一个社会组织。这也是人与动物有区别的一个地方。人类创建制度，归根到底还是为自己服务的，但也对自己有所约束。一个社会必然有着与社会性质相适应的制度，制度包含着各种规则、法律等，制度文化就是与此相关的文化。

人与动物的另外一个本质区别就是人的思想性。人有大脑，会思考，有意识。精神文化就是有关意识的文化，是一种无形的东西，构成了文化的精神内核。精神文化是人类在认识世界和改造世界的过程中挖掘出的一套思想理论，包括价值观、文学、哲学、道德、伦理、习俗、艺术等，因此也称为“观念文化”。

（二）按照人类学来划分

人类文化相当于一个金字塔，金字塔底部的是大众文化，金字塔中间的是深层文化，金字塔顶部的是高层文化。

大众文化是普通大众在共同的生活环境下共同创造出来的一种生活方式、交际风格等。

深层文化是不外显的，是内隐的，对大众文化起着指导作用，包括思维和价值观等。

高层文化又称“精英文化”，它是指相对来说较为高雅的文化内涵，如哲学、历史、文学、艺术等。

（三）按照支配地位来划分

文化一旦产生，就对生活在其中的人有着一定的规范作用和约束力。这是一种约定俗成的力量。一个社会中通常有多种文化，人们最终会按照哪一种文化规范来生活，就要看文化的支配地位了。因此，有人从文化支配地位的视角，将文化分为主文化与亚文化。

所谓主文化,是在社会上占主导地位的,并被认为应该为人们所普遍接受的文化。主文化在共同体内被认为具有最充分的合理性和合法性。主文化具有三个属性:一是在权力支配关系中占主导地位,得到了权利的捍卫;二是在文化整体中是主要元素,这是在社会的更迭中形成的;三是对某个时期产生主要影响、代表时代主要趋势,这是由时代的思想潮流决定的。

亚文化是在社会中占附属地位的文化,它仅为社会上一部分成员所接受,或为某一社会群体所特有。亚文化也有两个属性:一是在文化权力关系中处于从属地位,二是在文化整体中占据次要的部分。虽然亚文化是与主文化相对应的一种文化,但是二者不是竞争和对抗的关系。值得注意的是,当一种亚文化在性质上发展到与主文化对立的时候,它就成了一种反文化。在一定条件下,文化与反文化还可以相互转化。文化不一定是积极的,反文化也不一定是消极的。

(四)按照语用学来划分

语用学研究的是语言在一定语境中的具体意义。语境是理解语言的重要元素。因为文化和语言分不开,所以文化和语境也是相互联系的。语言依赖于语境,同样文化也对语境有一定程度上的依赖。但是,不同的文化对语境的依赖程度是不尽相同的。在不同的文化中,人们通过语境进行交际的方式及程度就存在着差异,而这种差异制约着交际的顺利进行。

按照文化对语境依赖程度的不同,可以将文化分为低语境文化和高语境文化。低语境文化是指对语境的依赖程度较低、主要借助语言符号进行交际的文化。高语境文化是指对语境的依赖程度较高、主要借助非语言符号进行交际的文化。西方国家通常是低语境文化,一些亚洲国家通常是高语境文化。

在低语境文化中进行交际时,人们大都是通过符号来传递交际信息的。在高语境的文化中,交际环境和交际者的思维携带着大部分的交际信息。由此可见,语言信息在低语境文化内显得更为重要。他们在进行交际时,要求或期待对方的语言表达要尽可能清晰、明确,否则他们就会因信息模棱两可而产生困惑。同样,在高语境文化中,人们往往认为事实胜于雄辩,沉默也是一种语言。因此,低语境文化与高语境文化的成员在交际时易发生冲突。

虽然按照不同的视角,文化的分类不同。但有一点需要明确,那就是文化无优劣、高下之分。世界相当于一个村落,其中的任何民族和国家都享有平等的权利,其中的成员在人格上都是平等的,不应该因为文化的不同而被区别对待。例如,中国人习惯用筷子,西方人习惯用刀叉,有人说使用筷子有利于人脑发展,也有人说使用刀叉简单。因此,文化不是用来比较和评价的,只是用来促进交际的。

四、文化的特征

(一)主体性

文化是客体的主体化,是主体发挥创造性的外化表现。文化具有主体性的特征主要源于人的主体性。所谓人的主体性,即人作为活动主体、实践主体等的质的规定性。人通过与客体进行交互,才能将其主体性展现出来,从而产生一种自觉性。一般来说,文化的主体性特征主要表现为如下两点。

首先,文化主体不仅具有目的性,还具有工具性。如前所述,由于文化是主体发挥创造性的外化表现,因此其必然会体现文化主体的目的性,只有这样才能促进人的全面发展。另外,文化也是人能够全面发展的工具,如果不存在文化,那么就无法谈及人的全面发展,因此这体现了文化的工具性。

其次,文化主体不仅具有生产性,还具有消费性。人们之所以进行生产,主要是为消费服务的,而人类对文化进行生产与创造,也是为了更好地进行消费。在这一过程中,对文化进行生产与创造属于手段,对文化进行消费属于目的。

(二)实践性

实践是人类对文化进行创造的自觉性、能动性的活动,而文化是人类进行实践的内在图式。简单来说,文化具有实践性特征,具体可以表现为两点。

首先,实践对文化起决定性作用。人类展开实践的手段与方式决定着文化的性质。在这些实践手段与方式中,物质生产方式居于基础地位。

其次,文化对实践有促进作用。这是因为实践往往是在某些特定文化中展开的,如果没有文化背景的融入,那么实践就会非常困难。另外,文化对实践的展开有着巨大的指导意义,也正是由于文化的指导,实践才能取得成功。

（三）历史性

文化具有历史性的特征，这是因为其将人类社会生活与价值观的变化过程动态地反映出来。也就是说，文化随着社会进步不断演进，也在不断地扬弃，即对既有文化进行批判、继承与改造。对于某一历史时期来说，这些文化是积极的、先进的，但是随着时代的发展，这些文化又可能失去其积极性、先进性，被更先进的文化取代。

例如，汉语中的“拱手”指男子相见时的一种尊重的礼节，该词产生于传统汉民族文化中。然而，随着历史的发展，这一礼节已经不复存在，现代社会常见的礼节是鞠躬、握手等。因此，在当今社会，“拱手”一词已经丧失了之前的意义，而仅作为文学作品中传达某些情感的符号。

（四）社会性

文化具有社会性特征，这主要表现在如下两点。

首先，从自然上来说，文化是人们创造性活动的结果，如贝壳、冰块等自然物品经过雕琢会变成饰品、冰雕等。

其次，从人类行为来说，文化起着重要的规范作用。一个人生长于什么样的环境，其言谈举止就会有什么样的表现。另外，人们可以在文化的轨道中对各种处世规则进行把握，因此可以说人不仅是社会中的人，也是文化中的人。

（五）民族性

文化具有民族性特征。人类学家克利福德·格尔茨（Clifford Greets）这样说道：“人们的思想、价值、行动，甚至情感，如同他们的神经系统一样，都是文化的产物，即它们确实都是由人们与生俱来的能力、欲望等创造出来的。”

这就是说，文化是特定群体和社会的所有成员共同接受和共享的，一般会以民族形式出现，具体通过一个民族使用共同的语言、遵守共同的风俗习惯，其所有成员具有共同的心理素质和性格体现出来。

第二节　文化与翻译的关系

一、文化对翻译的影响

（一）文化影响翻译活动的范围

文化的开放程度决定了翻译活动进行的范围。任何封闭的文化都是无法发展的，一种文化必须与其他文化和谐相处，才能可持续地发展。文化全球化是世界文化创造主体和世界文化元素的多元化。如今的时代已经远离了文化霸权，是你中有我、我中有你，倡导文化包容。文化只有具备包容的品质，世界不同国家和民族的文化才能在共存中达到更多的一致，进而使得世界各个国家和民族联系得更加紧密。在人类文化发展史上，封闭的文化会被推到边缘的地带，并且阻碍世界历史的前进脚步；而那些包容性的文化才能主导世界文化，推动着世界历史的发展。

包容性的文化比较能够接受其他文化中的先进成分，因此能够较好地发展，也比较容易被其他文化接受，因此就能够从地域性文化向世界性文化转变，进而成为推动世界文化进步的强大力量。从根本上讲，一种文化之所以缺乏包容性，是因为文化创造主体的思想狭隘，并且这种封闭的文化也会影响生活在其中的人们的思维方式，使得他们变得狭隘，缺乏开放精神，难以接受其他文化，从而导致世界在文化上的割裂。

文化的输入和输出都关系到翻译活动的开展情况。当某个领域对文化的需求程度较大时，这一领域中的翻译活动就会较多。例如，徐光启等人曾经在意识到我国学术落后世界水平时，主张将西方的先进科技和文化翻译成汉语，以此来充实我国的文化。在“五四运动”后，中国知识分子意识到自身革命理论的缺乏，于是提倡翻译马列主义的经典著作。

（二）文化影响翻译进行的形式

从翻译社会意义的角度来看，翻译具有一定的倾向性和目的性。文化背景影响着翻译什么作品以及如何翻译。一般越强势的文化越能产生影响力，而弱势文化领域的文化整体影响力较低。在具体的两种语言的对译中，强势和弱势文化在选材上的不平衡表现得更加明显。例如，当古希腊被古罗马人征服之后，古罗马人将古希腊作品当作可以任由自己发挥的文学性战利品，随意翻译这些作品。

（三）文化干预翻译过程

翻译不仅是从一种语言到另外一种语言的纯技术形式的转换，更是以语言为中介来实现从一种文化到另外一种文化的转换。翻译过程不仅受语言因素的影响，还受社会因素和心理因素的巨大影响。文化的互通性是翻译得以存在的前提。然而，文化之间的差异又为翻译带来了障碍。为了达到文化交流的目的，译者需要准确地分析和理解源语的文化意义，将其介绍给译语读者。译者作为文化个体，本身会受到文化取向的影响，这些影响也会在其译作中体现出来。

二、翻译对文化的影响

（一）翻译丰富了译语语言

随着改革开放的不断推进，中国与世界各国的交际日益频繁，也使得汉语和英语的接触日益增多。当前，汉语同英语的接触达到了空前的广度和深度。因此，汉语中有许多通过翻译引进的英语词汇，这些外来词汇大大地丰富了汉语语言。例如：

cool 酷
pose 姿势
laser 激光
show 展示
enjoy 享受
bowling 保龄球
Internet 互联网
E-mail 电子邮件

另外，大量英文缩略语也涌入汉语中，如 APEC，WTO，NBA，VOA，UFO，BBC，VIP 等。可见，通过翻译改进语言是切实可行的。

（二）翻译丰富了译语文化

语言作为文化的代码，携带着某个民族在漫长的历史积淀中形成的文化，成为一个取之不尽、用之不竭的宝库。一种语言传递的不仅是知识信息，更是文化内涵。所以，翻译的功能就在于沟通不同的文化，这同时是翻译的使命所在。通过翻译,文化得以保存下来并不断传播。正是有了翻译的存在,译语文化的发展才能实现。

第三节　中西文化翻译观

一、中国文化翻译观

中国传统的翻译思想发展主要以如下十大学说作为标志。

(1)支谦等人的古代文质说。

(2)严复的信达雅说。

(3)鲁迅的信顺说。

(4)郭沫若的翻译创作论。

(5)林语堂的翻译美学思想。

(6)朱光潜的翻译艺术论。

(7)茅盾的艺术创造性翻译思想。

(8)傅雷的神似说。

(9)钱钟书的化境说。

(10)焦菊隐的整体论。

这十大学说有着相互关联性,也有着独立的特征。限于篇幅,从文化翻译的角度来说,下面选取其中有代表性的观点做论述。

(一) 严复的文化翻译观

严复的"信达雅"理论在翻译界非常著名,并有着深远的影响。虽然其理论独占鳌头,但是对其理论也争论不休。这是因为信达雅三个字非常简约,也并没有给予严格的界定与论证,因此给人们留下了广阔的阐释空间。

赞成者认为,"信达雅"理论可以对翻译实践起着很好的指导意义;一些部分赞成者认为,"信"或者"信达"可以作为翻译标准,但是"雅"不能作为翻译标准;不赞成者认为,"信达雅"非常空洞,对翻译实践起不到指导性作用。当然,如果将严复的"信达雅"视作一个抽象的逻辑命题,从脱离时空的角度对其进行评论,那么得出的结论必然是偏颇的。在本书中,笔者将"信达雅"回归历史本位,从语言文化环境出发,对其进行考察,或许就会发现不一样的天地,也就是说这里主要从文化翻译的角度对

"信达雅"理论进行阐释。

要想弄清其文化含义,需要分析"信达雅"的本质含义。对于这一理论,严复非常明确地定义三者的关系,即"信"位于首位,认为翻译首先应该做到"信",即对原作的思想内容进行忠实的传达;其次是"达",即如果不"达",那么就不能谈及翻译了;最后是"雅",对于这一个字,评论非常多。有人认为严复的"雅"指的是汉朝之前的字法、句法,因此是过时的,不能用于现代的翻译标准。笔者认为,这样理解有失偏颇,并没有从历史的角度对严复的"雅"进行准确把握。学者陈福康认为,严复的"雅"从上下文来说,显然指的是译作要注意修辞,要有文采,这样才能流传。这样对严复"雅"的理解是全面的、准确的,与严复的本义是相契合的。

在严复当时的语言文化环境中,汉朝之前的字法、句法被认为是"雅洁"文字,而要想将外国思想著作的精妙表达出来,就必须用到"雅洁"文字,这样才会显得非常高雅、严肃,才能被读者看重。如果采用的是"利俗"文字,就会被读者鄙视。严复采用"雅洁"的表达方式是经过深入考察而做出的翻译抉择,他的翻译目的是引介西方思想,吸引当时士大夫的注意,从而实现改革。

严复的"信达雅"中涉及了丰富的文化翻译思想,对于翻译实践意义巨大。严复的文化翻译思想概括起来可以总结为如下几个层面。

1. 提出"信达雅"翻译原则

"信"是对原作思想内容的忠实,这是本义,"达雅"是严复考虑英汉语言文化的特点与社会语境而提出的,是具体的翻译策略。换句话说,"达雅"是严复为了实现翻译目的对译作展开的语言文化调节。

2. 翻译目的明确

严复认识到西方国家的强盛,不仅是技术层面的强大,更是思想观念层面的强大,因此他对西方文化的认知超越了技术层面。因此,要想富强,就必须引进西方先进的科学思想,将这些思想作为对中国人世界观加以改造的基础,作为人们思想启蒙的工具。

另外,严复翻译的服务对象为封建士大夫阶层,他想通过自己的译作对这一阶层的思想加以改变。

(二)林语堂的文化翻译观

林语堂的系统性翻译思想在近一万字的长篇论文《论翻译》中得到充分体现,对众多翻译研究者产生了巨大影响。下面从翻译标准与审美问题层面加以论述。

1. 忠实标准

在翻译标准上，林语堂提出了三个原则：忠实、通顺、美。这三个标准可以与严复的“信达雅”相媲美。同时，他从三个问题与三重责任的角度对这三个原则加以论述。

三个问题：

（1）译者对待中文层面的问题。

（2）译者对待原作的问题

（3）翻译与艺术层面的问题。

三重责任：

（1）译者对中国读者的责任。

（2）译者对原作者的责任。

（3）译者对艺术的责任。

林语堂的这三大原则虽然是从英汉翻译角度考虑的，但实际上也适用于汉英翻译。在这三大原则中，林语堂用大量的笔墨来描述忠实原则，这是因为当时翻译界有一场关于翻译的论战：直译与意译。五四运动以来，关于直译与意译的问题就没有停止过。

面对这场论战，林语堂提出自己的主张，他在《论翻译》一文中，认为对原作的忠实程度可以划分为四个等级：一是直译，二是死译，三是意译，四是胡译。他认为，死译是直译的极端形式，可以称为直译的“过激党”；而胡译是意译的极端形式，是意译的“过激党”，因此在对这一问题进行论述时，林语堂先生将死译与胡译刨除，而单单探讨直译与意译。

对于直译与意译，林语堂先生首先指出的是这两个名称本身是不恰当的，认为虽然便于使用，但是实在不中肯，其不仅不能表达出译法的程序，也容易让人误会。在这里，林语堂先生所说的容易让人误会指的是直译与死译、意译与胡译之间的界限并不明确，使得翻译时往往两重标准是同时使用的。当然，这一问题在今天的翻译界仍旧是困扰的。但是，林语堂先生对名称的否定也是有些偏颇的，因为直译与意译作为两种不同的翻译策略，至今仍旧被翻译界广泛使用。

由于林语堂先生对直译与意译概念的质疑，他提出了句译与字译的说法，他认为根据译者对文字的解法与译法，往往存在两种形式：以字为主或者以句为主，前者就是字译，后者就是句译。换句话说，字译就是字字对应，句译就是将句子视作一个整体，把单字的意思进行结合构成“总意义”。对于两者，林语堂先生明确表达句译是对的，字译不对。因为字的意义是活的，随时随地会发生改变，是与上下文融会贯通的，如果仅仅是用字来解释字,这样不免会出现断章取义、咬文嚼字的现象。因此,他主张用句译来展开翻译。

对于忠实问题,林语堂先生指出字典是不可靠的,依据的应该是句译,字的意义是根据用法来确定的,因此译者需要具备深厚的语文基础,而不是抱着字典来翻译。另外,对于忠实的翻译,林语堂先生还指出要传神,认为译者不仅要达到意思的准确,还应该做到传神。语言的用处并不仅仅体现在对意象的表现,而是互通情感的,如果仅求得意思的明确传达,则很难使读者获得相同的情感。

林语堂先生在强调忠实原则之后,还客观地指出绝对的忠实是不存在的,因为译者在翻译时要同时兼顾音、形、神、意等各个层面是不可能的,也是不现实的。林语堂所提出的句译和字译概念是基于直译与意译建立起来的,是对其进行的全面总结与思考。因此,对于翻译研究与实践来说意义巨大。

2. 审美问题

在对翻译问题的研究中,审美问题也是林语堂关心的一个重要问题。翻译除了要忠实与通顺外,还需要注重审美。对于翻译审美问题,他认为主要包含三个层面。

(1)翻译是一门艺术。译者在对小说、散文等文学作品进行翻译时,除了要关注忠实顺达外,还需要关注原作美以及译作美的展现。

(2)艺术文翻译应该注意的问题。其主要包含三个层面。

第一,将原作的风格看得同内容一样,都是非常重要的。林语堂认为,一部作品之所以说是优秀的,主要是原作的风格更吸引读者的注意,因此对于译者而言,必须要明确原作的风格,然后进行模仿。在将原文风格进行体现的层面上,林语堂还通过间接的方式表达出要对原作的风格进行忠实的传达,作为审美主体,译者必须具有与原作者同等的知识背景、气质性格与鉴赏能力。

第二,考虑文字体裁的问题,并分别对内外体裁进行了描述。文字体裁一般分为外的体裁与内的体裁。外的体裁问题包含句子的长短问题、诗作的体格问题等;内的体裁问题包含作者的风格、作者的个性等,一般来说,外的体裁是文本的语言外在形式,对于译者来说是较为容易把握和了解的。相比之下,内的体裁则是语言之外的神韵与风格等抽象化的东西,因此对于译者来说有着较高的要求。林语堂首先强调了译者应具备体现原文的内在体裁的条件,也客观地预见了其难度,所以他大胆而又创造性地提出了"不译亦是一法",这在今天仍然具有现实的实践意义与理论意义，这个观点也必然对他自己的翻译活动产生一定的影响。

第三，翻译即创作。他引用了克罗齐（Croce）"翻译即创作"这一说法，表达了自己对这一问题的态度与主张。

（3）艺术文是不可译的。林语堂在强调艺术文的不可译时，特别指出诗文的不可译。林语堂在其论文《论译诗》中表达了他对诗歌翻译的审美见解。他认为译诗应当做到意境第一，而"意境的译法，专在用字传神"。因为不同语言、不同作者创作的诗歌蕴含了不同的韵味、意境、韵律，其用字的精妙、整体的风格等往往是很难移植的。林语堂的艺术文不可译的观点也与他的"绝对忠实是不可能的"理论相呼应。

二、西方文化翻译观

自20世纪70年代开始，翻译学界出现了"翻译文化转向"的热潮，包含埃文·佐哈尔（Itamar Even-Zohar）、图里（Toury）、苏珊·巴斯奈特、安德烈·勒弗维尔等在内的学者提出了自己的"文化翻译观"口号。这一理论的提出对于翻译学界而言是一个大的进步，下面就对这些学者的文化翻译观展开分析和探讨。

（一）佐哈尔的文化翻译观

20世纪70年代，佐哈尔提出了"多元系统理论"，他通过借鉴俄国形式主义学者的观点，认为文学作品应该视作整个文学系统来进行研究，而不是独立地展开研究。佐哈尔将文学系统界定为一个与其他程序产生影响的文学秩序功能系统，因此这就将文学作品视作文学、社会、历史框架的重要组成部分。其关键的概念在于"系统"，并且这个系统是动态的，是不断变化的。

虽然佐哈尔的理论是基于形式主义学者的理论建构的，但是他对"传统美学研究中的谬论"是反对的，即反对将研究的重点置于高雅的文学作品上，而将悬念小说、儿童文学以及整个翻译文学系统排除在外。佐哈尔强调，翻译文学需要作为一个系统来进行运作，具体表现为如下两点。

（1）目的语中译者如何对要翻译的作品加以选择。

（2）翻译行为与翻译规范如何受其他系统的制约与影响。

佐哈尔以多元系统这一涵盖性的概念对所有系统之间的关系加以强调。多元系统被认为是一个多层次、多种类的系统集合体。如果最高层面被一个新的文学类型替代，那么较低层面就可能被保守文学类型替代。

如果保守文学类型占据最高层次,那么创新文学类型就有可能来自最低层,否则就会出现一个停滞状态。这就是一个动态演变的过程。也正是由于这种动态性,翻译文学在多元系统中的地位并不是固定不变的,其地位可能是主要的,也可能是次要的。

如果翻译文学占据主要地位,那么它就能够对多元系统进行积极的塑造,即翻译文学可能极具革新精神。如果翻译文学处于次要地位,它就是多元系统中边缘系统的代表,就无法直接影响中心系统,甚至会作为一个保守因素,对传统的形式加以保留,当然其处于次要地位也是非常常见的,是正常的状态。

(二)图里的文化翻译观

图里与佐哈尔一起从事研究工作。对于图里而言,翻译首要的目的是了解目的语文化在社会与文学系统中的地位,而这一地位对翻译策略起着决定性作用。基于这一点,图里不断对佐哈尔的多元系统理论进行深层次研究,并提出了"描述性翻译"理论,这一理论引申出三段式方法论。

第一,将文本置于目的文化系统内来分析其意义与读者的可接受程度。

第二,对原作与译作的转换问题加以比较,尝试对深层次翻译概念加以总结与概括。

第三,对翻译策略提供某些重要启示。

当然,还需要一个补充的步骤,即对第一阶段与第二阶段进行重复,对其他类似的文本展开研究,目的是扩充语料库,从而从文学时期、文学类型等内容出发,对翻译展开概括与描述。这样来看,人们就能够确认与每一种类型相关的规范,最终建构相应的翻译法则。

对于规范,图里这样界定:将某一社区所共享的观念与价值转换成恰当的行为指南。这些规范是针对某一社会、文化而逐渐形成的社会文化约束。同时,他认为翻译是受规范制约的,这些规范对实际翻译中产生的等值问题起着决定性作用。图里认为,翻译的阶段不同,规范也会不同。

1. 初始规范

基本的初始规范指译者的总体选择,如图 5-1 所示。

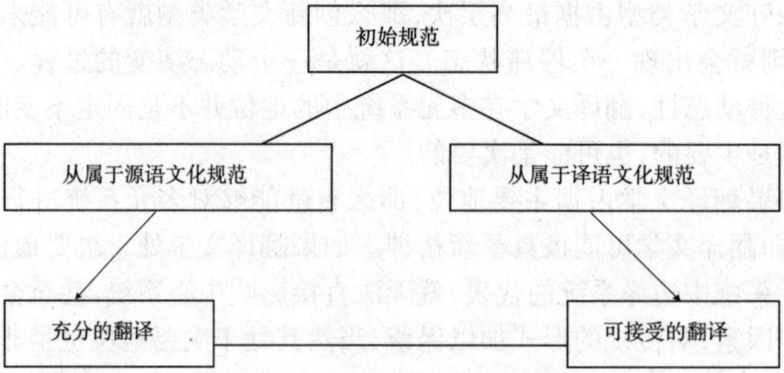

图 5-1 图里的初始规范示意图

（资料来源：芒迪、李德凤，2007）

译者可以选择是偏向源语文化规范还是偏向译语文化规范。如果译者选择偏向源语文化规范，那么译作就是充分的翻译；如果译者选择偏向译语文化规范，那么译作就是可接受的翻译。无论是充分的翻译，还是可接受的翻译，都是一个连续的统一体，因为翻译不可能是完全充分的或是完全可接受的。

2. 预备规范

图里将其他层次上的规范称为“预备规范”与“操作规范”。预备规范如图 5-2 所示。

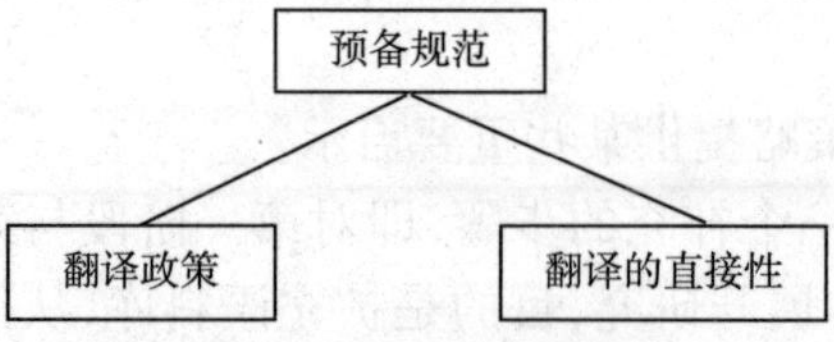

图 5-2 图里的预备规范示意图

预备规范包含两种：一种是翻译政策，一种是翻译的直接性。前者指的是某一特定的文化与语言，对翻译文本的选择起着决定性的作用；后者与翻译是否存在中介语有着密切的关系，一般研究的是翻译中包含哪些语言、翻译中是否使用中介语、译语文化对通过中介语进行翻译的宽容程度等。

（资料来源：芒迪、李德凤，2007）

3. 操作规范

图里的操作规范主要对译文呈现的内容进行描述，如图 5-3 所示。

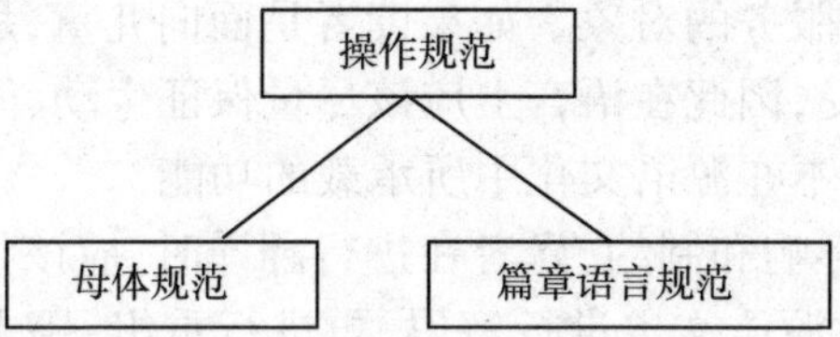

图 5–3　图里的操作规范示意图

（资料来源：芒迪、李德凤，2007）

其中母体规范与译文是否完整有着密切的关系，如段落是否删减、原作是否分割、是否添加脚注等。篇章语言规范对译作的语言素材的选择起着制约的作用，如短语、文体特征等都属于语言素材的部分。

总之，通过对原作与译作的考察，图里提出了"翻译等值"的概念，但是他的这一概念与传统等值概念并不相同，其是一个功能性的概念。

（三）巴斯奈特的文化翻译观

20 世纪 90 年代，以巴斯奈特为代表的"文化学派"开始对翻译中除了语言结构之外的其他因素进行研究与审视，研究从单一文本转向文化大视野，具体体现在如下几个层面。

1. 翻译基本单位——文化

在翻译语言学派的研究中，翻译活动的重点始终应该放在语言转换层面，而翻译的基本单位也从音素、词汇扩大到句子、语篇等层面。但是，在解决文学翻译问题时，这样的翻译方法却遇到了很大的困难。基于这些问题，巴斯奈特指出，文学翻译有着自身的特殊性，因此应该对翻译单位进行改革，即从句子、语篇等转换为文化。

在巴斯奈特看来，如果将文化比作人的身体，那么语言就是心脏，只有身体与心脏结合起来，人类才会有动力，才能保持生机。在说明语言与文化的关系后，巴斯奈特对文化翻译的含义以及相关问题进行了进一步阐述，他认为翻译应该将文化作为基本单位，目的是通过翻译实现文化交流。因此，从巴斯奈特的观点中可以看出，翻译不仅是语言层面的交际行为，还是一种文化上的交流手段，而之所以进行翻译，目的就在于交流。

2. 翻译文本功能对等

除了将文化作为翻译的基本单位外，文化翻译观的另外一层含义在于翻译不应该仅限于对源语文本展开描述，还应该实现源语文本在译语文化中的功能等值。在巴斯奈特看来，文本不同，其承载的文化所赋予翻译的功能也就必然不同。翻译的功能受两个层面的制约。

第一，翻译所服务的对象。如果读者是面向儿童，那么翻译就要考虑儿童是否能够接受，因此在语言上应该尽量保证生动、简洁。

第二，源语文本在源语文化中所承载的功能。

受这两点的影响和制约，译者在进行翻译时，应该将不同的文化背景考虑进去，通过对源语文本进行解码，再进行重组，探求译语文化与源语文化的功能等值。

在操作上，巴斯奈特指出文化对翻译有着不同的需求，并且这些需求与源语的性质有着密切的关系。如果源语文本为描述性的文本，那么译者应该尽量考虑源语文化，进行直译，科技文献就属于描述性文本。如果源语为文学作品，那么译者在进行翻译时有着一定的自由。

巴斯奈特的文化功能与奈达的功能对等理论有着某些共通性，但是也存在明显的区别。对于奈达来说，翻译指的是从语义到文体，译者用最贴近自然、对等的语言对源语加以再现的过程。相比之下，巴斯奈特认为翻译研究应该面向文化这一单位，将文化转换作为翻译的目的，译者应采用不同的文化功能对等来展开翻译。

可见，巴斯奈特跳出了传统翻译方法以语义、信息作为目标的模式，是从更为宏观的角度对翻译展开研究和探讨。

3. 译者的地位

受女权主义的影响，巴斯奈特认为传统的二元翻译理论将原作与译作划分成两级，如同社会中的男性与女性，原作就是男性，占据着主导性地位，译作就是女性，占据着从属的地位。因此，从这一点来看，巴斯奈特主张翻译是双性的，不能否认译者的从属地位。

对于译者来说，他们不仅要在译语文化中探求与源语文化对等的层面，还要针对不同层次的读者采用等效的技巧对源语进行转换。因此，就文化等值上来说，译者具有较大的主动权，可以对其进行灵活的改写，甚至有些时候，他们可以将原作的文学形式进行改变。

（四）勒弗维尔的文化翻译观

勒弗维尔与巴斯奈特一样，注重文化与翻译的关系及文化对翻译产生的影响。下面主要从两个层面探讨。

1. 作为重写的翻译

勒弗维尔的翻译源于他对多元系统理论的兴趣。有些人认为他更像一个系统理论家，但是他对翻译的工作更多是倾向于“文化转向”层面。勒弗维尔对“十分具体的因素”非常关注，因为这些因素对文学文本的接受与拒绝起着系统的支配作用。这些具体的因素有权力、意识形态、操纵问题等。在权力位置上的人等同于勒弗维尔口中的操纵大众消费的那一类人,也可以说成是“重写的人”,对于这类人,他们的动机可能是意识形态的,也可能是诗学的。

勒弗维尔认为,重写的基本过程在历史研究、翻译、编辑工作中都会加以呈现。翻译是一种显著的重写,也可能是最有影响力的重写,因为翻译能够将作者的形象反映出来,也可能将那些超越源语文化界限的形象反映出来。从勒弗维尔的观点中可以看出,在文学系统中,翻译的功能主要受到三个要素的影响。

(1)专业人员。这些专业人员有评论家、批评家等,也可能是教师或者译者自己。之所以包含译者自己,是因为译者对所译文本的诗学起着决定作用,甚至对所译文本的意识形态也起着决定性作用。

(2)赞助者。这些人主要是那些对文学阅读、文学写作、文学重写等产生促进或者阻碍影响的人。一般来说,赞助者包含三类。

第一,某一时期势力强大或者具有影响力的人。

第二,某些媒体、出版商等人物团体。

第三,学术期刊、国家院校等负责传播文学的机构。

同时,勒弗维尔还认为赞助者受如下三个要素的影响。

第一,意识形态因素,即对主题的选择与表现形式起着决定性作用。一般来说,意识形态因素是比较笼统的概念,是一种具有规范和形式的构架,是对人们的行为与信仰起着决定性作用的构架。因此,在勒弗维尔看来,赞助是一种意识形态化的东西。

第二,经济因素,即主要涉及作者与重写者的报酬。过去,经济因素主要是捐助人所给予的津贴。如今,经济因素大多表现为翻译费、稿费。当然,教师、批评家等也是由赞助者提供报酬的。

第三,地位因素,其包含很多种形式。作为对赞助者的回报,受益人往往需要满足赞助者的某些需求或者愿望。同样,团体内某一成员也需要对团体进行表示。在这之中,赞助者的努力在于对制度稳定性的维护。

如果三个因素并不相互依赖,那么赞助者就被认为是分散的。也就是说,如果是一个畅销书的作者,其可以获得高额的报酬,但是在等级分明的文学界人士眼中,他也并不具备什么地位。

(3)主流诗学。在勒弗维尔眼中,主流诗学主要包含两个成分。

第一,文学方法,即包含符号、体裁等内容。

第二,文学作用的概念,即文学与其社会制度间所存在的关系。

2. 诗学、意识形态与翻译

关于三者的互动，勒弗维尔提出了一个关键性的主张，即无论处于翻译的哪一个阶段，人们都可以看到如果语言学方面的考虑与意识形态或诗学发生本质冲突的话，那么意识形态或诗学会占据上风。也就是说，勒弗维尔认为意识形态或诗学是非常重要的考虑，其中的意识形态即译者的意识形态，或者是赞助者强加于译者的意识形态，这些都对翻译策略起着决定作用。

第六章 思维维度下的翻译

人类总是运用大脑来展开思维与创造，但人们很少对自身的“思维”进行思考。就生理学角度来说，人类的思维与动物的思维具有共通性，只是人类的思维这一生理活动更为高级，是大脑中的一种生理化反应过程。人类的思维是对客观世界的反映，是人们对客观事物加以认识、比较、分析等的过程。翻译作为一种实践活动，离不开人类的思维，因此思维与翻译关系非常密切。本章就针对思维维度下的翻译进行探讨，首先对思维进行简述，进而探讨思维与翻译的关系，最后论述翻译思维的要素与运行模式。

第一节 思维简述

思维是人类大脑中的一种机能。有的科学家认为动物大脑中也有思维，他们对一些动物进行了实验，发现黑猩猩懂得利用工具来获取食物，小狗会算算术题，小猫可以学会像人类一样冲马桶，猴子可以利用石头把核桃砸开，小鸟有自己的语言，鱼类可以发出特殊的信号进行交流，还有一些海洋动物则可以发出人类的耳朵都听不到的超声波，这些都是动物大脑中思维的典型表现。

人类的大脑可以说在时刻利用思维进行着创造，然而人们很少对思维进行深入研究与思考。在学校，思维也不能成为一门单独的学科进行教授。虽然很早就成立了语言科学、脑科学、逻辑科学等，这些学科也对思维的物质基础、外在表现、形式等进行研究，然而对人类“思维”的整体研究却无法单独成为一门学科，这确实是一种遗憾。至于原因，可能就在于人们很难为思维下一个确切的定义。

那么，究竟应该如何给思维下定义呢？人们从很多角度进行了研究，如哲学角度、语言学角度、心理学角度等，也都提出了各自的观点与看法。例如，按照《思维科学首批名词术语征求意见稿》中所说，思维的定义为：

“人类个体反映、认识、改造世界的一种心理活动”,然而对此立刻会有人提出质疑,认为这样定义是把思维纳入了心理学的范畴。思维科学的创始人钱学森教授高度重视思维科学的重要性,把思维科学提升为与自然科学等并驾齐驱的一类科学。他提出了现代科学的一个纵向分类法,把现代科学分为以下六大部类。

(1)自然科学。

(2)社会科学。

(3)数学科学。

(4)系统科学。

(5)人体科学。

(6)思维科学。

这样,我们就能够更加清晰地认识思维科学的位置,上面所提到的脑科学、语言科学、逻辑学、心理学等学科都可以统一在思维科学体系之下。科学家提出了一整套思维科学的体系架构及其友邻科学,我们可以做一参考。总之,要为思维定义,一定离不开三个要素,即人脑、客观事物、内在联系。

首先,思维是人脑特有的机能,是人的大脑进行的一种“活动”和“过程”,是一种生理化反应。

其次,思维是人脑对客观事物的反映。

最后,人类通过思维能够认识客观事物的内在联系,对客观事物形成间接的和概括性的反映。

第二节　思维与翻译的关系

翻译创造的深刻哲学基础是人类创造的最深层领域——思维活动。许钧把翻译划分为三个层次,其中翻译活动的基础层次便是人类的思维。翻译活动就其本质而言是译者进行思维的过程,原文及其他有关方面作用于译者的感官之后,促使译者的大脑进行一系列的思维活动。这种思维活动和创作的思维过程相比具有自身的特点。下面具体分析思维与翻译之间的密切关系。

一、翻译与抽象思维

抽象思维的形式是概念、判断和推理,通过概念,形成判断最后达到推理。众所周知,翻译首先涉及的是语言问题,作为翻译思维的符号材料(思维的材料可以是实物材料,也可以是符号材料),语言以其语法结构和语义系统帮助思维的实现,翻译者要将A语言转换为B语言,就必然需要运用自己掌握的A语言的语法概念判断各个词、句及段之间的关系,通过对A语言符号的分析,从而推理出A语言符号的所指。因此,我国语言学家朱星先生在《汉语语法学的若干问题》一书中指出,“两种语言文字的翻译以逻辑思维为基础”。

语言是思维存在的物质形式,而逻辑是“思维的规律”。可见,翻译依赖于逻辑,逻辑思维是译者手中的有用工具。这里所说的逻辑思维,就是寻找语言之间的内在联系,根据这种内在联系进行翻译,组织译文。特别是当语言的表面形式和内在意义发生冲突时,逻辑思维发挥着重要作用,能够使我们准确通顺地传达原文的内在实质。英汉两种语言的差异较大,逻辑思维在分析语法、语义、语用及文本等各方面发挥着主导作用。例如,英语句子中逻辑关系较强,较多运用连词等进行连接,层次清晰,关系明确;而汉语主要靠意义来连接,较少使用连词。例如:

Young men who have reason to fear that they will be killed in battle may justifiably feel bitter in the thought that they have been cheated of the best things that life has to offer.

上述句子中包含了四个从句,对句子进行结构分析发现其主干部分就是“Young men may justifiably feel bitter in the thought.”翻译成汉语时,可以拆分成若干小句:

年轻人有这种想法情有可原。他们有理由害怕自己战死沙场。想到自己被剥夺了生活所能给予的最美好的东西时感到痛苦也是可以理解的。

再如,《围城》第二章中“那几个一路同船的学生看小方才去了鲍小姐,早换上苏小姐,对他打趣个不亦乐乎”这句话,除了“……才……早”表示时间概念,其余结构均靠意义连接,在译者的头脑里,完成了源语的意义理解之后,便需要根据译入语的逻辑结构生出译文。译文如下:

When the other students on board saw that Miss Bao had no sooner gone that Little Fang up with Miss Su, they teased him unmercifully.

译文通过英语的时间状语从句将原文的三个小句连接成合乎英语逻辑规范的句型,并且使用了no sooner... than来对应“……才……早”,逻辑关系更加清晰。原文“对他打趣个不亦乐乎”中的“不亦乐乎”如果译为without stopping,则太过生硬,译者跳出了字面意思,将其简化为unmercifully。可见,逻辑思维在翻译中占主导地位,有了理性的分析,才能够从具体到抽象，化繁为简，得到好的译文。

二、翻译与形象思维

语言既是逻辑思维的工具，又是形象思维的工具。逻辑思维是一维的，即线型的；而形象思维是二维的，其特点表现为形象性、概括性。如今，几乎所有逻辑思维的东西都能够由计算机来做，从而代替人的劳动。但是计算机对形象思维却无能为力，机器翻译无法推广使用，正说明了形象思维在翻译中的地位。

形象思维的形式是形象观念和联想形式。通过想象的形象思维比通过判断、推理的逻辑思维要复杂得多。如果说推理论证具有相对固定的逻辑形式，那么语言对人物形象、景象和图像等的描述并没有比较固定的格式，其手段又多种多样，通过语言的描述诱发人们的想象，从而显示形象。同时，翻译要借助语言和文字进行，它不同于绘画、摄影等活动中的形象思维。它不能直接显示具体物象，而只能间接地显示具体物象。语言描述诱发读者的想象，读者凭借自己的经验去再现语言描述的现象。因此，对于同一原作，不同的译者会有不同的译文，这与语言描述的模糊性和不稳定性有着必然的联系。

此外，文学描述倾注着原著作者的思想感情，蕴含着作者丰富的经历感受，具有强烈的感染力。译者必须贮存大量的形象感受，与著作者感情契合，才会有同样的想象和联想，才能进行再创作。但凡好的翻译，必然要在感性即形象思维上下功夫，以期传达出原文的神采，得到读者的共鸣。例如，杨必翻译的《名利场》是公认的名篇，其中就充满了译者形象思维的痕迹。

原文：

Sir Pitt Crawley was a philosopher with a taste for what is called low life. His first marriage with the daughter of the noble Binkie had been made under the auspices of his parents； and as he often told Lady Crawley in her lifetime she was such a confounded quarrel—some highbred jade that when she died he was hanged if he would ever take another of her sort，and at her ladyship’s demise he kept his promise，and selected for a second wife Miss Rose Dawson，daughter of Mr. John Thomas Dawson，iron monger，of Mudbury. What a happy woman was Rose to be my Lady Crawley!

译文：

毕脱·克劳莱爵士为人豁达，喜欢所谓下层阶级的生活。他第一次结婚的时候,奉父母之命娶了一位贵族小姐,是平葛家的女儿。克劳莱夫人活着的时候,他就常常当面说她是个讨人嫌的婆子,礼数又足,嘴巴子又碎;并且说等她死了之后,死也不愿意再娶这么一个老婆子了。他说到做到:妻子去世以后,他就挑了莫特白莱铁器商人约翰·汤姆士·道生的女儿露丝·道生做填房。露丝真是好福气,居然做了克劳莱爵士夫人。

这一段里,“奉父母之命”“讨人嫌的婆子”“礼数又足,嘴巴子又碎”“填房”等,让中国的读者听起来十分耳熟,这些形象立刻在读者的头脑中产生了相应的联想,使原作调侃的语气跃然纸上。试想,如果改成“由父母安排”“令人讨厌的爱争吵的贵妇加泼妇”“第二位夫人”,其效果将大打折扣。尤其是最后一句,如果直译为“露丝做了克劳莱爵士夫人,她真幸福呀!”则完全没有译出原文的嘲讽口气,可见,形象思维对于翻译尤其是文学翻译是多么重要。

第三节 翻译思维的要素与运行模式

一、翻译思维的要素

(一)语言

人生活在语言的世界里,语言赋予世界以“意义”。人可以通过语言来完成某些行为,而不必事必躬亲。语言存在于人类具体使用语言的过程中,这一过程就表现为交际行为。简言之,语言是伴随着具体的交际行为出现在我们的面前的,语言是完成某种特定行为的语言,只有意识到这一点,人们才能真正意识到语言自身所具有的价值。借助于语言,人类构建了一个超出其生存环境的符号世界,正是在这个世界中,人类获得了空前的自由,从而不再受制于环境的束缚。语言的功能有很多,但是交际功能是所有功能中最基本的功能,具体可以从如下两个层面来理解。

1. 语言是最重要的交际工具

人类社会中的每个人都生活在一定的客观社会条件中,人与人的交际是社会生活中的重要组成成分。人们往往用语言来交际,但是除了语言,还可以有很多种其他交际方式,如文字、灯光语、旗语、身势语等。文字的工具主要在于对语言加以记录,是基于语言的一种辅助交际工具,因此其与语言在历时和共时上都不能相比。灯光语、旗语是基于语言与文字而产生的辅助交际工具,因此也不能和语言相比。身势语是流传很广的交际语言,但是受各种条件的限制,往往会产生某些误会,因此也不能和语言相比。

通过上述分析可知,语言是所有交际工具中最重要的交际工具。

2. 语言是人类独有的交际工具

对于语言是交际工具,这在前面已经论述,但是这里所强调的是"人类独有",其可以从两个层面来理解。

(1)动物所谓的"语言"与人类的语言有根本区别。"人有人言,兽有兽语。"动物与动物也存在交际,他们采用的交际方式也有很多,可以是有声的,也可以是无声的。但是,动物与动物之间这些所谓的"语言"与人类的语言是无法比拟的。

首先,人类语言具有社会性、心理性与物理性。社会性是人类语言的根本属性,因为人类的语言是源于人类集体劳动的交际需要。运用语言,人们才能够适应自然、改造自然。相比之下,动物的"语言"只是为了适应自然。

其次,人类的语言具有单位明晰性。人类语言是一种音义结合的词汇系统与语法系统,音、形、义各个要素都可以再分解成明确的单位。相比之下,动物的"语言"是无法分析出来的。

再次,人类语言具有任意性。语言是一种规则系统,人们使用语言对自己的言语加以规范。但是,语言系统本身的语素和词、用什么音对意义加以表达等从本质上说是任意的。相比之下,动物的"语言"在表达情绪和欲望时并无多大区别。

最后,人类语言具有能产性。人类的语言虽然是一套相对固定的系统,各个结构成分是有限的,但是人们能够运用这一有限的成分产生无限的句子,传递出无限的信息。相比之下,动物的"语言"是无法达到这一效果的。

(2)动物学不会人类语言。动物能否学会人类的语言?对于这一问题,答案显然是不能。如果能学会,那就不能说语言是"人类独有"的交际工具了。很多人说,鹦鹉等能够模仿人的声音,但是这也不能说他们掌握了人类的语言,因为他们只是模仿,只能学会只言片语。也就是说,这些动物不能像人类一样运用语言产生无限多的句子,也不能写出无限多的文章。因此,语言是动物不可逾越的鸿沟,能否掌握语言也是人与动物的根本区别之一。

3. 语言是一种符号系统

在人们生活的世界上到处都存在符号的痕迹。例如，马路上的交通信号灯，绿色代表通行，红色代表禁止通行，黄色代表等待。医院里面会张贴禁止吸烟的标志，告诉人们不可以在医院吸烟。在过节时，中国人习惯贴福字，这是为了表达对来年的祝福。天气阴沉代表着要下雨。某处浓烟滚滚可能预示着之前发生过火灾。再如，路上爬行的蚂蚁当碰到其他蚂蚁时会相互触碰触角，以传达哪里有食物；猎人根据动物留下的足迹可以找到哪里出现过猎物等。显然，符号以及符号活动时时刻刻存在。

总体而言，符号一般包含两大类：一类是人类符号活动，一类是动物符号活动。人类符号活动包含语言符号活动与非语言符号活动。非语言符号又包含建筑符号、音乐符号、行为符号、会话符号等。可见，符号学在学术领域有着广泛的内涵，其将几乎所有学科包含在内，尤其是人文学科。也就是说，它是跨学科研究的一条重要道路。

索绪尔在他的语言学研究中指出，符号在语言学中是非常重要的，并且反复强调符号是语言的本质。语言学属于符号学的一部分，很多人将语言学称为“符号学”，也就是与符号相关的科学，即研究人尝试采用一些约定俗成的系统来传达思想时出现的现象。其实，并没有人讲授符号传播的现象，但是这一现象在语言学家的头脑中是存在的，以至于很多学者认为语言学是历史学科的一部分。实际上，语言学什么也不是，它就是符号学。

关于符号学与语言学的关系，学者们所持有的观点大致包含如下几点。

（1）索绪尔、西比奥克等人认为符号学包含语言学。

（2）法国著名的符号学家巴尔特、罗兰等人认为符号学属于语言学的一部分。

（3）有学者指出符号学与语言学是相互独立的并列成分。

（4）法国符号学家吉劳认为符号学与语言学是不相关的。

对于上述观点，支持第一种观点与第三种观点的人更普遍，他们各自持有自己的观点和意见。实际上，符号学作为一门跨学科的研究学科，它在一定程度上包含了语言学，并赋予语言学一项新的研究手段，而语言学也具备一些自身的特点，这些特点正是符号学中未包含的领域。但是无论如何，我们需要承认的是语言是人类多种符号系统中的一个典型代表，也是人们使用最为广泛的一种。如果我们将语言研究置于符号学研究中，必然有助于研究语言，从而为语言学的发展奠定基础。

对于人类而言，语言特有的符号体系，也是人类最为常用的符号体系。从狭义层面来说，语言只是指口头语言与书写文字，但是广义上的语言包含一些非语言符号，如装饰语言、表情语言等，这些非语言符号也传递着一些思想信息。一般来说，语言更倾向于指代口头语言与书写文字。

语言是将人群共同体作为单位而形成的系统，不同的人群，所产生的语言也是不同的，以后不同的人群会因为不同的生理与文化特征而形成不同的民族，语言的差异也就成了民族差异的一大特点。

（二）记忆

人类对于信息的认知和加工有赖于大脑的机能。认知加工是认知心理学的一个重要研究范畴。众所周知，信息输入和输出之间发生的内部心理过程以及大脑发生的反应犹如一个“黑箱”，我们无法直接观察。大脑的信息处理过程不仅要从生理基础来看，而且还要从心理机制来看。思维过程首先是一种记忆的过程，因为思维要对外界符号信息进行加工处理，头脑中就必须已经存在用于被加工的信息储备，这样才能被思维活动提取出来加以处理。从信息加工理论来看，人类信息加工系统包括输入装置、输出装置、中间的记忆装置和围绕着它的控制装置。在人类的理解过程中，外部的信息都必须使用一系列的心理结构来编码、存储和提取，其核心部分是记忆。

心理学认为，“记忆是一个复杂的心理过程。它包括识记、保持、再认或回忆三个基本环节”。也就是信息加工理论所说的信息编码、存储和提取的过程。首先来看记忆的编码和存储。大脑信息系统中的信息就是信息记忆，就是储存在各神经元的连通关系中的信息。如何把记忆的信息放在合适的形式里，以备日后使用，这就涉及对信息的编码。从信息的角度出发，人们假设了三种不同类型的记忆：感觉记忆、短期记忆和长期记忆。感觉记忆以感觉器官如视觉、听觉和触觉等为基础，把我们日常碰到的各种颜色、声音、图像、文字、气味等原始的、未经分析的形式储存起来。刚听完一首歌曲，耳朵里似乎还留有一些音乐，这就是感觉记忆。感觉记忆的容量很大，但衰退的速度也很快，如果不进入长期记忆，很快会被后来的信号取代。短期记忆一般被认为是个缓冲器，暂时寄存从感觉记忆输送来的信息以及从长期记忆提取出来的信息。长期记忆就是头脑中原有储备的数据和信息，它们可以长期保存。

综上所述，大脑的记忆存储起源于感觉记忆，而后由短期记忆来处理其中有用的信息，再通过长期记忆系统的相应调整将新信息和原来的信息联系起来。比如，我们的记忆里首先存在“兰州是中国西北的一座城市”这样的记忆，随着我们对兰州的熟悉，新的记忆不断加入原有的记忆中，如全国知名的兰州牛肉拉面、兰州的气候冬暖夏凉等，于是，当我们再回忆起“兰州”时，记忆存储中就有了许多新的内容可供提取。记忆的另一方面便是对记忆的提取。前面提到，短期记忆作为感觉记忆和长期记忆之间的缓冲器，它暂时储存从长期记忆中提取出的信息，当遇到感觉记忆时，便可对其进行加工。“通过把经验中的内容和记忆中相似的内容相匹配，然后提取有关的信息，是我们记忆首要的，也许是唯一的方法。”例如，大学英语四六级考试里有一道题叫复合式听写，它就是着重考查学生这三种记忆的存储和提取的。它要求学生在听见录音播放到要听写的内容时，迅速将听到的词语和句子写出来。

在这个过程中，熟练掌握英语的学生能够把听到的语音、语调等原始素材存入感觉记忆，并立即和自己长期记忆中的单词、句型等“相似块”进行匹配，分析出听写内容，这样原始素材便被加工成语言符号的形式，被存储进学生的短期记忆中，学生再利用录音播放的空余时间将短期记忆中的语言符号输出并写下来，这样就完美地达到这项考试的要求。然而，不同学生由于英语水平不同，并不是都能够达到最理想的要求。比如，录音播放时有些学生只能捕捉到一些语音的模糊概念，由于大脑中并没有储存这些语音所代表的词汇的长期记忆，因此他们捕捉到的模糊声音素材停留在感觉记忆阶段，无法进入短期记忆进行加工，瞬间就被大脑遗忘。还有些学生通过进入感觉记忆的语音等原始素材与自己的长期记忆匹配之后分析出了所要求填写的词汇，但是在把词汇存入短期记忆的这个阶段出现问题，短期记忆没有记住这个词，最终也被大脑遗忘，无法达到输出。可见，短期记忆水平是可以通过训练提高的。

现代记忆学研究从生物学角度认为：“记忆最终是以生物学为基础的加工，‘药物、激素、神经递质和点刺激都会影响记忆的操作或者改变与记忆形成、储存和提取有关的生理结构’。”记忆存储在大脑中什么位置至今仍然是一个未解的谜，但是科学家们经过实验发现，不同种类的记忆储存在大脑中的不同部分，如颞叶、顶叶都有保存记忆的证据。而且，一条记忆信息应当是被大脑分散存储在多个脑细胞中，这样如果有哪个细胞死亡了，也不会使整条信息丢失。

短期记忆和长期记忆的信息容量不同。短期记忆的容量有限，而长期记忆的容量是无限的。心理学家米勒对短期记忆和长期记忆的储存容量做过研究，他用“组块”（chunk）作为测量短期记忆的最小单位。组块是指“将若干小单位联合成大量的信息加工，一个‘块’是一条有联系的信息，其中的一部分有助于另一部分的记忆”。例如，英文单词就是很常见的组块，几个字母组合在一起形成了一个具有意义的单词，monkey 这六个字母组成一个单词后，大脑便将其视为一个信息。米勒在实验的基础上证明了人的短时记忆的容量是 7 ± 2 个组块（即在 5 ~ 9 之间），因此我们可以通过利用组块来促进记忆。例如，人们设置的密码，常常就是通过将一串数字组合成组块来加深记忆的。

总体来说，大脑对记忆的使用主要包括两个方面，即记忆的编码保存和记忆的提取。大脑通过感觉器官接收到外界信息时，需要对其进行一定的编码以便形成短期记忆或者长期记忆储存在大脑中，这就是记忆的编码过程。同时，大脑也会通过调取自身储备的记忆信息来达到对新信息的理解和记忆，这就是记忆的提取过程。关于记忆的信息编码，有科学家把它分为视觉、听觉和语义编码三种形式。根据信息加工理论，信息在人脑中的加工模式可以用这三种记忆体来表示，如图 6-1 所示。

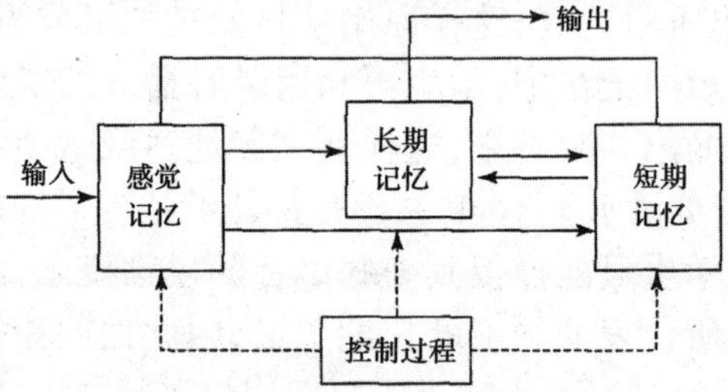

图 6-1　信息在大脑中的加工模式

（资料来源：陈浩东等，2013）

认知心理学把大脑比作计算机的信息加工系统，认为无论是人还是计算机的信息加工系统本质上都是符号操作系统。相关学者认为，信息加工系统主要由四部分组成：感受器（即人的感觉系统）、效应器（即信息的输出设备或器官）、中央处理器（总控制器）和记忆装置（即长时记忆或人的知识储备），具体如图 6-2 所示。

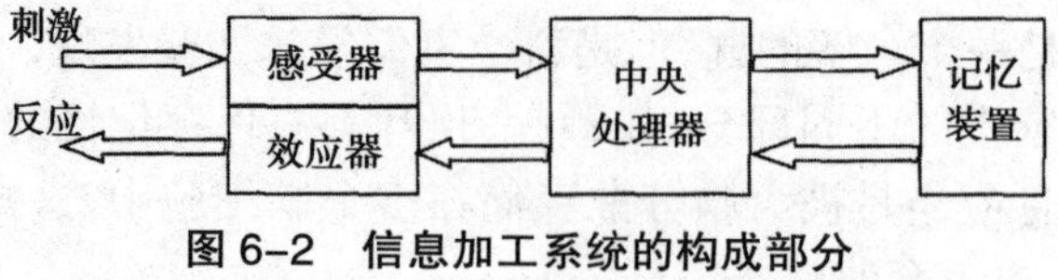

图 6-2　信息加工系统的构成部分

（资料来源：陈浩东等，2013）

具体到翻译的过程来看，它是一种特殊的语言认知和加工模式。翻译是源语到译语的语言符号转换，其认知加工过程从源语符号对译者的感官刺激开始，经过输入、加工、转换、重组等过程，最后形成反应（即译语）输出。

二、翻译思维的运行模式

语言是反映思想的符号系统，符号的意义则深深根植于千百年来历史创造的文化中。具体到英汉和汉英语言符号转换的问题，要分析翻译的符号转换，应当从词、句、篇等语言信息系统的若干方面来看。然而，翻译操作基本上发生在词、词组、小句和句上，下面从翻译的操作级层，即词、词组、小句和句子入手，用符号学的观点分析说明英汉双语语言符号的转换过程。

（一）词的转化

英语词和汉语词相比，其形态特征要强得多。形态在英语的词类划分上起着相当重要的作用。汉语则基本上是根据词在上下文中的功能来确定其词性。这是因为汉语词形态特征的普遍性远不如英语。例如，“光荣”一词，在“集体的光荣”中是名词，在“光荣事迹”中是形容词，在“光荣负伤”中是副词；英语词只凭自身的曲折变化便可表现词性：glory，glorious，gloriously。

当源语词语符号进入译者大脑的时候，大脑的第一步工作往往是对词语形态即其句法关系的分析。一个词通过它的句法关系，如读音、字与字之间的关系等方面被译者识别，然后便进入了语义层；此时，大脑的“相似块”陆续将这个词语符号的若干语义反映出来，形成内部言语；之后，在语言环境即语用关系的作用下，译者判断选择出一个语义，编译成译语完成表达。

根据这个过程，我们将词语层面的转换分为以下两类。

(1) $A \rightarrow a$　　　　(2) $A \rightarrow \begin{cases} a1 \\ a2 \\ \cdots \end{cases}$

其中 A 代表源语词语符号，a、a1、a2 分别代表译语对应词语符号。

（1）源语中词语符号的语义最简单，在源语和译语中可以形成直接对应，因此，转换的最后一步，通过语用关系做出选择就省略过去。此类转换最常见于一些物质名词、抽象名词、人名地名等。比如，汉语的“语言学”一词无论在什么情况下都只能和英语的 linguistics 相对应。

（2）源语中词语符号的语义不再单纯，此时就需要借助语用关系的

作用,寻找出符合上下文的意义。例如:

He cut his **hand**.

He cut off a **hand** of bananas.

Hand me the book.

hand 在译者的头脑中会浮现出多个意义:a1= 手、a2= 人手、a3= 雇员、a4=(猴子的)脚、a5=(钟表的)指针、a6= 手艺、a7= 字迹、a8= 像手的东西、a9=(香蕉的)一串、a10= 传递、a11= 搀扶……译者头脑中的相似块越多,此时浮现出来的意义就会越多。然后,根据具体的语言环境,译者找到第一句指的是 a1=“手”,第二句是 a9=“一串”,第三句是动词 a10=“传递”。抽象的概念通过言语生成机制的作用,这三句就转换为汉语的以下表达:

他切到了手。

他摘下一串香蕉。

把书递给我。

又如:

The clergyman is reading the marriage service for the couple.

句中 read 一词极简单常用,但是在词典里却找不到一条适合此语境的现成词义。译者只能通过语用意义对上下文进行分析。西方人结婚仪式在教堂由牧师主持,而牧师惯常照本宣读(read)《圣经》。因此,这句话可以译为:

牧师正为一对新人主持结婚仪式。

有科学家运用“心理词库”来描述词汇的理解过程。所谓心理词库,就是储存在人脑长期记忆中的词汇知识。有些科学家认为心理词库就好像一张网,词与词之间有着千丝万缕的联系,而这些联系方式可以有语义、语音、词汇、并列、搭配、同义等关系分类。如上面的例子,读者在看到 hand 一词时,其心理词库立即做出反应,脑海中可能会激活诸如 foot, finger 等同义关系的词,以及 to give by hand 等搭配关系的词组。读者的心理词库越大就可以激活越多的词汇,之后再根据具体语境选择合适的一个。

再如,双关语就是利用了词汇的不同含义,或者利用同音异义的词语,使某些词语具有双重含义,构成了含而不露、生动幽默的修辞效果。翻译双关语时尤其需要注意词汇层面的不同意义。美国独立战争中著名的“If we don’t all hang together, then surely, we will all hang separately.”这句话就利用了 hang 的不同意义达到了双关的修辞效果。

在译者的大脑中 hang 一词会产生出多个意义:a1= 悬挂、a2=(动作的)暂停、a3= 装饰、a4= 绞死、a5= 踌躇、a6= 悬而未决、a7= 垂下、a8=(hang together)团结一致……根据上下文语境,译者找到两个 hang 的合适意义,即,a8= 团结一致和 a4= 绞死,并形成译文:

如果我们不能紧密团结,那么必然要被一个个绞死。

在双关修辞中,词汇符号三重意义中的句法意义大多数情况下无法顺利传递,这是由英语和汉语语言结构上的差异导致的。但是,也有既传义又传神的翻译出现,这对译者头脑中相似块的要求很高。也就是说,译者对两种语言非常精通,能够寻觅到译语中保留双关这一语法意义的对等翻译。例如,英语里有一个谜语:“Why is the river rich ? —Because it has two banks.”

bank 可用作“银行”和“河岸”来说,如果按照字面翻译,它的双关意义只能取其一,然后再使用注释解释清楚它的双关意义:

为什么河流如此富有?——因为它有两个银行(在英语中 bank 也有河岸的意思)。

很显然,这样的注释令这个双关语的修辞效果大打折扣,虽然其语义关系得到了传递,但是句法关系和语用关系的传递量为零,从符号学三种关系的翻译观来看,这样的翻译属于低级水平。有人把这个谜语译为:

为什么河流总是富有的 ?——因为它总是向前(钱)流。

这个译法非常巧妙地使用了中文里“前”和“钱”的同音异义关系,很好地保留了这个谜语里 bank 的句法关系,同时使得语用关系也可以顺利传递给译文的阅读者。再如:

What is the smallest bridge in the world?— A nose bridge.

世界上最小的桥梁是什么 ?——鼻梁。

因为汉语里有相同的说法,所以这个谜语里 bridge 的双关意义得到了有效传达。

(二)词组的转化

词组的转化比词语复杂。英语的词组通常按其语法功能划分,分为名词词组、动词词组、形容词词组、副词词组及介词词组等。英语词组和句子成分有着较为明确固定的对应关系,如名词词组主要作主语、宾语、补语,动词词组主要充当句子的谓语,形容词词组主要作定语和表语,副词词组作状语等。汉语词组的分类基本上都不是按语法功能,而是按其本身结构进行的。比如,并列式、偏正式、主谓式、动宾式、动补式、兼语式、连动式等。这是因为,汉语句子结构的语法关系较为松散,如果汉语词组也按照语法功能来分类的话,那么它们和句子成分的对应关系就远没有英语那样规则,这样并不利于对句子进行语法分析。比如,汉语有些名词词组和形容词词组也完全可以用作句子谓语,如“我三十,她二十八”以及“他很高兴”等。

我们将词组的转换过程描述为:译者通过一个词组的语音、类型等句法关系对它进行识别;进入大脑后产生出这一词组的语义关系所对应的多个概念意义;然后,词组的语用关系发生作用,译者根据其语境判断选择出一个最适合的意义,将其运用到表达中去。例如:

When did you take up basketball?

译者大脑根据其相似块的多少,对词组 take up 会产生出一系列的概念:拿起,开始(从事于),继续,接纳(乘客),装载(货物),采纳(观点),接收(挑战),占据(时间、地位、注意力)等。但是根据上下文,这里是“开始打篮球”的意思,所以选择“开始(从事于)”之意。

词组的转换形式多种多样,以英汉两种语言中最为普遍的动宾短语(V+O)为例,有以下几种常见的转换类型。

(1)$V+O_1+O_2$(英)→ $V_1+O_1/O_2+V_2+O_2/O_1$(汉)。英语的有些动词可以带双宾语,可是汉语没有这样的搭配,在转换时通常针对两个宾语分别使用两个动词,即汉语的连动式。例如:

He brought me the good news.

他给我带来了好消息。

汉语连动式的特点是两个或者两个以上的动词与主语发生主谓关系,英语语法中一个句子只能有一个谓语动词。

(2)V+O(英)→ V_1+O+*n.*(汉)。英语中有些动词的概念在汉语中很难用动词进行表达,经常需要转换成名词才能表达原文的意思。例如:

He impressed me deeply.

他给我留下了很深的印象。

(3)V+O(汉)→ *prep.*+O(英)。英语的介词很丰富,其运用也很广泛,在汉语中要把动宾词组的地方转换成地道的英语,常常需要使用介宾词组。例如:

警察在捉拿他。

The police is after him.

又如:

老师不顾生病,仍去上课。

The teacher went to give lectures in spite of her illness.

(4)V+O(汉)→ *adj./adv.*(英)。汉语中某些表示情感、知觉等心理状态的动词短语在英语里常转换成形容词或副词。例如:

我非常熟悉这里的情况。

I am very familiar with the situation here.

又如：

他回来的时候，收音机还开着。

When he went back, the radio was still on.

再用汉语的连动式词组来举例。汉语的 $V_1+O_1+V_2+O_2$ 的连动式词组形式在转换成英语的时候除了上面提到的使用双宾语即 $V+O_1+O_2$ 外，还可有其他的处理方式。

(1)表示前后顺序关系时，可以转换成 and 连接的并列句，或者分词结构。例如：

她打开门走出去。

She opened the door and went out./Opening the door, she went out.

(2)表示目的时，可以用英语的不定式，或者介词词组来翻译。例如：

她去饭店吃饭。

She went to a restaurant to have dinner./She went to a restaurant for dinner.

(3)表示方式和状态时，可以用分词或介词词组来翻译。例如，《围城》第一章中的句子：

母亲忙使劲拉他，嚷着要打他嘴巴。

His mother yanked him away, threatening to slap him.

再如：

小孩子不回答，睁大了眼，向苏小姐"波！波！"吐唾沫，学餐室里养的金鱼吹气泡。

Without answering, the child opened his eyes wide and went, "Poo, poo," at Miss Su, spitting out saliva in imitation of the goldfish blowing bubbles in the tank in the dining room.

英语的介词数量多，介词词组运用甚广。汉语介词的数量相比之下少得多。英语介词的功能也特别强大，一些常用的介词，如 of, at, by, for 等，它们的意义常常有几十种。大量使用介词词组是英语语言的一大特色。汉语的动词优势和英语的名词及介词优势是进行英汉互译时必须考虑的转换基础。例如：

我们边吃饭边谈吧。

Let's talk over the meal.

汉语的动词转换成了英语的介词加名词。

She is onto us, and we are in for trouble.

翻译成汉语时，就得启用相应的动词词组才能够传达介词词组 onto us 和 in for trouble 的意义：她在监视我们，我们要遭殃了。

林肯总统脍炙人口的名篇《葛底斯堡演说》中的最后一句话："And that government of the people, by the people, for the people, shall not perish from the earth."

这里一连用了三个介词词组 of the people, by the people, for the people，表达非常精练，意义非常到位。翻译成汉语，必须要使用动词才能恰如其分地将意思表达出来：民有、民治、民享——孙文的翻译堪称一绝。若译为：属于人民，治于人民，为了人民，虽然更口语化，但不够言简意赅。

从以上的分析可以看出，源语的词组符号进入译者大脑中，大脑以组块的方式进行编码和存储，并进行记忆提取和理解，如上面几例，输入的是汉语动词词组，经过语义编码内化成内部语言，再经过与英语相关记忆的匹配，内部语言经过解码后输出，成为介词词组或者名词词组。

英语与汉语中名词中心词的修饰语的位置也有所不同。汉语的修饰语即定语，不管是什么词性，形容词、名词、词组等一般都放在中心词之前，而英语的修饰语一部分放在中心词之前，一部分需放在后面，即语法上所说的定语后置。有些学者这样总结："汉语中心词之后是封闭的，朝前是开放的，要增加修饰语就向左扩展。英语中心词的两端都是开放的，但向前，即向左扩展是有限的，而中心词之后，即向右扩展是自由的。"

汉语词组"被几个孩子围住在中间的两位个子高高的年轻的小学老师"其对应的英语应为 two young and tall primary school teachers surrounded by several children。可见，汉语中心词的位置一个在后，修饰语统统放在中心词的前面，一个在中间；英语名词中心词真正处于"中心"的位置，修饰语可以放在前面，也可以放在后面。

（三）小句的转化

英语的小句有限定性和非限定性之分，也就是通常所说的简单句和从句。英语的小句都是由 NP（名词词组）+VP（动词词组）组成的，其突出的特点是主谓一致。汉语中的简单句和复句中的分句一般可分为主谓句和非主谓句。主谓句按其谓语类型又可分为动词性、形容词性、名词性和主谓谓语句。非谓语句则是由词或除主谓词组以外的词组组成的小句，根本没有主语。例如：

下雨了。

即使是主谓句也有很多无法用印欧语系分析的情况。例如：

王冕七岁上死了父亲。

若按照英语的结构来分析，就成了“王冕”“死了”。显然，汉语的主谓无法完全用 NP+VP 的结构来描写。可见，英语的主谓具有明确的形式结构特征，而汉语主谓则主要是一种语义结构。正如赵元任所说：“主语和谓语的关系可以是动作者和动作的关系，但在汉语里这种句子（即使把被动的动作也算进去，把‘是’也算进去）的比例是不大的，也许比 50% 大不了多少。因此，在汉语里把主语、谓语当作话题和说明来看待，比较合适。”这两个例句翻译成英语时，就应当将结构理清，找出真正的主语。

It rains.

Wang Mian was only seven when his father died.

汉语句子中动词占优势，一个句子可以出现多个动词，没有什么形态变化，使用起来很方便。小句与小句之间靠意义连接，可断可连，这就是所谓的“意合”，如《围城》第二章中有一个长句：

后面那张照的新闻字数要多一倍，说本埠商界闻人点金银行经理周厚卿快婿方鸿渐，由周君资送出洋深造，留学英国伦敦、法国巴黎、德国柏林各大学，精研政治、经济、历史、社会等科，莫不成绩优良，名列前茅，顷由德国克莱登大学授哲学博士，将赴各国游历考察，秋凉回国，闻各大机关正争相礼聘云。

这一个句子中包含了好几个小句，动词用了十几个，每一个动词的施事者不尽相同。这些小句能够组合在一个长句中，在英语句子里是不可想象的。在翻译时，必定要根据英语的句子结构，做相应的调整。译文如下：

The caption under the second picture was twice as long: “Fang Hung chien, the gifted son-in-law of Chou HOH- ch’ing, a prominent local businessman and general manager of the Golden Touch Bank, recently received his doctorate of philosophy from Carleton University in Germany after pursuing advanced study abroad under Mr.Chou’s sponsorship at the Universities of London, Paris, and Berlin in political science, economics, history, and sociology, in which he made excellent grades and ranked at the top of his class. He will be touring several countries before returning home in the fall. It is said that many major organizations are vying for him with job offers.”

英语中也有一些句子结构是汉语中少见或者没有的，如定语从句以及后置定语等。一般将其译为前置定语。但是，有些定语从句确实很长，给人以叠床架屋之感，理解起来很费神，一般将其分译成句。例如，《名利

场》第十二章中的一句话:

Has the beloved reader in his experience of society never heard similar remarks by good-natured female friends, who always wonder what you can see in Miss Smith that is so fascinating; or what could induce Major Jones to propose for that silly insignificant simpering Miss Thompson, who has nothing but her wax-doll face to recommend her?

在杨必的译本中就使用了定语前置和分译成句两种方法来处理其中的三个定语从句:

亲爱的读者,当你在交际场里应酬的时候,难道没有听见过好心的女朋友们说过同样的话吗?她们常常怀疑斯密士小姐究竟有什么吸引人的地方。她们认为汤姆生小姐又蠢又没意思,只会傻笑;脸蛋儿长得像蜡做的洋娃娃,其他一无好处;为什么琼斯少佐偏要向她求婚呢?

英语里的动词非谓语形式、形容词词组、介词词组构成的长句也比较多,这些长句翻译成汉语一般也分译成句。例如,《名利场》第十五章中:

Putting her handkerchief to her eyes, and nodding away honest Briggs, who would have followed her up-stairs, she went up to her apartment; while Briggs and Miss Crawley, in a high state of excitement, remained to discuss the strange event, and Firkin, not less moved, dived down into the kitchen regions, and talked of it with all the male and female company there.

她把手帕蒙了脸上楼。老实的布里格斯原想跟上去,利培对她点点头,请她自便,然后回房去了。克劳莱小姐和布里格斯激动的不得了,坐下来议论这桩奇事。浮金也是一样的兴奋,三脚两步跑下楼梯,把消息报告给厨房里的男女伙伴听去。

(四)句的转化

纽马克说,“句子是翻译的‘自然’单位”。无论是词、词组还是小句,只有在句子这个完整的翻译单位中才具有现实的意义。

英语的句式可分为简单句、并列句、复合句和并列复合句。汉语的句子复杂得多,有些句法问题至今连语法家们也无法解释,但总体来说,也可以分为单句、并列句、偏正句等。不论句式如何,翻译中最重要的是内容,文字的表达形式是为内容服务的。因此,翻译的主要目的是将原作者的意思用另一种语言文字的某种形式表达出来。由于英汉两种语言在语法上的差异,相同的意思不可能都用相同的句式来表达。

首先,从简单句来看。英汉语简单句的最大差别就是主谓关系了。英语句子重逻辑,主谓是句子的灵魂,一个句子必须要有主语和谓语才算完整；而汉语则注重意思的表达，对主谓形式并不看重。英语简单句呈以主谓为主轴、动词谓语为核心的中心辐射样态，汉语简单句呈无主谓主轴、无动词谓语核心的平铺直叙样态。一般来说，英语的简单句有以下七种基本句型。

SV　主＋谓

He laughed.

SVC　主＋谓＋主补

Badminton first appeared in Britain.

SVO　主＋谓＋宾

We had a very good friend.

SVO_1O_2　主＋谓＋双宾（直接宾语＋间接宾语）

He gave me a lot of help.

SVOC　主＋谓＋宾＋宾补

We must make people aware of the dangerous situation.

SVA　主＋谓＋状

Great changes have taken place in my hometown.

SVOA　主＋谓＋宾＋状

We put the ball behind the door.

对于汉语来说，要想归纳出简单句有多少种句型，无疑是一个艰巨的任务。其实，由汉语的意合及形式散疏的特点所决定，汉语的句型无法通过结构进行简单归类，简单句中可以没有主语，甚至也可以没有谓语。汉语主要依靠意义来连接句子，这个意义当中包含了很多方面，比如说时间顺序、因果关系、方式方法、并列转折、让步等。例如：

他吃了早饭上学去了。（时间顺序）

妈妈没钱不能买。（因果关系）

用这把钥匙开门。（方式）

题不会做也没关系。（让步）

天气晴朗，万里无云。（并列）

痛并快乐着。（转折、并列）

因此，我们在翻译的时候，汉语依靠意义连接的句子就要转换成英语的主谓为主轴的结构，而英语转换成汉语的时候，则要把英语的动词中心转换为汉语的意义连接。这种句法层面上的不同导致在翻译简单句的过程中语言符号的句法意义常常无法传达。例如：

我们在去年夏天就已经通过网络的帮助买到了这种稀缺的药物。

这个汉语句子通过时间顺序和方式关系等意义连接而成，如果用英语来表达，就是：

With the help of the Internet, we bought the scarce medicine last summer.

从复合句来看，由两个或两个以上的小句构成的句子称为复合句，英语的复合句包括并列复合句(由连词如 and，but，as well as 等，副词如 moreover，介词短语如 by the way 等连接的复合句)，以及主从复合句(各类从句)。汉语也有一些关联词，有很多句子用上了关联词，如表示原因的“因为……所以”“既然……就”，表示转折的“虽然……但是”“不然”“反而”，表示让步的“宁愿……也不”等。如果我们把这些用上关联词的句子称为形合复合句的话，那么意合复合句，即通过意义连接的汉语句子则更具有汉语特色，是英语中所没有的。和简单句一样，通过各种意义或者内在逻辑关系组合而成的复合句需要我们在翻译成英语时补充相应的连接词。例如：

我们要赶紧回家，天都黑了。(表示原因)

我们要赶紧回家，去看看他来了没有。(表示目的)

秋高气爽。(表示并列)

We have to hurry home, for it is dark now.

We have to hurry home to meet him.

It is an autumn day with clear sky and crisp air.

英语词语与汉语词语最明显的差别就是有无形态的变化。英语动词有时态、人称和数的变化，名词也有数的变化，而汉语词语完全没有这样的概念。比如，由于英语在时态上有严格的动词形式的变化，往往不加时间状语就可以表示出过去、现在或者将来的含义，而汉语没有动词形式的变化，完全靠时间状语或助词、语气词等来表达时间概念，这也是我们在句子翻译层面需要注意的问题。例如：

We had a very good time together.

had 一词在译者大脑中立刻产生了时间的概念，在翻译时必须依靠添加语气词“了”以表示过去的概念，译为：“我们在一起度过了一段美好时光。”

再看电影 *The Bodyguard* 中的对话：

— “She was my wife.”

— “Was?”

— “She died.”

英语中简单的几个词构成的句子，翻译成汉语就需要加一些时间状语才能表达清楚。译文如下所述。

——“她曾经是我太太。”

——“曾经？”

——"她已经去世了。"

英汉两种语言的不同及原因有如下总结。

汉语	英语
隐性、柔性、时间流、散点视、神摄	显性、刚性、空间架、焦点视、形摄
人治、平面型、竹式、动型、平面铺陈	法治、立体型、树式、静型、中心扩散
意合	形合
无	有

形态变化

此外,英汉句子的语序有所不同,英汉句子的重心也有所不同。在复合句中,英语的主句一般放在句首,重心在前,而汉语一般按照逻辑和时间顺序,主要部分放在句尾,即重心在后。例如:

I am amazed at how he did it without any complaint.

他毫无抱怨地完成此事让我非常吃惊。

天黑了,孩子们都回家吃饭了。

The children went home for dinner when it became dark.

另外,与汉语相比,英语语句中被动语态使用得更加广泛,凡是不必、不愿或无法说出动作的执行者的句子,都可以使用被动语态。汉语也有用一些词汇手段表达被动的概念,如"被""挨""受""让""叫""给"等。不过有很多的被动含义通过主动句中暗含被动来表达,或者在表达意思时往往要指出动作的执行者,在无法或不必、不愿说出动作执行者的情况下也要用泛指人称作主语,如"人们""有人""他们""我们""大家"等。例如:

窗户已经关了。

The window has already been closed.

这里的小学教英语吗?

Is English being taught in primary schools here?

Smoking is not allowed here.

这里禁止吸烟。

She was seen to be here for a moment.

有人看见她在这里待了一会。

在《名利场》第一章里有一句话,里面使用了两处被动语态,没有提到动作的执行者。

In geography there is still much to be desired; and a careful and undeviating use of the backboard, for four hours daily during the next three years, is recommended as necessary to the acquirement of that dignified deportment and carriage, so requisite for every young lady of fashion.

杨必译本中将其转换为汉语的习惯表达方法,把执行者补充完整,作为句子的主语:

可惜她对于地理的知识还多欠缺。同时我希望您在今后三年之中,督促她每天使用背板四小时,不可间断。这样才能使她的举止风度端雅稳重,合乎上流女子的身份。

在翻译这样的句子时,需要译者根据译入语的习惯,重新组织句子结构,改变语言符号三种关系中的句法关系,使翻译更贴近译语的表达习惯。

我们将句子的转换过程描述为:句子进入大脑通过句法关系识别出语义,语言编译机制按照译语的句式习惯将识别出的语义编译并输出译入语的句子。需要注意的是,与词和词组不同,对于句子的转换来说,它的语用关系是上下文的语体,因此在转换中语体色彩也要发生作用。例如,《名利场》第三章描写乔瑟夫逍遥生活的一段话:

Luckily at this time he caught a liver complaint for the cure of which he returned to Europe; and which was the source of great comfort and amusement to him in his native country. He did not live with his family while in London, but had lodgings of his own like a gay young bachelor...

最后一句话的翻译就需要结合上下文的语体色彩,如果按照字面意思译成:

在伦敦,他没有和家人住在一起,而是自己单独过着快乐的单身汉的生活。

这样就没有译出上下文中那种戏谑的口气。所以,应结合上下文语体色彩译为:

他在伦敦的时候不和父母住在一起,却拿出风流单身汉的款儿来,租了房子另过。

一个享乐青年的形象立刻跃然纸上,非常符合上下文对乔瑟夫的描写。

以上,我们从符号学的句法关系、语义关系和语用关系三个方面分析了英汉双语符号转换中,词、词组、小句以及句的转换过程。作为翻译思维的外在运行模式,这个语际转换的过程在符号学中又被称为“符号的换码”。源语符号代码所包含的多种信息和多重意义需要我们弄清楚,一并传达到译语符号中。译者在换码过程中需要对两种语言的句子进行句法、语义和语用三个层次的理解，尽可能将源语多重意义表达出来，达到“神似”的翻译境界。

简单来说，语言符号的转换过程开始于大脑对一个语言符号的识别。大脑通过一个语言符号的句法关系（包括语音、语法和修辞等）进行识别，如果译者大脑中储存有这个语言符号的“相似块”，那么就很容易在大脑中产生出这个语言符号的语义关系，即它的意义。然而，一个语言符号的意义可能有许许多多，在不同的上下文语境中的意义是不一样的，而且在特定语境中，它还能传达一种或多种“言外之意”，究竟应该选取哪一个？这时候，符号学最为强调的语用关系开始发挥作用，大脑最终选择出最为适合的意义，并分析出它的各种语用意义。当然，大脑选择出了语言符号对应的“概念”之后，还要通过语言编译机制将“意义”编译成译语的文字表达出来。我们对这个双语语言符号的转换过程进行描述，如下所示。

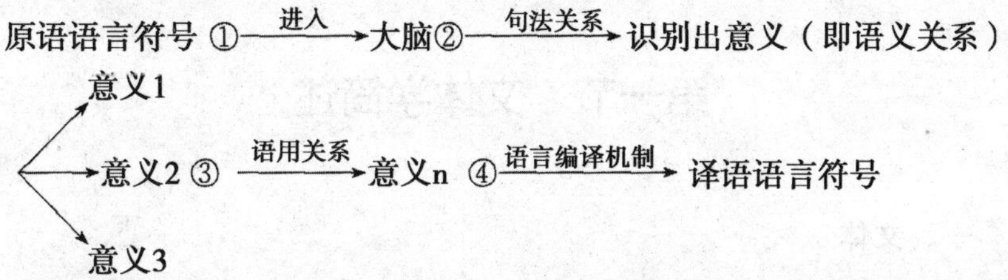

在译者大脑中，这四个步骤的发生有时在瞬间内就完成了，有时则需要苦思冥想；句法、语义和语用关系的发生作用有时也不是按部就班地进行，常常是三者结合，尤其是在判断与选择意义的时候，语义关系和语用关系往往同时发生作用。译者的元认知知识在这三种关系中进行着调节和控制，最终完成翻译过程。

第七章　文体学维度下的翻译

“文体”在文学批评中又被称为“风格”，是影响翻译的一个重要因素。不同的文体有不同的功能，译者在翻译过程中除了要忠实于原文的字面含义，还要注意再现原文风格，实现原文功能。本章就对文体学维度下的翻译进行阐释。

第一节　文体学简述

一、文体

关于文体，《现代汉语词典》中解释为“文章的体裁”，《辞海》中认为其首先是“文章的风格”，其次才是“文章的体裁”。根据不同的分类标准，文体可以分为不同的类型。广义上的文体以交际方式为标准进行划分，可以大致分为口语体和书面体两类；以交际目的为标准进行划分，又可以分为实用文体和文艺文体；如果按照时代标准进行划分，又可以分为古代文体和现代文体。狭义上的文体则多涉及文学文体以及作者的行文风格等。

翻译学中的“文体”主要指的是文章的风格，与作者的个性特点有很大的关系。作者的个性越鲜明，文章的风格就越明显，文体的个性也越突出。从这个角度来说，成功出色的作家也是文体家。文体并不仅仅是简单的语言组合，其中更蕴含着作者对生活、对社会乃至世界的新的感悟，进而推动着生活和社会的变革。可以说，一种文体的诞生、翻译、接受和传播是一个十分复杂的系统工程。

二、文体学

20世纪60年代至20世纪70年代，形式主义文体学非常盛行，直到 21 世纪初，文体学与语言学的联系都非常紧密。2004 年，辛普森（Simpson）重新对文体学进行定义，他将传统文体学研究中使用的“语言学”一词改为“语言”，并将文体学定义为“一种将语言摆到首要位置的文本阐释方法”。① 自此，文体学与语言学逐渐脱离。目前，文体学比较常见的一种界定是由利奇（Leech，2008）提出的：“文体 X 是 Y 内所有跟文本或语篇样本相关，被一定语境参数组合所定义的语言特征的总和。”② 利奇对文体学的界定指向的是作为语篇特点的文体。

第二节　文体学与翻译的关系

一直以来，中外学者都对文体学与翻译的关系进行了深入研究，并逐渐形成了一门新的学科——翻译文体学。下面将通过阐述翻译文体学的相关知识来了解文体学与翻译之间所具有的密切关系。

由于译者文体并不是译文所体现的客观以及静态的语言特征，上述所通行的文体学定义在广义上可以用于译作分析，但并不适用于考查译者文体。由此，翻译文体学便从文体学中抽离出来。

对翻译文体学首先进行深入思考的是波波维奇（Popovic，1976），他将翻译中的文体对等界定为“原文与译文中某些成分的功能对等，以产生具有意义等同这个不变量的一种表达上的等同”。③ 波波维奇认为，翻译文体学主要研究译文与原文的文体对等，并指出要想做到文体对等，必须做到“充分性”“表达对应”以及“忠实原文”。

陈（Chan）认为，翻译文体就是“译者基于美学或主题做出的选择，翻译文体学隶属于文学批评范畴”④。事实上，在翻译研究中，将翻译文体学划归于文学批评范畴是不太妥当的，因为这样就会过于强调文学性，无法体现翻译学本身的复杂性以及跨学科性。

当下，后现代思潮、结构主义思潮等促使翻译研究更加侧重于多元的描述性研究，更加贴近翻译研究的实际，从多角度、多文体进行综合研究，

① 转引自邵璐．西方翻译文体学研究（2006-2011）[J]．中国翻译，2012（5）：10.
② 同上．
③ Popovic, Anton. *Dictionary for the Analysis of Literary Translation*[Z]. Edmonton: Department of Comparative Literature, The University of Alberta,1976: 6.
④ Chan, Tak-hung Leo. ***Readers, Reading and Reception of Translated Fiction in Chinese*: *Novel Encounters***[M]. Manchester & Kinderhook(NY): St. Jerome Publishing, 2010: 178.

将对等与不对等都纳入研究范围。

2006年,英国学者琼·博厄斯-贝耶尔(Jean Boase-Beier)构建了翻译文体学的研究方法,探讨了文体的作用和文体再创造中的选择。后来,其在《翻译研究批评导论》(*A Critical Introduction to Translation Studies*)一书中又从翻译文体学的视角对翻译研究进行了批判性研究。可以说,博厄斯-贝耶尔的研究拓宽了翻译文体学的研究范围,将实用翻译纳入研究领域,在研究方法方面也更加系统化、科学化。

第三节　翻译文体学探究

上述探讨了文体学以及文体学与翻译的关系等内容,这里就以商务英语文体与旅游英语文体为例,分析翻译文体学探究的相关内容。

一、商务英语文体的翻译

(一)商务英语文体概述

近年来,随着经济全球化的不断发展,国家间的贸易往来越来越频繁,各国间更加注重经济上的交流与合作。在商务交流过程中,商务翻译的作用非常突出,尤其是商务英语翻译越来越受到人们的重视。

商务英语是以英语语言为基础的一门学科,具有英语语言学特征;同时,商务英语是英语在商务活动中的运用,需要将商务知识与英语语言能力相结合,是英语的一个重要功能性变体。因此,商务英语除具有英语的一般特点外,还具有自身独特的语言特征。

1. 专业术语丰富

所谓专业术语(technical terms),是指适用于不同学科领域或专业的词汇,其具有明显的文体色彩和丰富的外延、内涵,是用来正确表达科学概念的词。商务往来中少不了商务英语大量专业术语的使用。

在商务英语文体中,有些术语是普通词汇在商务英语文体中的专用。例如,All Risk在保险领域应理解为"一切险",而不是普通英语中的"所有危险"。再如,At Sight在国际贸易支付英语中的意思是"见票即付",并非是普通英语中"看见"的意思。在商务英语文体中,还有些词汇是仅仅用在商务活动中,这些专业词汇在普通英语中基本不会使用。需要指出的是，专业术语与行话并不是同一个概念。专业术语属于正式用语，而行话在非正式用语中经常使用。例如，know-how（专业技术），cargo interests（各货方）等。

总之，商务英语文体中的专业术语非常丰富，译者在翻译过程中首先要正确理解这些专业词汇的含义，以免产生误译。

2. 正式词汇使用较多

一方面，商务英语文体用词需要简单易懂；另一方面，由于商务活动涉及双方的利益，因此为了保证合作双方的利益，在选词时需要做到天衣无缝。正式词汇更能确保商务文书的准确性、严谨性，并增加文本的正式感，所以正式词语在商务英语文体中的使用频率非常高。例如：

ask 可以用 request 代替

end 可以用 expiry 代替

prove 可以用 certify 代替

like 可以用 along the lines of 或 in the nature of 代替

before 可以用 prior to 或 previous to 代替

3. 缩略语丰富

商务活动讲究务实高效，而缩略语化繁为简、快速便捷的特点使得其在商务表达中十分受欢迎。所谓缩略语，就是人们在长期的国际商务实践中，约定俗成、演变而确定下来的词汇。商务英语文体中的缩略语大致有四种，即首字母缩略语、首字母拼音词、拼缀词以及截短词。例如：

CSM ← corn，soya，milk 玉米、黄豆混合奶粉

CAD ← Computer-Aided Design 计算机辅助设计

medicare ← medical+ care 医疗服务

trig ← trigonometry 三角学

flu ← influenza 流行性感冒

taxi ← taximeter cab 出租车

4. 长句较多

虽然在商务活动中人们比较喜欢用简洁的语言来交流，但为了防止出现歧义，引起不必要的纠纷，人们需要清晰地表达出所要说的是什么，这就导致商务英语文体中经常出现句义完整、严密的复杂句。当然，商务英语文体中的复杂句并非啰唆冗长，而是必要的表达方式，它可以使要表达的概念和内容更加清晰明了，使行文更加严谨。

5. 修辞手段丰富

商务英语讲究表达客观、实事求是，而修辞则是修饰言论，即在使用语言的过程中，利用多种语言手段以收到尽可能好的表达效果。表面上看，商务英语和修辞之间似乎毫不相关，更不应该有联系。事实上，商务英语文体中常常使用各种修辞手段，二者相得益彰，十分和谐。这是因为修辞作为增强语言表达效果的有力武器，可以有效增强商务英语的生动性、艺术性和感染力，从而加深读者的印象。例如：

They murdered us at the negotiating session.

谈判时他们枪毙了我们的方案。（夸张）

The negotiants' eyes and ears are run to everything the counterpart does.

谈判者们的注意力完全放在了对方的一举一动上。（借代）

The loss of jobs is regarded by some as a necessary evil in the fight against inflation.

有些人认为要遏制通货膨胀就难免有人得失业。（隐喻）

A royalty is regarded as a wasting asset as copyrights, patents, and mines have limited lives.

如同版权、专利和矿井都有其使用寿命一样，专利使用费是一种可耗费资产。（拟人）

（二）商务英语文体翻译的策略

1. 遵循商务英语的翻译原则

任何翻译活动都要遵循一定的翻译原则，如此才能更顺利地完成翻译任务。在商务英语文体翻译中，译者需要遵循的原则有很多种，如简洁、通顺、专业、准确等。

首先，译者在翻译过程中，要保证书面翻译和语言表达符合基本规范，保证双方的利益，了解不同领域和流程中语言使用上的差异。

其次，如前所述，在商务英语文体中有很多专业术语，译者翻译时不能任意变化这类词汇的意思和表达，必须正确使用，以免影响商务交际效果。

最后，在涉及基本的细节问题上，如时间、质量和价格等时，译者要把握好分寸，在遵循准确原则的基础上尽量用简洁的方式来表达完整的内容。

2. 掌握商务英语文体相关专业知识

在商务贸易往来中必然会涉及许多专业知识，如国际贸易、金融领域等，而且随着经济全球化的发展越来越快，国家间的商务活动和交流也越来越多，新的词汇不断出现，这是必然趋势。这就要求译者首先要多关注商务领域出现的新词汇，其次要多方面地了解商务领域的专业知识。

总之，商务英语文体译者只有充分了解相关商务英语的专业知识，了解相关的文化背景等，才会译出更加准确的译文。

3. 了解不同国家的文化背景知识

翻译是语言之间的转换活动，而语言本身是文化的重要组成部分和反映，因此翻译必定受文化因素影响。商务英语文体的翻译也不例外。不同国家有不同的社会制度、历史条件、文化环境、思维方式等，这些差异都很容易使译者在翻译过程中产生分歧。因此，为了更好地翻译商务文体，译者必须全方面地了解并掌握不同国家的文化背景知识。在此基础上，译者要本着认真负责的态度，避免在翻译时产生误译甚至错译。

4. 掌握必要的商务英语文体翻译技巧

英汉两种语言在词汇、句法、修辞等方面均存在很多差异，加之商务英语文体有其自身的语言特点，因此译者在进行商务英语文体英汉互译时必然会遇到很多困难，这就需要有一定的翻译技巧作指导。在商务英语文体翻译中，译者可采用的技巧有很多，如直译、意译、反译、增译、省译、创译等。译者在具体的翻译实践中可根据实际情况灵活选用。

一般来说，在翻译中能直译的就尽量直译，在商务英语文体翻译中直译多用于翻译专业词汇、简单句或带有修辞的语句。如果直译行不通，译者可以采取意译法，舍弃形式而注重意义的传达。译者也可以将属于某种词性的词语转译为属于另一种词性的词语，即采取转译技巧，如动词转译为名词、名词转译为动词或形容词、形容词转译为名词或动词等。在处理复杂长句的翻译时，译者可以采用顺译法、逆译法及综合法等。此外，在商务英语广告的翻译中，译者还可大胆采用创译法，充分发挥想象力，将原文的意境翻译出来。

二、旅游英语文体的翻译

（一）旅游英语文体概述

旅游被誉为当代的“无烟工业”，属于第三产业，其本质上是一种“文化产业”。由于旅游业是由多种产业集合在一起构成的，如交通业、餐饮业、住宿业、娱乐业等，这使它的形式多样且分散，所以旅游的概念就较为模糊。直到 1955 年，旅游的概念才由世界旅游组织确定下来，即旅游是人们为了休闲、商务和其他目的，离开他们惯常的环境，到某些地方去以及在那些地方停留的活动。英语作为一种全球性的语言，被广泛运用于各个领域，旅游业也不例外。于是，关于旅游方面的英语词汇和书籍开始慢慢融入人们的生活，旅游英语文体的重要性也日益突出。

与法律英语、科技英语、商务英语类似，旅游英语本身属于专门用途英语的一部分，因此无论在用词、选句还是语篇组织上，旅游英语文体都有自身的语言特点，并且这些层面也更能体现旅游英语翻译的复杂性、综合性与跨学科的特征。

1. 旅游英语文体的词汇特点

（1）使用专有名词。大多旅游英语文体是对旅游目的地的宣传，因此很多旅游地名以及由普通名词构成的景点名称往往会出现在旅游英语文本之中。当然，对这些景点的宣传也是为了传达其人文景观或历史沿革，因此其中不可避免会涉及很多的历史事件、著名人物等。

正如学者陈凌燕、傅广生所说：旅游景点名称是对该景点特征的形象概括，对景点内容的介绍有着十分重要的意义。①

（2）使用缩略语。在旅游英语文体中，缩略词的使用是非常频繁的，其是随着旅游业的发展，从普通词语演变而来的。在旅游活动中，无论是口语还是书面语，交际双方都习惯使用一些缩略语，目的是用有限的形式将所要传达的信息传达出来，这样既节省了时间，又显得更为专业。例如：

USA（United States of America）美国

LTB（London Tourist Board）伦敦旅游局

WHO（World Health Organization）世界卫生组织

LHR（London Heathrow Airport）伦敦希思罗机场

QTS（Quality Tourism Service）优质旅游

UFO（Unidentified Flying Object）不明飞行物

UNESCO（United Nations Educational, Scientific and Cultural Organization）联合国教科文组织

B & B（bed and breakfast）住宿加早餐

user id（user identity）用户标识

① 彭萍．实用旅游英语翻译：英汉双向[M]．北京：对外经济贸易大学出版社，2010：81.

campsite（camping site）露营地点

biz（business）商业

2. 旅游英语文体的句法特点

（1）使用祈使句。除了属于宣传类文本，旅游英语文本还属于呼唤类文本，即让读者采取行动，享受服务或者参观景点。因此，旅游英语文体中往往使用祈使句，这样更能增强呼唤的效果。例如：

Take time to wander among Kazan Cathedral' s semi circle of enormous brown columns.

花些时间漫步于喀山大教堂巨大的棕色圆柱所围成的半圆形中。

Don't be surprised if there's an hour-long wait to ascend.

如果等待一小时方可攀登也不要大惊小怪。

Look over your right shoulder. The massive golden dome of St. Isaac' s Cathedral rises above the skyline.

朝右后方看去，圣以撒大教堂巨大的金制圆顶直插云霄。

分析上述几个例子可知，其中都包含有祈使句，如 Take time to...，Don't be...，Look over your right... 这些祈使句的运用主要是为了起强调作用，以加强语气。

（2）使用疑问句。疑问句顾名思义就是提出问题，让读者进行思考。旅游英语文体中也会应用到这种句型，这样才能引发读者的思考，吸引读者的注意力，从而起到宣传的效果。同时，旅游英语文体中的疑问句更像一种人与人之间的谈话，给人一种亲切的感觉，便于与读者相贴近。例如：

Why not discover all three regions of the "Triangle" yourself in a fun-packed week long itinerary?

花上一周时间亲身探索一下"金三角"中的三个地区吧。

上述例子使用 why not 表达疑问的形式，用于表达一种建议，更具有说服力，便于读者接受。

（3）使用复杂句。旅游英语文体中会使用简单句，以便句子更通俗易懂，起到更好的宣传效果。但是，有些旅游英语文本不可避免地会用到一些复杂句子，其中包含一些短语或者从句等。例如：

The shore line is unobtrusively divided into low islands fringed with black lava boulders and overgrown with jungle and the grey-green water slips in between.

河岸线界限不明，划分为座座低矮的小岛，暗绿的河水缓流其间。岛上丛林茂密，大片乌黑的熔岩裸露于四周，天水一线。

上述例子中包含两个 with 引导的从句，属于一个复杂句子，但是这样的表达更能凸显宣传效果。

3. 旅游英语文体的语篇特点

(1)条理清晰固定。旅游英语文体在语篇表达上呈现一定的要求,具体来说就是条理清晰、主次分明。以旅游手册为例,其主要介绍的是旅游景点、交通、住宿、餐饮等信息,是一种描述型、信息型文本,一般由标题、口号与正文构成。

标题部分是对正文的总括,语言上要求简单、清晰,让读者一目了然,即一看就能够了解其内容与特色。因此,旅游英语文本中的标题一般具有概括性与简洁性。一般来说,其标题命名的形式多样,有的以旅游目的地命名,有的以目的地辅以概括性语言来命名,有的则以旅游机构来命名。例如:

Biking & Hiking

骑车游与徒步游

The Solomon Treasured Islands of Melanesia

美拉尼西亚所罗门群岛旅游手册

口号部分类似于广告语,语言要求具有鼓动性,并且要保证言简意赅,将目的地的差异性、旅游设施的特殊性加以展现,因此旅游英语文体的口号一定要保证简洁,便于人们的记忆,同时吸引人的注意力。例如:

A WORLD YOU NEVER KNEW STILL EXISTED

一个你从未听说但存在的地方

The Way Life should be...

生活理应如此……

正文部分是旅游英语手册的重要部分,一般包含几个部分,每一个部分也都有专门的标题,这些标题主要是对目的地及旅游相关事宜的介绍。旅游英语手册的正文一般涉及以下几部分内容。

其一,有关旅游目的地或旅游设施的评价性语言。

其二,旅游目的地或旅游设施的历史简介。

其三,以导游的形式介绍主要景点。

其四,实用细节信息,如地理位置、交通、联系方法、价格等。

其五,规章制度,如禁止拍照、禁止给动物喂食等。

以上的每一部分都有其交际目的,通过一系列的语言特点来实现。

下面通过一个具体的例子来说明。

11 Days, England, France, Italy

Easy Pace London, Paris & Rome

This tour is for the independent traveler who wants to spend time in three of Europe's most renowned capital cities= London, Paris & Rome. A comprehensive half-day sightseeing tour of each city is included to introduce you to the famous sights and attractions, and there is also ample time to explore at your leisure. You will also enjoy the added benefit of travelling by Eurostar—the high-speed train service between London and Paris—and overnight sleeper train from Paris to Rome.

DAY 1—SUN-DEPART USA. Overnight flight to London.

DAY 2—MON-ARRIVE LONDON. After checking in to your hotel, the afternoon is yours to relax or explore this immense metropolis steeped in history and tradition. Spend the evening at an informative meeting and enjoy a Welcome Drink with your Insight local host.

DAY 3—TUE-LONDON SIGHTSEEING. Your first full day includes a sightseeing tour of London's West End. See Westminster Abbey, the Houses of Parliament, Big Ben, then drive past.

Downing Street to Trafalgar Square and Nelson's Column. Finally, witness the Changing of the Guard at Buckingham Palace. Your city tour ends in the heart of the West End where the afternoon is yours to visit the museums, shop in the department stores or see a show at one of London's theatres.

DAY 4—WED-LONDON AT LEISURE. Today is at leisure to further explore London or for sightseeing further afield. Maybe enjoy a half-day tour to Royal Windsor Castle or a full day excursion to Stonehenge and Bath.

DAY 5—THU-LONDON-PARIS. Meet your Tour Director who will escort you to St Pancras Station to take the Eurostar to Paris. After a journey of just two-and-a-half hours, passing through the famous Channel Tunnel en route, arrive in Paris and transfer to your hotel. The afternoon is yours to explore this romantic city. Consider taking an optional tour of the sparkling Paris illuminations at night.

DAY 6—FRI-PARIS SIGHTSEEING. An included sightseeing tour shows you the highlights of the city, including the Eiffel Tower, Arc de Triomphe, Opera House, the immense facades of the Louvre and the captivating 13th century Gothic Notre Dame Cathedral. The afternoon is set aside for you to explore Paris at your own pace. Don't miss the chance to visit one of the world-famous cabaret shows for an evening of excitement and glamour.

DAY 7—SAT-PARIS AT LEISURE. The riches of this great capital are yours to discover today= take the funicular up to the bohemian painters' quarter of Montmartre and to Sacre-Coeur Basilica. Or dedicate the day to the huge collections of the Louvre or a tour to magnificent Versailles. Don't forget to buy last-minute presents and souvenirs in the grand department stores.

DAY 8—SUN-OVERNIGHT TRAIN TO ROME. Another free day in Paris. Why not visit impressionist painter, Claude Monet' s house and gardens? This evening we bid farewell to our Tour Director and depart for Rome on our comfortable overnight train with sleeper compartment.

DAY 9—MON-ROME SIGHTSEEING. On arrival, meet your local Insight host for a guided tour of Rome= see St Peter's Basilica in the Vatican City, the Forum and Colosseum. Then there's time for you to explore Rome at leisure. A must for art lovers are the treasures of the Vatican Museum and the Sistine Chapel.

DAY 10—TUE-ROME AT LEISURE. A day for last-minute shopping and sightseeing.

DAY 11—WED-RETURN TO USA. The tour ends after breakfast.

英国、法国、意大利 11 日游

伦敦、巴黎、罗马轻松游

这条旅游线路是为那些想游览欧洲的伦敦、巴黎和罗马这三大著名都市的自主旅游者设计的。其中包括每座城市半天的观光游，带你参观著名的景点，之后给你充足的自由游时间。你还将搭乘伦敦与巴黎之间的高速列车——欧洲之星，以及从巴黎到罗马之间的夜间卧铺列车。

第一天(星期日): 美国出发，乘坐飞往伦敦的隔夜航班。

第二天(星期一): 到达伦敦。入住酒店。下午休息或自行游览有着丰厚历史和传统积淀的伦敦大都市。晚上有一个信息发布会以及享用当地接待人员为你举办的欢迎酒会。

第三天(星期二): 伦敦观光游。全天游览景点包括伦敦西区、威斯敏斯特教堂、国会大厦、大本钟、唐宁街、特拉法尔加广场、纳尔逊圆柱、白金汉宫卫兵交接班仪式，最后回到伦敦西区的中心地带。下午是自由游览时间，你可以参观博物馆，到百货商场购物，或到伦敦剧院观看演出。

第四天(星期三): 伦敦休闲游。今天是继续自由探索伦敦或到更远的地方观光的时间。你可以用半天的时间游览温莎城堡,或用一整天的时间游览史前巨石阵和巴斯。

第五天(星期四):伦敦—巴黎。与导游会合,到圣潘克拉斯火车站乘坐欧洲之星到巴黎。经过仅仅两个半小时的行程,途中穿越著名的英吉利海峡隧道,到达巴黎,入住酒店。下午自由游览这座浪漫之都。晚上可以考虑观赏巴黎绚烂的夜景。

第六天(星期五):巴黎观光游。游览景点包括埃菲尔铁塔、凯旋门、歌剧院、卢浮宫、巴黎圣母院。下午是自由探索巴黎的时间。晚上不要错过观看世界著名的歌舞表演,为你一天的行程再增加一份魅力和刺激。

第七天(星期六):巴黎休闲游。今天是你发现这座伟大都市丰富宝藏的时候:乘坐缆车到达蒙马特尔,观赏波希米亚画家们的公寓和圣心堂。或者用一整天的时间欣赏卢浮宫的收藏,或游览辉煌壮丽的凡尔赛。不要忘记最后一刻在大百货商场购买礼品和纪念品。

第八天(星期日):乘坐到达罗马的夜间火车。又是在巴黎自由游的时间,为什么不去参观印象派画家克劳德·莫内的住所和花园?晚上我们与导游告别,乘坐舒适的卧铺火车到罗马。

第九天(星期一):罗马观光游。到达后,当地导游接车,带领参观罗马。游览景点包括梵蒂冈的圣彼得教堂、古罗马会议广场和圆形大剧场。然后是自由探索罗马的时间。梵蒂冈博物馆和西斯廷教堂是艺术爱好者的必看之地。

第十天(星期二):罗马休闲游。最后购物和观光的一天。

第十一天(星期三):返回美国。早餐结束后旅游也结束了。

从上述例子很清晰地看出"英国、法国、意大利 11 日游"为这则旅游英语文本的标题,而且每一部分都有一个相对应的标题,表达的是该部分的主要信息,这样可以让读者很清晰地了解与把握。

(2)表达准确具体。旅游英语文体的形式与内容是多种多样的,如旅游指南往往属于描写型的,因此用词较为明白、生动;旅游广告属于召唤型的,语言往往有创意、短小精悍;旅游合同属于契约型的,往往要求用词规范、程式化;旅游行程属于信息型的,用词往往要求简略、明了等。伍峰等人指出:"就整体而言,旅游英语文体具有通俗易懂、短小精悍、生动活泼、信息量大的特点,同时其也具有艺术性、文学性与宣传性。"[①] 很多时候,旅游指南、旅游广告等都是合二为一的,这样使旅游英语文体具有了集合食宿、游览等为一体的特点,起到了很好的宣传效果。例如:

① 伍峰等.应用文体翻译:理论与实践[M].杭州:浙江大学出版社,2008:319.

Hangzhou—Paradise on Earth

The famous Italian traveler Marco Polo was so impressed by the beauty of Hangzhou that he described it as "the most fascinating city in the world where one feels that one is in paradise." In China, there has been a century-old popular saying praising the city: "Suzhou and Hangzhou are two paradises." Hangzhou's fame lies mainly in its picturesque West Lake. As it is beautiful all the year round, the West Lake was compared by Su Dongpo, a celebrated poet of the Song Dynasty, to a beauty "who is always charming in either light or heavy makeup". In Hangzhou, you will not only find the lake a perfect delight to the eye but also find it a joy to stroll along thc busy streets, taste famous Hangzhou dishes and buy some special local products.

The West Lake is bisected by the Su Causeway and the Bai Causeway which look like two green ribbons floating gracefully on the blue waters. In the center of the lake are three isles—Ruangong Isle, Mid-lake Pavilion and Lesser Yingzhou. With ripples on the water's surface and thickly-wooded hills dotted by exquisite pavilions on its four sides, the West Lake is one of China's best known scenic spots.

Hangzhou residents have their way of enjoying the beauty of the West Lake. According to them, "The West Lake looks more delightful on rainy days than on clear days, but it is at its best after darkness has fallen". When you are in Hangzhou, you ought to go and take in the charm of the lake for yourself to see if the comment is tree.

One of China's six ancient capital cities, Hangzhou has a history of more than 2,000 years. It is famous not only for its natural beauty but also for its cultural traditions. Apart from a large number of poems and inscriptions in its praise left behind by scholars and men of letters through the centuries, it also boasts delicious food and pretty handicrafts.

Hangzhou is the home of silk in China. Its silk products come in a great variety, among which its brocade is especially attractive. Hangzhou also specializes in making black paper fans

and sandalwood fans. Other specialties include silk parasols and West Lake Longjing Tea, which is among the top ten produced in China.

In Hangzhou, there are many fine restaurants, serving a wide range of cuisines. Also, there are more than a hundred hotels in the city, able to provide tourists with comfortable accommodation.

Generally speaking, it is advisable for a tourist to have a two-day tour of the West Lake and scenic spots around it. As a tourist, you will find the trip to Hangzhou both pleasant and culturally rewarding.

杭州——人间天堂

意大利著名旅行家马可·波罗曾这样叙述他印象中的杭州:“这是世界上最美妙迷人的城市,它使人觉得自己是在天堂。”在中国,也流传着这样的话:“上有天堂,下有苏杭。”杭州的名气主要在于风景如画的西湖。西湖一年四季都美不胜收,宋代著名诗人苏东坡用“淡妆浓抹总相宜”的诗句来赞誉西湖。在杭州,您可以饱览西湖的秀色,也不妨漫步街头闹市,品尝一下杭州的名菜名点,还可购上几样名特土产。

苏堤和白堤把西湖一分为二,仿佛两条绿色的缎带,飘逸于碧波之上。湖中心有三个小岛:阮公墩、湖心亭和小瀛洲。湖水泛着涟漪,四周山林茂密,点缀着楼台亭阁,杭州人观看西湖有个说法:“晴湖不如雨湖,雨湖不如夜湖。”您在杭州,一定要去领略一下西湖的风韵,看看此说是否有道理。

杭州是中国著名的六大古都之一,已有两千多年的历史。杭州不仅以自然美景闻名于世,而且有着传统文化的魅力。不仅有历代文人墨客的题咏,而且有美味佳肴和漂亮的工艺品。

杭州是中国的“丝绸之府”,丝绸产品品种繁多,其中以织锦尤为引人注目。杭州还生产黑纸扇和檀香扇。其他特产有西湖绸伞和中国十大名茶之一的西湖龙井。

杭州有许多有名的餐馆,供应各邦菜点,还有一百多家旅馆酒店,为游客提供舒适的住宿。

一般来说,游览西湖及其周围景点花上两天时间较为合适。到杭州旅游,既令人愉快,又能得到文化享受。

上例是杭州的一段简介,是典型的旅游英语文本,其中包含了杭州的特色、历史、美食、住宿等,因此可以说这则旅游英语文本不仅包含了很多信息,同时又运用了大量的描述性词汇、短语、句子等,也用到了很多修辞手段,将杭州很好地宣传了出去,使人们愿意去杭州旅游,感受杭州当地的文化。

（二）旅游英语文体翻译的原则

1. 忠实原则

忠实原则是任何翻译活动都必须遵循的基本原则，旅游英语文体翻译同样如此。忠实原则要求译者在翻译时要遵循旅游英语文体的功能和目的，忠实地传达原文信息。

旅游英语文体的目的大多是为了吸引读者的注意，向读者传达信息，因此翻译时必须考虑其在译入语中的功能和目的。汪宝荣（2005）曾指出，外国游客远道而来，吸引他们的不仅仅是花草树木、山河湖泊，更是景点中所蕴含的文化特色。因此，翻译旅游英语文体时在忠实传达实质性信息的同时，要注意旅游英语文体的宣传语气，进而从形与神两个方面做到对原文的忠实。

2. 呼唤性原则

旅游英语文体通常具有下面两大显著功能。

（1）信息功能，能为读者提供尽可能多的关于旅游目的地的各方面信息，如自然、地理、文化、风俗等，这可以帮助旅游者对旅游景点进行全面深入的了解。

（2）呼唤功能，能刺激读者采取旅游行为。呼唤功能是旅游英语文体区别于其他实用文体的最大特点。

刘金龙（2007）指出：旅游宣传资料的主导功能在于其指示功能，它是以读者为中心的，向读者发出“指示”。要保留旅游文本在目的语中的这一功能，译者必须注重传达出其中的“诱导”或“呼唤”的语气，让读者读完译文后真正“有所感、有所悟、有所为”。可见，在旅游英语文体翻译中，译者要重视英汉语言及表现手法方面存在的差异，最大限度地再现原文的“呼唤”语气。

第八章　语用学维度下的翻译

随着语言学与翻译学研究的深入,很多学者开始从语用学角度对翻译展开研究,以开拓新的研究视角,并构建了很多与之相关的语用翻译思想。这些研究对于翻译而言有着巨大的意义,本章就从语用学维度入手分析翻译问题。

第一节　语用学简述

语用学是一门系统性学科,是语言学的一个重要分支,其主要是对语言的运用与理解展开分析。为了能够更好地将语用学理论应用在英语翻译中,就必然需要了解什么是语用学。本节就对语用及语用学的定义展开探讨。

一、语用

语言使用的目的在于交际,是传达思想、交流情感的手段。因此,人们在运用语言时会选择合适的语境、采用不同的语言手段,传达自身所要表达的内容,并维持人际关系。

需要指出的是,要想保证交际的顺利展开,仅依靠基本的词汇、语法是远远不够的,还需要掌握一些非语言知识,如百科、文化背景等。另外,发话者还需要在交际的过程中不断合理调整语言形式与策略。可见,语言交际是一门学问,基本的能力与恰当的策略对于交际的展开是不可或缺的。

在日常交际中,一些信息可以直接被人所理解,一些信息却隐含于语言中。例如:

Teacher: What's the time?

Student: My bike was broken.

上例是教师与学生之间的对话，教师非常生气，因为学生迟到了，学生并没有给予直接的回答，而是说“车子坏了”，言外之意就是说“因为车子坏了，所以才迟到的”。这样的回答已经提供了与教师问话相关的信息，看似答非所问，但是教师转念一想就可以明白。

在交际过程中，语境条件也是影响交际的重要因素，能够体现交际人的能力。在日常交际中，一些话语看似不相关或者关联性较差，但是从语用学角度分析是可行的。例如：

Husband: How about?

Wife: The data has been took away.

通过分析可知，上例中妻子和丈夫有共知的信息，因此丈夫通过两个词就可以让妻子理解。对于外人来说“How about?”仿佛句子没有说完，也不可能理解，但是对于拥有共知信息的妻子来说是非常容易理解的，因此在说话时丈夫省略了后面的内容。

很多时候，尤其是与陌生人展开交际时，语境信息往往表现为客观的环境。这时，交际双方需要根据推理来理解。例如：

Passengers: I want to check my luggage.

Flight attendant: The luggage office is in the west side of the second floor.

表面上看，上例中旅客是向服务员描述一种信息，但仔细分析可知，旅客其实是在向服务员寻求帮助，询问行李处的具体位置，服务员推测出旅客所要表达的意思，给予了旅客具体的位置，使得交际顺利达成。

另外，在日常交际中，很多话语并不是为了传达信息，而仅仅是为了维护人际关系。从语义的角度分析，这些话可能是无意义的，但是从人际交往的角度来说，这些话也是必不可少的。例如：

A: It's fine today, isn't it?

B: Yeah, really fine.

上例是英美人的一种常见的寒暄方式，类似于中国人所说的“吃了吗？”表面上看，两人是在谈论天气，实际上他们并不是关心天气，而只是作为交际的开场白而已，因此这些话并没有什么信息量，但是这样的开启方式有助于搞好人际关系。

总之，上述这些例子在日常生活中非常常见，这些都是语用的范畴，类似的现象也都不是无缘无故产生的，而是与特定的语境有着密切的关系。

二、语用学

对于什么是语用学，不同学者有不同的认识，这里仅列举一些有代表性的学者的观点。

语用学是语言学的一个分支学科，因此其与语言学的其他学科有着密切的关系。著名学者格林（Green，1996）认为，语用学是包含语言学、文化学、人类学、心理学、社会学等在内的一门交叉学科。因此，要想知道什么是语用学，必然需要从不同角度入手分析。

这里再列举学者列文森（Levinson）提出的有代表性的定义，以便帮助读者从中总结语用学关注的普遍问题及其涉及的普遍因素，进而加深对语用学的理解和认识。

（1）语用学探究语言结构中被语法化或被编码的语言与语境之间存在的具体关系。

（2）语用学对语义学理论进行研究，但其中不包含意义的层面。

（3）语用学研究语言理解必需的语言与语境之间的关系。

（4）语用学对语言使用者能否将语句与语境相结合的能力进行探究。

可见，要为语用学下一个准确、全面且统一的定义是很难的。

托马斯指出，语用学研究一方面要考虑发话者，另一方面要考虑听话者，还应考虑话语的作用与影响意义的其他语境因素。简单地说，语用学的研究对象是发话者与听话者之间、话语与语境之间的互动关系。

布莱克莫尔等人（Blakemore et al.，1992）从话语理解的角度对语用学进行界定，认为听话者的语言知识与世界百科知识之间是存在差异性的，这种差异包含了语义学与语用学的差异。

事实上，在什么条件下，发话者会对具有特定意义的某个话语或结果进行分析与选择，在什么条件下，听话者会运用某种技巧或方式对意义进行理解，为何会选择这一方式等，对这些问题的分析都属于语用学的范畴。

三、语用学的宏观与微观内容

（一）宏观语用学理论

宏观语用学是语用学研究过程中的一个重要流派，其研究包含很多与语言运用、语言理解相关的内容。宏观语用学除了研究语言使用语境等内容外，还扩展了非常前卫的视野。从宏观角度来说，语用学翻译研究已经向对比、词汇、语篇、修辞、文学、认知、社会等多个层面拓展。

1. 对比语用学理论

语言之间的比较有着悠久的历史，自从语言研究诞生以来，语言之间的比较就已经存在了。通过对两种语言进行对比研究，能揭示出不同语言在功能、形式、结构等层面的差异性。

随着对比语言学与语用学研究的深入，对比语用学诞生，其研究始于20世纪七八十年代，其研究方法为对比语言学注入了新的活力。在语言学中，对比分析往往侧重语法层面，两种语言可以进行比较，在使用上也可以进行比较，这种使用上的比较即为“对比语用学”。

著名学者陈治安、文旭（1999）指出，语用对比的内容包含如下几点。①

（1）英汉对比语用学的基础理论。

（2）在英汉两种语言中，语用原则运用的对比情况。

（3）在英汉两种语言中，社交用语的对比情况。

（4）在英汉两种语言中，语用环境与语用前提的对比情况。

（5）言语行为的跨文化对比研究。

（6）语用移情的对比差异及在各个领域的具体运用。

（7）英汉思维、文化、翻译中语用策略的运用。

事实上，对比语用学丰富和拓展了跨文化语用学，可以说是跨文化语用学的延伸，其比传统语言学的对比分析更为系统全面。

2. 词汇语用学理论

词汇语用学，顾名思义就是将词汇意义作为研究对象，基于词汇层面并融入语用机制、语境知识等，对词汇意义在使用过程中的机制与规律展开分析和探究。

在国外的语言学研究中，词汇语用学是非常重要的领域，其主要侧重于研究语言运用中的不确定词汇意义的处理问题，其研究的范围也非常广泛。

著名学者陈新仁、冉永平等人认为，在一些固定的语境中，本身明确的词汇意义却由于发话者表达意图的改变而不断进行改变，因此在话语理解时需要进行词汇信息的语用处理与调整，最终确定语用信息。

人们在探究词汇意义时，发现词汇不仅有本身意义的存在，还会涉及多种语用条件因素，它们给予词汇更深层次的意义，这就是所谓的语用意义。这些意义与词汇本身意义存在明显的区别，只有置于一定的语境中，人们才能理解这些深层的语用意义。

冉永平（2005）认为，在交际中，很多词汇及词汇结构传递的信息往

① 陈治安，文旭．关于英汉对比语用学的几点思考[J]．外语与外语教学，1999（11）：5-8.

往不是其字面意义，也与其原型意义有别。[①] 在语言运用中，人们往往会创造与合成新词，或者直接借用其他语言中的词汇。在这一情况下，要想理解话语，就必须借用具体的语境，进而获取该词汇的意义。例如，英语中 operation 本身含义为“劳作”，但是在工业机械中，其意义为“运转”，在医学中，其意义为“手术”，在军队活动中，其意义为“战役”。

另外，对语用信息的加工有两个过程：一是语用充实，二是语用收缩。语言的变异就是基于一定的语境来理解语用充实与收缩。词义的延伸与词义的收缩都可以看成不同的语用认知推理过程，是人们基于一定语境对具体词义进行的扩充与收缩加工，从而明确词汇的含义。这为词汇的翻译提供了重要依据。

3. 语篇语用学理论

语篇语用学是基于语篇语言学发展起来的。随着语篇语言学的发展，人们对语言的研究跳出了对传统语义学、语法学的研究，而是将重心转向了语篇层面的研究。

语篇语言学有着悠久的历史，可以追溯到古典修辞学与文体学研究时期，其不仅对语篇内部所涉及的语言现象进行研究，还对语篇外部的语言现象加以研究，如语言运用的场景条件等，这就使得语篇成为语用学研究的对象。

20 世纪 70 年代初期，一些语用学家将注意力放在语篇的交际功能上，并将语用要素置于语篇描写中，提出语篇描写的目标应该是语用。之后，“语篇语用学” 这一术语诞生。

随着语篇语用学的不断发展，言语行为理论、会话分析理论等都对其产生了较大的作用，尤其是言语行为理论。这是因为，言语行为理论指明语言是用来实施行为的，这都为语篇分析提供了重要依据，因此对语篇语用学影响深远。

著名学者布朗等人（Brown et al.）从语用的角度出发来分析语篇，他们指出语篇分析包含对句法与语义的分析，语篇不是一种产品，而是过程，是对交际行为展开的言语记录形式。

此外，语篇语用学还将研究的重心置于特定语境下的话语意义，及在特定语境下这些话语意义产生的效果，对语言的结构与功能、语篇与交际等展开分析。

① 冉永平 . 词汇语用学及语用充实 [J]. 外语教学与研究，2005（5）：343-350.

4. 修辞语用学理论

随着人们对语言学的深入研究，修辞学也转向跨学科研究，而基于修辞学与语用学两大学科，修辞语用学诞生。就学科渊源上来讲，修辞学与语用学的结合源自古希腊时期，学者亚里士多德就提出了修辞语用模式。

在亚里士多德看来，每个句子都有存在的意义，但并不是所有的句子都是陈述型的，只有能够对真假加以判定的句子才属于陈述型句子。

在修辞领域，有两种修辞翻译观是人们经常研究的，具体分析如下。

第一种认为修辞学是对文字进行修饰与润色的手段，目的在于划分与使用修辞格。这类观点得到了西方学者的重视，并在中世纪占据重要的地位。但是，其也导致了明显的不良后果，即使得传统修辞学走向没落。

第二种认为修辞学是对语言手段展开艺术性选择的一种手段，其侧重于研究词汇与文体、句子与文体等之间的关系问题。这一观点于20世纪六七十年代在我国受到了重视和发展，我国著名的学者王希杰、吕叔湘等都推崇这一观点，并在其研究中取得了显著效果。

将修辞学与语用学相结合恰好是第二种观点的体现。另外，这二者的结合还与哲学有着密切的关系，随着二者不断交融，修辞学与语用学逐渐具有一些相通之处。

（1）修辞学与语用学都将言语交际视作重要的研究内容，即研究方向、研究客体是一致的。具体来说，二者都研究语言在言语交际中的运用情况，并分析为了实现交际，两门学科应该采取的具体策略。

（2）修辞学与语用学在探讨研究对象时，都会将语境囊括进去，即将语境融入二者的研究对象中，以此分析言语交际中出现的具体问题。

当然，除了相通之处，修辞学与语用学也有各自的特点。

（1）修辞学主要研究语言的综合运用情况。

（2）语用学强调语言的具体使用情况，对语言使用进行分析和探究时必定会涉及修辞。

总而言之，修辞学与语用学这两门学科有着相辅相成的关系，二者相互促进、相互借鉴。

5. 文学语用学理论

随着文学与语用学两门学科的不断发展，文学语用学诞生，其是文学与语用学二者的结合。对于"文学语用学"这一术语，最早是由曹格特和帕拉特（Traugott & Pratt）于1980年提出的。1987年，芬兰科学园设立了"文学语用学"研究基地，并专门召开以文学语用学为主题的研讨会，至此文学语用学真正地进入人们的视野，很多学者对其进行了研究，并出版了很多相关的著作与论文。至今,文学语用学的研究仍在继续,而且在不断深入与拓展。

6. 认知语用学理论

从诞生之日起,认知语用学就被视作认知科学的一项重要组成部分。要想了解认知语用学,有必要先来分析认知语言学。

认知语言学这一术语首先出现在 1971 年,其被认作对大脑中语言机制加以研究的学科。目前所提出的认知语言学指的是 20 世纪七八十年代的认知语言学,是一个新兴的语言学流派。

认知语用学是在认知语言学的基础上诞生的,出现于 20 世纪 80 年代中期,是一个新兴的边缘学科。1986 年,以“语言使用的认知”为主题的研讨会在以色列召开,并吸引了很多学者的参与,提出了从认知语用的角度对语言的使用问题加以研究。自此,认知语用学进入大众的视野。

那么,如何定义认知语用学呢? 目前,对于认知语用学的定义还不统一,但是人们也不能否认其存在。例如,言语行为、指示语等语用现象的交际意义超越了语言的编码信息,这就是通过认知心理而产生的意义,这样的信息处理过程其实本身也属于认知过程。因此,有学者将认知语用学定义为:一门超符号学,即研究符号与交际意图在历时过程中逐渐固定化的关系。对于这样的定义,自然有其道理,但是这样的概括在其他学者看来又过于简单,而且也未触及认知语用学的本质。之后,格赖斯、斯波伯、威尔逊等人也指出,语用学存在认知基础,对超句子信息的处理与研究意义重大。

在方法论、研究目的等层面,认知语用学也具有心理语言学的特点,尤其对于交际双方如何进行语言生成与理解给予了特别关注。认知科学是对感知、注意力、语言等认知现象的交叉研究,强调对信息的组织、处理与传递等的研究。认知语言学建立在体验哲学观的基础上,因此其包含的认知语用学也具有一定的哲学基础,即认知的无意识性、心智的体验性与思维的隐喻性。

另外,认知语用学近些年的研究成果也体现出,语言运用是由交际双方的相互假设与推理、特定语境的了解程度、关于语言运用的认知语境假设等决定的。不管是语言现象,还是非言语现象等的运用,都是非常重要的认知现象。例如,关联论就是一种交际与话语理解的认知理论,其将理解视作需要推导的心理学问题,并受到单一认知原则的制约。在西方语用学者眼中,关联论是认知语用学的基本理论框架,并且为认知语用学的进步带来了生机。

7. 社会语用学理论

20世纪上半叶，语言本体是语言学研究的主要对象，但是其忽视了语言运用与语言理论运用的研究。随着社会语言学、心理语言学、语用学等学科的逐渐兴起，语言学开始研究言语规律、言语机制。社会语用学就是在这样的背景下诞生的，其融入了语用学、社会语言学、修辞学等成果，对言语规律、语言运用加以关注，并采用社会学、语用学的理论与社会实际对语言现象加以研究。社会语用学揭示出社会因素对言语过程的影响，其范围也非常广泛，涉及人际交往、新闻传播、社会命名等。

社会语用学的基本出发点在于将语言视作一种社会现象，而语言的根本属性之一就是社会性，语言随着社会的发展而产生与发展，并随着社会生活的改变而不断演变。

社会语用学对社会情景变体非常注重。学者利奇将语用语言学与社会语言学做了区分。语用语言学主要强调某一语言所提供的以言行事的具体材料，后者强调在具体社会条件下，语言运用及言语行为发生的变化。从侧面来说，社会语用学是语用学对社会学的研究，其研究语言的社会性本质，对语言结构、语言运用予以密切关注，并分析社会因素对语言产生的制约与影响作用。在研究方法的运用上，社会语用学基于传统定性研究，将定量分析与定性分析相结合，这种做法是对语言研究方法的改进，对语言研究而言意义重大。

总体来说，社会语用学的主要任务在于帮助人成为好的语言运用者。在道德层面，社会语用学更强调使用者应该注意自己的言行，提升自我意识，构建和谐的语言运用环境。

（二）微观语用学理论

除了宏观语用学，微观语用学也是语用学研究的一个重要层面。微观语用学主要涉及语境、预设、指示语、言语行为、会话含义、礼貌原则、关联理论、顺应理论等内容。

1. 语境理论

语言的运用与语境有着密切的关系。马林诺夫斯基（1923）认为，要想理解发话者的意思，就必须将话语与语境相结合。从马林诺夫斯基的观点中可知，语境对于语言理解非常重要。

弗斯（Firth，1957）对马林诺夫斯基的观点进行了继承与发展，并提出自己的语境思想。在弗斯看来，语言与语境间、上下文间都存在着必然的联系，这就是上下文语境与情景语境。除此之外，语境还包括语用人的言语活动特征、语用人特征等。[①] 当然,除了交际双方共有的语用知识,语境还涉及语用人的地位、作用,语言发生的时间与空间,与语言活动相适应的话题等。

基于弗斯的观点,莱昂斯(1977)提出,话题对于方言的选择、交际媒介的恰当有着至关重要的作用。[②]

韩礼德认为,语言会随着语境而不断发生改变,韩礼德对于语言与社会的关系非常重视,认为语境属于一种符号结构,是文化符号系统意义相聚而成的。这种观点呈现了语境的动态特征。同时,韩礼德还认为语境这一符号结构包含以下三个层面。

(1)语场,即发话者运用语言描述整个事件,是有意识的语言活动,也是话题的呈现。这也表明,交际双方处于不同的语境,他们谈论的话题也必然不同。语场对交际的性质、话语范围起着决定性的作用,同时影响着词汇与话语结构的选择。另外,语场也指引着话语的发展情况,语言不同,话语形式也必然不同。

(2)语旨,即语言交际双方在交际中或在社会语境下所扮演的角色,以及彼此之间的角色关系。当然,这些关系与人际功能呈现对应情况,并通过语气系统加以体现。对于交际对象,语旨是非常看重的,即如何向对方传达自身的所见所闻。

(3)语式,即语言在情境中的功能与组织形式,包含上文提到的交际双方的地位与交际关系,以及交际者的发话目的。语式对于话语的衔接与主谓结构是非常注重的。

除了西方学者,我国学者对语境也进行了研究。《辞海》(1989)中指出,语境即交际双方所面对的现实情境,也可以称为交际的场合。[③]

我国学者郑诗鼎(1997)提出,就语言学的角度来说,语境可以划分为两类:一种为社会语境,一种为言辞语境;从社会学角度来说,语境也可以划分为两类:一种为主观语境,一种为客观语境。[④]

学者张志公(1982)认为,交际双方的场合及前言后语是对语义产生直接、现实影响的语言环境。从大的层面说,语境可以指代一个时代、一个社会的性质与特点;从小的层面说,语境可以指代某个个体的文化认知、生活经验等。

---

① Firth, J. R. *Papers in Linguistics 1934—1951*[M]. London: Oxford University, 1957: 12.

② Lyons, J. *Semantics*[M]. Cambridge: Cambridge University Press, 1977: 574.

③ 《辞海》编辑委员会 . 辞海 [M]. 上海: 上海辞书出版社, 1989: 1037.

④ 郑诗鼎 . 语境与文学翻译 [M]. 重庆: 西南师范大学出版社, 1997: 7.

笔者认为,语境可以概括为以下三个含义。

第一,语境指语言产生的环境,可以是内环境,也可以是外环境。

第二,语境指从特定语境抽象来的能够影响交际双方的各种相关的要素。

第三,语境指交际双方所共同存在的交际背景,可能是共同的知识,可能是共同的文化等。

分析了什么是语境,下面重点探讨语境的划分,因为这是认识语境本质的关键层面。从宏观角度来说,语境可以划分为如下6种,如图8-1所示。

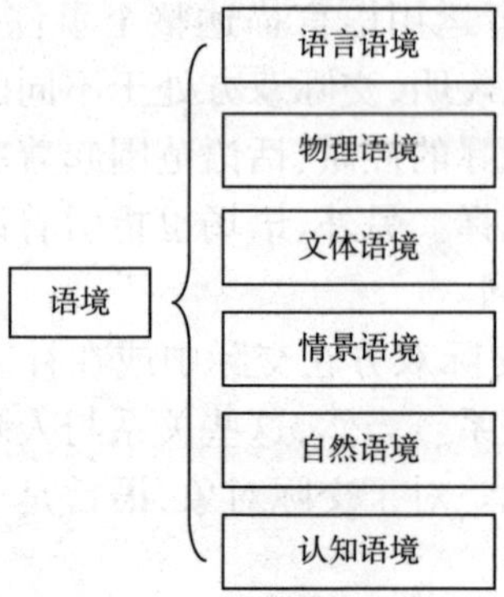

图8-1 语境的划分

(资料来源:熊学亮,2008)

(1)语言语境。所谓语言语境,主要涉及词语搭配、前言后语及由此构成的长期记忆与短期记忆、关键词与话语出发的知识等。例如:

(语境:A递给B一把螺丝刀,并指向洗衣机的后盖)

Open the washing machine!

在这里,open的意思是打开洗衣机的后盖,当然这显然是通过前面的语境获得的,可能A对B就已经说过了:

The washing machine is making a loud rattling sound.

正是由于这一语境前提,B很容易理解用螺丝刀去打开后盖来检查一下,也明确了open的范围。

在所有的语言语境中,上下文语境是最为常见的一种,使用范围非常广泛,即通过上文,就可以获知下文信息的意义。对于这种语境,主要包含短语语境、句子语境、段落语境、语篇语境。除此之外,还有一种最小的语言语境,就是搭配语境,其有助于落实字词的含义并将这些字词含义做具体化处理。例如:

这是一件浪漫而痛苦的事情。

她是一个漂亮而聪明的女孩。

对于这两句话，“而”的运用意思不同，前者“而”的前后词是矛盾的，后者“而”的前后词是并列的，因此在翻译时应该多加注意。

（2）物理语境。物理语境属于一种语言系统外的因素，即在进行语言交际时，处于交际双方之外的，但是对交际双方的交际话语产生重要影响的一种语境，如交际场所、交际时的天气、空气中的气味、交际双方的身体情况等。例如：

（语境：A 与 B 在卧室一边看电视一边聊天）

A_1：《越狱》与《吉尔摩女孩》哪一个更好看？

A_2：我喜欢看《越狱》，因为每一集的结尾都会给人留下悬念，让人难以释怀。

B_1：好像排到第二集或第三集就比较拖沓了。我比较喜欢《吉尔摩女孩》，是说单亲母女的事情，很注重细节，也很有人情味。

B_2：那我有空……我现在要出去一下。

通过分析这段话，B_2 显然是被某些情况干扰了，如图 8-2 所示。

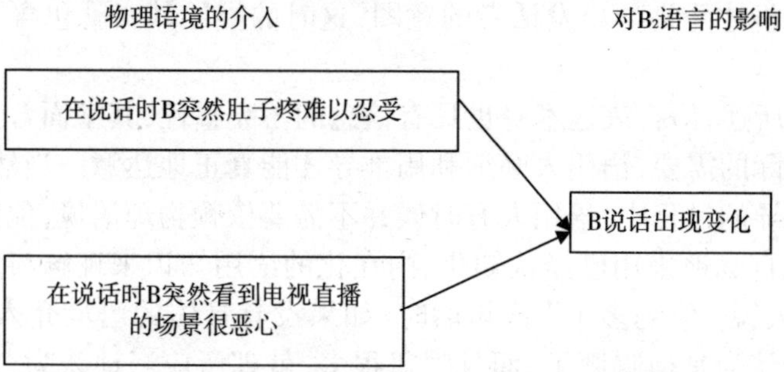

图 8-2　物理语境介入的情况示例

（资料来源：熊学亮，2008）

换句话说，物理语境会对发话内容、发话方式、他人理解产生影响。

（3）文体语境。文体语境主要从不同的语境角度对文体加以判断。具体来说，文体语境主要表现为以下三个层面。

第一，力求对语境进行详细、全面的介绍。

第二，在语境中凸显最主要的部分。

第三，采用折中手段。

（4）情景语境。所谓情景语境，是指在交际行为发生过程中的实际语境，具体包含如下几种：交际行为发生的时间、交际行为发生的地点、交际行为发生的范围、交际行为发生的正式程度、交际双方的具体风格。

（5）自然语境。交际行为的发生必然与自然环境密切相关，自然语境就是对这类环境的总称，具体包含如下三项内容：受自然风貌的影响形成的自然环境、受时令变化影响形成的自然环境、在交际时呈现的具体实物而形成的自然环境。

（6）认知语境。所谓认知语境，指语用人在知识结构中构建的知识单位、知识单位间的衔接习惯、知识单位衔接的逻辑方式。[①]在对话语信息进行处理时，话语中相关词语会从语用人固有的知识结构或认知语境中，将相关的记忆内容进行激活，从而提升对信息加以处理的效度，并得出与语用人话语相关的解释。

在日常话语中，对话语的运用与理解所包含的已经系统化、结构化的百科知识就属于认知语境的内涵，或者语用人已经认知化、内在化于头脑中的关系典型与概念典型。基于这些典型与认知，语用人在对这些信息进行处理时，就是先对语言符号的字面含义加以充实，然后从认知层面对其进行补充。换句话说，交际双方在交际过程中，话语的生成往往会受到经济原则的影响与制约，发话者产生的话语也并不是完整的。很多时候，交际中的话语信息会超越其字面意义，是一种超载信息，并且需要受话人经过分析才能推导出发话者的意图，这时的推导其实就包含了认知的性质。

如前所述，语言表达本身也具有信息的不完整性，其字面含义一般很难满足交际的需要，语用人必须利用推导才能真正地达意。当然，在对话语进行推导的过程中，语用人有时候并不需要依赖物理语境，他们可以自觉或者不自觉地采用已经认知化、内在化的语用知识来理解与解释。例如，当有人说“他喝多了”这句话时，如果没有具体的语境介入，那么一般人都会认为是他喝酒了，而且喝得很多，就理所应当地认为“喝”就是喝酒。

但是，当有具体的语境介入时，这种内化的常理解释往往会被推翻，如可以说：“他又喝多了，只见他总是跑洗手间。”这样的介入就可以将“喝”理解为喝水。

认知语境中的常规语用知识就是人们储存的知识状态。当人的大脑输入信息之后，那些有用的信息会被储存下来，但是这些储存往往会经过整理，并不是杂乱破碎的，而图式性的信息处理就是将知识系统化、结构化的过程。换句话说，知识的存储是以框架、脚本、草案、图式、表征等状态存储的，在语言运用的时候，这些知识就会被激活，从而让人们有效选择使用。

① 熊学亮．简明语用学教程[M]．上海：复旦大学出版社，2008：19.

当知识被激活并投入使用时，一般会采用两种方法：话语中的有关词语仅对固有知识的某一部分进行激活，但是通过这一部分，语用人可以激活其他部分，进而推导出整个知识所包含的信息；如果话语中的有关词语激活的固有知识不只是一个，甚至两个以上，那么这些知识需要逻辑连接而成，而连接的方式往往先连接近的，再连接较为远的。请看下面的几段对话。

A：Why didn't drive to work today?

B：I can't find my keys.

分析上述对话，“车”的知识使整个对话连贯起来。在“车”的图式中“方向盘”“座椅”“钥匙”都是其必备的部分，钥匙是点火的必需品。因此，B 说找不到钥匙，那么 A 就很容易理解这个钥匙就是所谓的车的钥匙，而不是房子的钥匙或者办公室的钥匙等。因此，车的钥匙就说明了 A 与 B 具备了同一认知框架。再如：

A：I sprained my wrist.

B：Let's go to the hospital just now.

在这个对话中，“手腕扭伤”与“医院”将整个框架激活。为什么 A 说手腕扭伤，B 的回答是去医院呢？显然，这是最常见的处理方式，也是根据人的经验逻辑自然形成的，并且这两个连贯具有相邻性的特征，很容易被人联系起来。又如：

A：I sprained my wrist.

B：Let's go to the cinema just now.

初看，上述对话并无关联，甚至说关联认知较远，这时就需要更多的语境介入，如 B 知道 A 喜欢看电影，因此 B 的提议可以让 A 减轻手腕疼痛的不痛快，是对 A 的一种安慰之情。这样，两个不相干的话语就贯穿起来了。

除此之外，笔者认为语境可从两个方面来理解，如图 8-3 所示。

从图 8-3 中可知，交际语境的内容比较复杂，而且是动态性的，因此语用人需要用动态的眼光来理解与处理语境。

2. 指示语理论

在语用学研究中，指示现象的研究是比较早的，主要研究的是如何采用语言形式对语境特征进行表达，以及如何依靠语境对话语进行分析。对于指示语进行分析和探讨，有助于交际双方更好地开展交际。

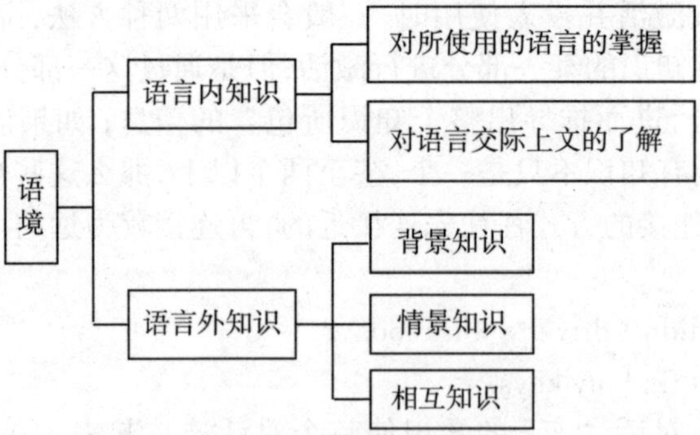

图 8-3 语境的内涵

（资料来源：曾文雄，2007）

指示语，英文为 deixis，指运用语言来指点与标识，对指示语进行研究，能够确定交际信息与所指示的对象，便于交际。当然，要想理解语言，就必然需要依靠语境，而指示语能够通过语言结构，将语言与语境间存在的必然关系体现出来。基于这一点，很多人认为语用学研究就是指示语的研究。可见，指示语研究有着十分重要的意义。

指示语与人们的生活密切相关。著名学者哲学家巴尔－希列尔（Bar-Hillel，1954）曾指出，在自然语言中，指示语是固有的，是不可避免的特征。人们在日常交际中，必然都包含各种指示语信息，明确了具体的所指，那么话语含义也就清晰了很多。[①] 例如：

Lily has put it there.

在上述句子中，Lily，it，there 是明显的三个指示语，要想明白这句话，就必须弄清这三个词，即 Lily 是谁，it 是什么，there 是在哪里。

可以看出，如果日常交际中，交际双方不明确这些指示信息，必然对交际产生负面效应。

弄清楚了指示语的内涵，下面重点来论述指示语的主要类别及各自的功能。指示语主要可以划分为五大类，如图 8-4 所示。

（1）人称指示语。人称指示语即指语言交际者、参与者之间的关系。很多人将人称代词等同于人称指示语，这是不全面的，因为在很多时候，语法意义上的人称代词并不需要与语境相关联。

---

① 何自然，冉永平．新编语用学概论[M]．北京：北京大学出版社，2009：31.

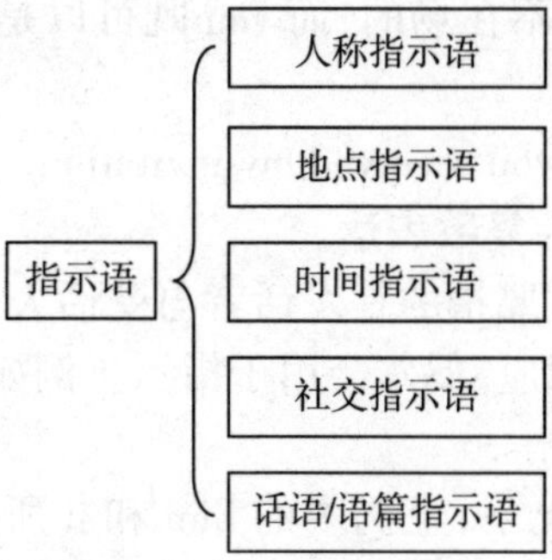

图 8-4　指示语的划分

（资料来源：冉永平，2006）

一般来说，人称指示语可以划分为三类，如图 8-5 所示。

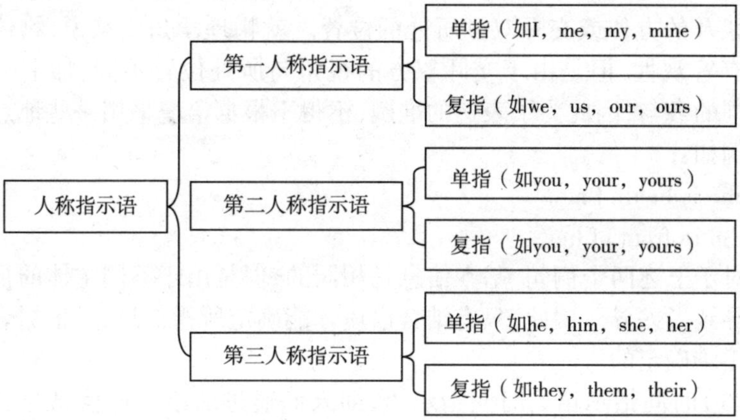

图 8-5　人称指示语的划分

（资料来源：冉永平，2006）

在语用学研究中，第一人称指示语有着重要意义，看起来是非常简单的，实则非常复杂。一般来说，第一人称指示语主要指的是发话者，可以单指，也可以复指。但需要注意的是，有些第一人称从形式上是单数或者复数，但是从语用角度上说，可能表达的并非仅仅是字面的意义。例如：

What are we supposed to do?

这句话在日常交际中非常常见，很多人也认为 we 是复数形式，但是在不同的语境中，其语用意义是不同的。例如，如果这是班长代表全班对授课教师提出的作业意见，那么 we 就是不包含授课教师的其他人；如果这是一位母亲对弄脏衣服的孩子说的话，那么 we 仅代表孩子。

第二人称指示语的中心在于受话人。第二人称指示语的交谈对象可以是在场的，也可以是不在场的，而 you 既可以是单数表达，也可以是复数表达。例如：

I'm glad that all of you received my invitation.

上例中，you 显然为复数表达。

第三人称指示语主要指的是发话者与受话人外的其他人。第三人称代词常用于泛指或者照应，偶尔会用于指示。例如：

Let him have it, Chris.

在没有语境的情况下，上例中的 him 和 it 所指代的对象不能确定。him 可能指 Bob，John 或者其他人，it 也可能指一台照相机、一块巧克力等，而话语意思也就随着指代对象的变化而改变。

（2）地点指示语。地点指示又可以被称为“空间指示”，指的是人们通过话语传递信息与实施言语行为的位置或地点。地点指示信息源于话语中谈及的方位或交际双方所处的位置。就物理学角度来说，物体的方位具有客观性，但是由于交际双方的视角与所处位置不同，加上一些动态动词的参与，因此为了表达的准确，不得不根据语境采用一些地点指示语。例如：

She is behind me.

I'm in front of her.

对于上述两个例句，基本信息是相同的，但是由于不同主体的视角不同而导致了差异。因此，只有结合语境才能确定所指信息，只根据表面意思是很难确定的。

（3）时间指示语。时间指示语，即人们通过话语传递信息与实施言语行为的时间关系，其往往将发话者的话语时间作为参照。英语中的 now, tomorrow 等都属于时间指示语。但是由于语境条件不同，发话者运用时间指示语表达的指示信息也必然不同。要想准确理解时间指示语的内容，需要将多个层面的因素考虑进去。受话人也需要从发话者运用时间指示语的类别、动词时态上加以理解与确定。例如：

Now it's 9: 30 by my watch.

I'm free now.

对上述两句话中 now 进行分析可知，二者的意义不同，第一个句子采用了固定含义“现在的时刻”，而第二个句子则指的是更大的范围，如这个月、这个假期等。

当然，为了更好地对时间指示语进行了解，对于历法时间单位和非历法时间单位的区分显得非常必要，如表 8-1 所示。

表 8-1　历法时间单位和非历法时间单位比较表

单位名称 / 比较项目	历法时间单位	非历法时间单位
定义	在固定的历算系统中,按一定的规则所划分的年、月、日、星期等时间单位。	一定进位制系统中的时间单位,可按照相应的进位制规则加减。
特点	每一单位都有固定的称呼,表特定时间段。 大时间段由一定数量的特定小时间段组成。 起点和终点约定俗成,不可随意改变。	每一单位没有固定称呼,只表示相应的长度。 大时间长度由小时间长度累加而成。 起点和终点不固定,可任意选择。
表达方式	专有名词或普通名词	普通名词
例词	Year 2013, July, summer, September, Thursday, morning	5 years, 4 seasons, 1 day, 5 months, 8 weeks

(资料来源:李捷、何自然、霍永寿,2010)

通过分析表 8-1 可知, year 既可以指代历法时间单位"年份",也可以指代非立法时间单位"年", month 与 day 等也是如此。

(4)社交指示语。所谓社交指示语,指在人际交往中,与人际关系有着密切联系的词语和结构。社交指示语的运用在于对发话者与听话者的关系进行改变与调节,对发话者与第三者间的关系进行改变与调节。社交指示语可以通过词缀、称呼等途径加以实现。例如,表 8-2 就是称呼语用于社会指示的例子。

表 8-2　用于社会指示的称呼语

称呼语类型	相关例词
名词的不同表达	e.g. James, Bond, James Bond, etc.
职业等级	e.g. Colonel, etc.
头衔+名字	e.g. Professor White, Doctor Li, President Clinton, etc.
职业名称	e.g. Doctor, teacher, architect, etc.
亲属名称	e.g. uncle, sister, aunt, grandfather, etc.

(资料来源:李捷、何自然、霍永寿,2010)

这些称呼所发挥的社会指示功能不同。例如, sir, madam 等泛化称呼可以表达出发话者对对方的尊重; Mr. +姓氏等类型的称呼能够表达出对方的社会地位较高。

(5)话语/语篇指示语。话语/语篇指示语指在说话或写作中发话者与写作者选择恰当结构与词语对某些知识信息加以传递。由于交际必然与时间、地点等相关,因此话语指示语与时间指示信息、地点指示信息等也有着密切的关系,如 the next... 与 the last... 等。

在不同的语境中,话语/语篇指示语可能是前指关系的话语指示语,也可能是后指关系的话语指示语。例如:

综上所述,养鸟是对鸟的一种爱护,而不是伤害。

The following is from the received Robert Stevenson Production of Jane Eyre for Fox.

上述两句话中,"综上所述"就是一个前指关系的话语指示语,the following 为一个后指关系的话语指示语。

3. 会话含义理论

要想了解会话含义,首先需要弄清楚什么是含义。从狭义上说,有人认为含义就是"会话含义",但是从广义角度上说,含义是各种隐含意义的总称。含义分为规约含义与会话含义(图 8-6)。格赖斯认为,规约含义是对话语含义与某一特定结构间关系进行的强调,其往往基于话语的推导特性产生。

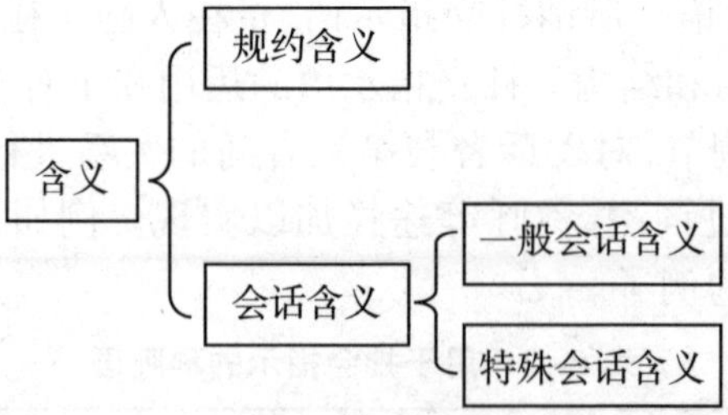

图 8-6　含义的划分

(资料来源:姜望琪,2003)

会话含义主要包含一般会话含义与特殊会话含义两类。前者指发话者在对合作原则某项准则遵守的基础上,其话语中所隐含的某一意义。例如:

(语境:A 和 B 是同学,正商量出去购物。)

A: I am out of money.

B: There is an ATM over there.

在 A 与 B 的对话中,A 提到自己没钱,而 B 回答取款机的地址,表面上看没有关系,但是从语境角度来考量,可以判定出 B 的意思是让 A 去取款机取钱。

特殊会话含义指在交际过程中,交际一方明显或者有意对合作原则中的某项原则进行违背,从而让对方自己推导出具体的含义。因此,这就要求对方有一定的语用基础。

提到会话含义,就必然提到合作原则,其是对会话含义的最好解释。合作原则包括下面四条准则。

其一,量准则,指在交际中,发话者所提供的信息应该与交际所需相符,不多不少。

其二,质准则,指保证话语的真实性。

其三,关系准则,指发话者所提供的信息必须与交际内容相关。

其四,方式准则,指发话者所讲的话要清楚明白。

4. 言语行为理论

奥斯汀(Austin)的言语行为理论首次将语言研究从传统的句法研究层面分离开来。奥斯汀从语言实际情况出发,分析语言的真正意义。言语行为理论主要是为了回答语言是如何用之于“行”,而不是用之于“指”的问题,体现了“言”则“行”的语言观。奥斯汀首先对两类话语进行了区分:表述句(言有所述)和施为句(言有所为)。在之后的研究中,奥斯汀发现两种分类有些不成熟,还不够完善,并且缺乏可以区别两类话语的语言特征。于是,奥斯汀提出了“言语行为三分说”,即一个人在说话时,在很多情况下会同时实施三种行为:以言指事行为、以言行事行为和以言成事行为。

首先,表述句和施为句。

其一,表述句。以言指事,判断句子是真还是假,这是表述句的目的。通常,表述句是用于陈述、报道或者描述某个事件或者事物的。例如:

桂林山水甲天下。

He plays basketball every Sunday.

以上两个例子中,第一个是描述某个事物的话语;第二个是报道某一事件的话语。两个句子都表达了一个或真或假的命题。

换句话说,不论它们所表达的意思是真还是假,它们所表达的命题均存在。但是,在特定语境中,表述句可能被认为是“隐性施为句”。

其二,施为句。以言行事是施为句的目的。判断句子的真假并不是施为句表达的重点。施为句可以分为显性施为句和隐性施为句。其中,显性施为句指含有施为动词的语句,而隐性施为句则指不含有施为动词的语句。例如:

I promise I'll pay you in five days.

I'll pay you in five days.

这两个句子均属于承诺句。它们的不同点是：第一个句子通过动词 promise 实现了显性承诺，而第二个句子在缺少显性施为动词的情况下实施了“隐性承诺”。

总结来说，施为句主要有如下几个特点。

第一，主语是发话者。

第二，谓语用一般现在时第一人称单数。

第三，说话过程非言语行为的实施。

第四，句子为肯定句式。

隐性施为句的上述特征并不明显，但能通过添加显性特征内容进行验证。例如：

学院成立庆典现在正式开始！

通过添加显性施为动词，可以转换成显性施为句：

（我）（宣布）学院成立庆典现在正式开始！

通常，显性与隐性施为句所实施的行为与效果是相同的。

其次，言语行为三分法。奥斯汀对于表述句与施为句区分的不严格以及其个人兴趣的扩展，很难坚持“施事话语”和“表述话语”之间的严格区分，于是提出了言语行为的三分说：以言指事行为、以言行事行为和以言成事行为。“话语”这一行为本身即以言指事行为。“话语”时实际实施的行为即以言行事行为。“话语”所产生的后果或者取得的效果即以言成事行为。换句话说，发话者通过言语的表达，流露出真实的交际意图，一旦其真实意图被领会，就可能带来某种变化或者效果、影响等。

言语行为的特点是发话者通过说某句话或多句话，执行某个或多个行为，如陈述、道歉、命令、建议、提问和祝贺等行为。并且，这些行为的实现还可能给听者带来一些后果。因此，奥斯汀指出，发话者在说任何一句话的同时应完成三种行为：以言指事行为、以言行事行为和以言成事行为。例如：

我保证星期六带你去博物馆。

发话者发出“我保证星期六带你去博物馆”这一语言行为本身就是以言指事行为。以言指事本身并不构成言语交际，而是在实施以言指事行为的同时包含了以言行事行为，即许下了一个诺言“保证”，甚至是以言成事行为，因为听话者相信发话者会兑现诺言，促使话语交际活动的成功。

5. 模因理论

1976 年，牛津大学动物学家理查德·道金斯（Richard Dawkins）在

The Selfish Gene（《自私的基因》）一书中首次提出了 meme（模因）这一术语。该书认为，生物进化的基本单位是基因。生命的祖先是复制基因（replicator）。复制基因之间通过竞争获得生存，而生物体仅是因传承与繁衍自身的"生存机器"，基因唯一的兴趣就是复制自己。生物的进化是由基因决定的。推动生物进化进程的就是复制基因。道金斯（Dawkins）指出，文化在进化的过程中也产生了一种类似基因在生物进化过程中发挥作用的复制因子，这就是"模因"。"模因"是文化传播的单位。理查德·道金斯提出，模因有很多类型，如观念、服饰时尚、宣传口号、建造房子的方式等。就像基因库中繁殖的基因，借助精子或者卵子，从一个身体跳到另一个身体以实现传播、复制；模因库中的模因，其繁衍是通过模仿的过程发生的，其将自己从一个头脑中传到另一个头脑中。之后，理查德·道金斯认为在大脑、书本、计算机等媒介中互相传播的信息均是模因。

之后，模因的基本理论始终被研究者研究和阐述着，对其做出一定贡献的是布莱克摩尔（Blackmore）。布莱克摩尔指出，模因是通过模仿进行传递的，而模仿能力是人类特有的。从广义上说，模仿就是从一个大脑传到另一个大脑的方式。模仿涉及观念与行为以任何一种方式向另一个人的传递过程，其具体包括教育、学习、讲述、演示、传播、告诉、阅读等方式。模因的载体可能是人类的大脑，也可能是建筑、书本等。布莱克摩尔指出，任何一个信息，只要它可以通过我们广义上的"模仿"过程而得以复制，那么就能算成一个模因。

布莱克摩尔强调，作为一个复制因素，模因可以支持以变异、选择和保持为基础的进化的规则系统。她认为可以利用达尔文的通过自然选择而进化的理论分析文化进化的规律。但她与理查德·道金斯一样，不同意社会生物学和进化心理学的学者在对人类行为进化基础研究中的做法：对文化进化机制的阐述，最终还是回到生物进化的意义上解释文化进化的内在动力。理查德·道金斯与布莱克摩尔指出，要考虑用另一种独立存在的复制因子说明文化的进化。

在复制过程中，模因会出现变异，其方式有变形、合并、分裂、传递过程中的误差等，对变异之后的文化单位的自然选择或人为选择及其保持促进了文化的进化。模因与模因之间相互合并而形成大的模因组合更容易得到共同复制与传递，这种模因组合可以称为"协作模因""复制模因"。

道金斯认为，达尔文的"适者生存"的观点，其实就是"稳定者生存"。成功地复制基因也就是稳定的基因，它们或者本身存在的时间较长，或者可以寻机进行自我复制，或者它们精确无误地进行复制。如同成功地复制基因一样，成功的模因有着保真性、多产性、长寿性的特征。保真性即模因在复制过程中通常会保留原有模因的精要，而不是毫无变化。一种科学观念从一个人的头脑传到另一个人的头脑，多少会发生一些变化，但仍然保留着原有科学观念的精髓。多产性即模因的传播速度快和传播的范围广。长寿性即模因在模因库中存留很久，也就是说其可以在纸上或者人们的头脑中流传很长时间。

道金斯对模因概念进行了详细的解释，在整个学术界产生了深远影响，随后也受到了诸多学者的赞同和进一步发展，如布莱克摩尔、Brodie（1996）、林奇（Lynch，1991）和 Heylighen（1998）。学者们在对道金斯的观点给予肯定的基础上，进一步展开了研究与探讨，并且初步建立了文化进化理论。美国哲学家丹尼尔・丹尼特（Daniel Dennet，1991；1995）也非常赞同模因的观点，并在《意识的阐释》《达尔文的危险观念》等著作中应用模因理论对心灵进化的机制进行了阐释。另外，还有一些学者将模因理论用于解释一些文化现象的进化及相关问题上，如大脑、意识、科学、知识、音乐、语言、婚姻、道德、电子邮件病毒等。如今，"模因"一词已经得到了广泛的传播。该词还被收入《牛津英语词典》和《韦氏词典》中。在《牛津英语词典中》，模因即"文化的基本单位，通过非遗传的方式，尤其是模仿而得到传播"；《韦氏词典》将模因解释为"在文化领域内人与人之间相互散播开来的思想、行为、格调或者语用习惯"。

（1）语言模因论。语言与模因既有联系，又有区别。语言存在于模因中，反过来，模因也可以催动语言的发展，并且依靠语言得以复制和传播。只要通过模仿得到复制与传播，语言中的所有字、词、短语、句、段落甚至话语，均可以成为模因。例如，"哥""雷""杯具""草根""超女""蜗居"等词语看似很普通，实际上都是活跃的模因，有着很强的复制能力，通过其复制出的模因数不胜数。

再如，斯宾塞・约翰逊（Spencer Johnson）所著的 *Who Moved My Cheese?*（《谁动了我的奶酪》）出版后很快成为畅销书。其书名也迅速家喻户晓，成为人们纷纷模仿的对象，于是派生出了大量的语言模因。请看下面几个句子。

Who moved my job?

Who moved my money?

谁动了我的幸福？（电影名）

谁动了我的琴弦？（流行歌曲名）

上述四个句子均模仿了书名 Who Moved My Cheese? 可见，通过模仿与传播，这本书的名字成了一个活跃的模因。

（2）强势模因与弱势模因。同基因一样，模因也遵从着“适者生存”的自然法则。各种模因都会为了生存而展开激烈的斗争，其中那些适应自己的生产环境，在保真度、多产性和长寿性三个方面表现值都很高的情况下就会形成强势模因。例如：

牛奶香浓，丝般感受。（德芙巧克力广告）

大家好，才是真的好。（广州好迪广告）

在上述两个例子中，第一个运用了明喻修辞，将巧克力比作看似不相关的牛奶和丝绸，给消费者带来了味觉和触觉上的想象，让人无法抵挡住诱惑，促使购买行为的发生。另外，其运用了汉语中的四字短语形式，易于传播与模仿，属于典型的强势模因。第二个例子迎合了中国人传统的集体主义思想，并且通俗易懂，读起来朗朗上口，于是成了大家争相模仿的对象，成为活跃的强势模因。

与强势模因对应的是弱势模因。随着环境的变化，一些活跃不起来的模因就会逐渐消失。它们被替代或使用范围缩小，被局限在某些固定的领域，于是就形成了弱势模因。例如，instant noodles 和 chewing gum 的译文“公仔面”“香口胶”的使用范围就已经缩小，仅在港台地区使用，在普通话中已经被“方便面”“口香糖”替代。

第二节　语用与翻译研究的融合

对于语用与翻译研究的融合，有必要从根源来探究，即语言学与翻译学的关系。下面首先分析语言学与翻译研究的融合，进而探讨语用与翻译研究的产生。

一、语言学与翻译研究的融合

从中外翻译理论的发展可以看出，中外很多翻译家对翻译理论展开了多层面的分析和研究，并划分了多种流派，这里仅从划分的视角展开分析。

美国著名理论家尤金·A·奈达（Eugene A. Nida）将翻译理论划分为语文学派、语言学派、交际学派、社会符号学派四大学派，并且每一个学派都有各自的侧重点。[①]

美国学者根茨勒(Gentzler E.)认为,翻译思想等同于翻译标准,因此他从翻译目的与功能入手划分翻译理论,他指出翻译理论包含的学派有很多,如翻译科学流派、结构主义研究流派等,并且每一个流派都存在各自的观点。[②]

我国学者谭载喜对西方的翻译理论进行了详细的分析和探究,认为西方的翻译理论可以划分为文艺学派、伦敦学派、交际学派、布拉格学派与结构主义学派这五大学派。

通过分析不难看出,很多学者对翻译进行了研究,而且流派众多,如果对这些理论流派进行归结,可以总结为如下几个特点。

第一,每一个流派都有每一个流派的侧重点,并且彼此之间能够相互补充。

第二,每一个流派所研究的视角存在差异性,但是这些研究视角并未影响翻译研究的多学科性质。

第三,翻译理论家从多个视角出发对翻译理论研究的发展轨迹进行阐释,并将各个研究范式的转化与演进过程清晰地呈现出来。

第四,随着研究的深入,每一个流派研究的视角也在逐步发生变化。

第五,每一个研究流派的研究思路和手段也在不断更新。

在这些研究中,一些学者从语言学的角度对翻译理论展开研究,虽然有些学者对这一研究层面提出质疑,但是也并未影响翻译理论研究的发展。

语言学派对洪堡特等人的观点提出了质疑并批判地继承。到了20世纪,结构主义语言学诞生,这恰好将翻译理论研究与语义、语法研究等紧密结合,这就意味着翻译研究的视角需要转向语言使用的角度。具体来说,就是从语法结构、词汇结构等层面出发以构建语义层面的对等。因此,这时的翻译研究已经转向词汇与语法层面。

但是,这一层面的研究也不可避免地存在着某些问题,因为这一研究主要是对翻译单位的研究,即词汇、句子等,并未从语篇这一大的层面着眼。因此,韩礼德等人对其提出了质疑,并指出人们应该着重分析语言学理论能否在翻译学研究中进行检验。显然,在韩礼德等人看来,翻译现象对语言学而言是一个大的机遇和挑战。

相较于韩礼德眼中的翻译研究,奈达等人更加关注语言学研究能否促进翻译研究的进步与发展。随着时代的不断进步,一些语言学家开始

① 转引自曾文雄.语用学翻译研究[M].武汉:武汉大学出版社,2007:30.
② 同上.

探讨译者跨文化能力的培养问题，他们侧重于文化与翻译的融合，并在翻译研究中引入社会语言学的内容。

从目前来看，语言学与翻译研究的融合是较为成熟的，这主要受如下两点原因的影响。

第一，由于现代语言学的发展，其不仅对语言符号进行了深度的研究，还对语言的运用进行了多维度分析和探讨。

第二，在语言学与翻译学的融合研究中，一些学者提出了质疑与批评，虽然是质疑和批评，但是也会促进二者的融合。

二、语用与翻译研究的产生

随着语言学研究与翻译研究的深入，一些学者开始从语用学角度着眼对翻译展开探讨。

翻译研究家莫娜贝克（Baker M）指出："从语言学视角对翻译展开研究并不是十分完美的，即其存在着某些问题，但是这些问题会随着时代的进步而发生改变。在跨文化的影响下，如果非要将清晰的理论融入的话，那么语言学途径是必然的和有成效的选择。"① 通过对这段话展开简单的分析可知，人们要想深入地研究翻译问题，首先就需要明确语言学的内容，这样才能使翻译研究更具有说服力。

也正是语言学参与其中，翻译研究才更有活力。但同时，语用与翻译相融合可以使各个因素实现平衡，从而推动翻译研究的动态发展，也会促进语用学研究的深入与完善。另外，语用与翻译的融合会使翻译研究转向对本质的探究，进而将语言的价值与本质体现出来。

总而言之，语用与翻译的融合不仅有助于翻译研究的深入，还有助于为翻译学的建构打下坚实的基础。

第三节　语用翻译理论研究

经过中西方翻译理论家的努力，语用翻译研究已经取得了一些成效，并逐渐形成语用翻译思想。本节就从中西方两个视角探讨语用翻译理论。

① 曾文雄．语用学翻译研究[M]．武汉：武汉大学出版社，2007：32-33.

一、中国的语用翻译理论研究

从 1987 年开始,我国将语用学置于翻译理论研究中,当时中国香港大学举办了一场翻译理论研究的讨论,其中将语用与翻译的融合视作重点探讨对象,并在此基础上探究了英汉翻译中的语用对比问题。自此,一些学者开始对语用翻译理论展开分析。

(一)赵元任的研究

中国著名学者赵元任在他的《译文忠实性面面观》一书中指出,如果译者要想确立语言意义,就必然需要将语境考虑进入。① 赵元任还指出,功能与语用是对等的关系,并且语用的对等要明显比语义的对等层次高。例如:

wet paint

在这一例子中,很多人会将其译作“湿漆”,显然这是直译出来的,但翻译是错的,因为汉语中并不存在这样的表述,其正确的含义是“油漆未干”,这样的翻译才是对等的翻译。

(二)曾宪才的研究

学者曾宪才(1993)对语用翻译观展开探究,并认为应该将语用、语言与翻译研究融合起来。曾宪才指出,对原作意义的再现是翻译最主要的任务。②

所谓对原作意义的再现,即涉及语用意义与语义意义这两个层面。翻译语用意义的再现对于译者来说是非常困难的,其涉及的内容有很多,如联想意义、表征意义、风格意义、社交意义等。对于这么多的内容,译者如何采用正确的技巧展开翻译是需要认真考虑的一个问题。

(三)何自然的研究

何自然教授根据奈达的“动态对等翻译”理论,将语用翻译视作一种等效翻译理论。③ 具体来说,其涉及如下两点内容。

---

① 转引自王宗炎.介绍赵元任《译文忠实性面面观》[J].中国翻译,1982(3):14.
② 曾宪才.语义、语用与翻译[J].现代外语,1993(1):23-27.
③ 何自然.语用学与英语学习[M].上海:上海外语教育出版社,1997:185-186.

第一种是语用语言等效翻译,即主要是在词汇、语法等语言知识层面的翻译,其翻译中心在于对原作内容的保留,不在乎形式,而是尽可能接近目的语。

第二种是社交语用等效翻译,即从社交的角度来研究等效翻译,尤其是在跨文化的场合中。

另外,何自然教授还认为,翻译活动中会涉及原作作者、译者、译文读者三者之间的关系。因此,译者应该分析语境与原作之间的关联性,并采用各种语用技巧对英汉语言差异进行处理,从而实现两种语言的等效对等。

对于语用翻译对等理论,何自然教授给出这样一个例子。

宝钗独自行来,顺路进了怡红院……不想步入院中,鸦雀无声。

(曹雪芹《红楼梦》)

译 1:...The courtyard was silent as she entered it. Not a bird's cheep was to be heard.

(霍克斯 译)

译 2:...To her surprise, his courtyard was utterly quiet.

(杨宪益夫妇 译)

通过对比不难看出,译 1 暗示着院子中有鸟儿,只是没有声音,而译 2 没有提到这一点,但是译文与原作更为接近,表达的是一种寂静的环境。因此,何自然教授认为译 2 实现了与原作的语用对等。

(四)钱冠连的研究

著名学者钱冠连先生也提出了语用翻译理论,在钱冠连先生看来,译者应该处理好混成符号束、语境和智力干涉的参与和干涉之下的语义隐含。[①] 当然,在处理这些问题时需要考虑如下三点。

第一,必须保留作者隐含的意图。

第二,在保留时必须确保混成符号束、语境和智力干涉的参与。

第三,要重视"文化亏损"现象。

只有注意到了这三个层面,才能真正实现等值翻译。

二、西方的语用翻译理论研究

当然,对于语用翻译研究,西方很多学者较早地给予了关注,下面就

① 钱冠连 . 汉语文化语用学 [M]. 北京: 清华大学出版社, 2002: 249.

来分析一些学者的观点。

（一）哈蒂姆和梅桑的研究

著名学者哈蒂姆和梅桑（Hatim & Mason）是最早将语用学引入翻译研究的，他们在《话语与翻译》（*The Translation As Communicator*）中提出了二者的关系。同时，两位学者将言语行为问题、合作原则问题等引入翻译研究中。

另外，两位学者还指出语境在翻译研究中的作用，并从具体语境出发，对源语语言进行了分析和推理，要求译者应该把握源语、译语、读者之间的关系，从而将原作的意图呈现出来。

（二）贝尔的研究

英国著名语言学家贝尔（Bell）从认知角度出发对语言的翻译问题展开研究。在贝尔看来，翻译往往需要经历六个环节。①

（1）视觉词汇识别系统与书写系统。

（2）句法处理器。

（3）语义处理器。

（4）语用处理器。

（5）思维处理器。

（6）计划器。

另外，贝尔还将翻译的这六大环节划分为分析与综合两个阶段，并且这两个阶段都包含句法、语用、语义这三个层面的操作域。

翻译过程是从源语到目的语的转向过程，并且这一过程必然会经过语用分析器与语用综合器。

一般来说，语用分析器有如下功能。

一是通过语用分析器将信息的主谓成分分离。

二是对分析的信息展开语域分析。

语用综合器包含如下功能。

一是对原作意图进行处理。

二是对原作主谓成分进行处理。

三是对原作风格进行处理。

---

① Bell, R. T. *Translation and Translating*: *Theory and Practice*[M]. Beijing: Foreign Language Teaching and Research Press, 2001: 167.

当然，无论翻译处于语用分析阶段还是语用综合阶段，译者都需要对语境展开分析，提取语用信息与命题内容，对原作语域、主谓成分进行合理的处理，这样才能准确地进行翻译。

第九章　心理学维度下的翻译

翻译属于一种心理活动，译者的性格、志向、翻译动机等都会在译作中呈现出来。翻译心理学又可以称为“心理翻译学”，其是从认知心理学、文化心理学等多个学科发展而来，是基于应用层面进行的研究，其利用文艺与科学的方法对翻译过程、翻译现象等进行分析和研究，从而将翻译活动的本质揭示出来，目的是获取翻译学意义上的理论总结。翻译心理学可以从宏观视角来理解，也可以从微观视角来理解。就宏观视角来说，翻译心理学主要依据文化心理学、社会心理学对翻译原理与翻译现象进行广义的研究。就微观视角来说，翻译心理学主要依据认知心理学、普通心理学对翻译过程与翻译行为展开狭义的研究。另外，翻译心理学除了与人文学科有着密切的关系，还与自然科学等密切相关，因此是从本源的思维到语言应用的庞大体系，是从文艺审美到情感需要的深入研究。因此，从心理学视角对翻译学加以研究，能够更系统、全面地解析翻译现象与活动，并能够借助多个领域的研究成果进行多学科的交叉研究。本章从心理维度对英语翻译理论进行介绍与分析。

第一节　翻译心理学简述

翻译是人类古老的文明活动，是文化的产物。中国的翻译活动最早是从 3 000 年前的周朝开始的，而西方的翻译历史开始于公元前 3 世纪。部落与部落之间要想进行往来、先民之间互通贸易，必须通过翻译来完成，这也是各国间历史、文学、艺术等能够传播与交流的关键。可以说，翻译对维护世界的和平与发展意义巨大。如果没有翻译，那么即便有伟大的成果与思想，也是徒劳的。

翻译不仅仅是人类得以生存的甘泉，还是人类传播精神与思想的一束阳光。通过开展翻译活动，各个民族才能摆脱故步自封的限制，扩大视野，增进彼此的交流与借鉴。同时，由翻译带来的世界文明成果与本国文明交会,实现世界的和平共处与繁荣发展,其对不同文化人群心理的形成也意义巨大。当然,在这之中,文化心理学发挥了不可小觑的作用,其使得翻译研究更加深入。

从本质上说,翻译是一个复杂的思维、心理、生理过程,其是使得人们具备高级思维行为与能力的助推器。当然,这种思维活动跨越了语言与文化,是非常复杂与多变的,因此要想对翻译行为进行研究,必须将思维科学引入进去,即神经语言学、脑科学、符号学等多学科。

翻译是一门对语言进行运用的艺术。随着人类社会的进步与发展,人类语言更为细微与复杂,主要表现在结构与语汇数量上。因此,要想实现语言的纯熟应用,就必须掌握高超的技巧,只有人类的灵感、动机等心理活动的参与才能真正实现。

除此之外,翻译是不同个人或群体间为了理解与沟通,借助语言展开交际与互动的行为,其功能决定了翻译在社会中的地位和作用,这也凸显了翻译的社会性。翻译对社会群体行为、社会意识形态的形成意义巨大,而翻译语言的运用也会受到不同地域、不同时期的制约。因此,社会语言学、社会心理学的原理也可适用于对翻译的研究,尤其是对其功用与目的的研究。

一、翻译心理学的研究对象

(一)翻译的文化心理

翻译心理学与文化心理学有着密切的关系。具体来说,翻译心理学是基于文化心理学的理论建构起来的。从本质上来讲,文化与心理具有相互依赖的关系,文化是人们用心理建构的图景,在心理建构文化的过程中,心理也会被建构。简单来说,依赖于自己的心理,人类才能去改造世界,同时人类改造世界的实践活动又赋予世界一个崭新的图景,使世界更加的文化化,这时人们往往会从自身的文化规范出发,对自己的行为加以规范。作为本土文化的承载者,译者对原文的解读往往是从自身的文化语境出发的,他们对原文的理解往往不可避免地会将自身的文化因素注入进去,这样就容易导致原文文化信息的丢失。因此,文化心理学就对其展开研究,尤其是人的文化行为与心理。其中所谓文化行为与心理,即基于一定的语境对一定的文化刺激做出的规约反应,也可以说是一种解释或行为模式。

如前所述,由于译者对原文的解释是从自身的文化语境出发的,因此对于同一原文,不同的译者所赋予的意义完全有可能不同。这就要求翻译心理学要侧重研究或解释翻译中的文化丢失现象,并分析具体的原因及何种情况下发生。

从文化心理学的视角来看,翻译心理学主要对翻译过程中的文化因素如何影响译者展开研究。具体来说,就是对误译问题的分析。误译与翻译的忠实性原则是相悖的,虽然在翻译中不可避免。也就是说,即便是具有高超能力的译者,也不可避免地会出现误译情况。对于这种误译情况,翻译心理学认为可以划分为有意误译与无意误译。前者是为了迎合本族文化,对原文的文学形象、语言表达方式等进行大幅度的改变,具体可以从广义与狭义两方面来理解,广义上的有意误译就是对原文进行改写与删减,如欠额翻译、超额翻译等;狭义上的有意误译即运用其他词语而不是现成的对应词语进行的翻译。后者主要是指译者的疏忽或者对文化因素不了解而造成的错误翻译,这并不是翻译心理学研究的内容。

(二)翻译的认知心理

1. 翻译心理学与认知神经科学

翻译心理学与认知神经科学密切相关。认知神经科学诞生于20世纪90年代,是一门边缘性的学科,其是认知科学与神经科学相结合的一门学科。认知神经科学的目的在于将人类认知活动的脑机制揭示出来,即阐明人类大脑是如何对各个层次的分子、细胞等进行调用的,以及全脑是如何实现自己的认知活动的。

通过与认知心理学的实验设计相结合,认知神经科学对大脑结构与功能展开了深入的研究。神经成像技术就是其中一个典型的技术,即通过生理属性研究,对大脑活动区域进行测定。换句话说,当大脑的一个区域活动逐渐增加,那么这一区域的含氧量、大脑供血也会相应增加。这项技术被广泛用于对人的语言与记忆系统的研究。

20世纪90年代,认知神经科学开始对译者与双语者展开研究,主要侧重于译者与双语者的双语表征、切换机制、翻译神经机制等,因此认知神经科学对翻译认知心理学的发展产生了重要影响。

2. 翻译心理学与心理语言学

心理语言学是心理学与语言学的交叉学科,其以言语产生与理解、语言习得作为主要的研究对象。如果言语理解是为了对语言解码,那么言语产生就是对语言进行编码。翻译是一种在语言媒介基础上产生的心理活动,翻译理解就等同于言语理解,翻译表达就等同于言语产生。因此,心理语言学的研究为翻译心理学甚至是翻译认知心理学的诞生与发展奠定了基础。

但是,心理语言学并不与翻译心理学/翻译认知心理学等同,因为心理语言学中的“言语”指代的是第一语言,就是我们所谓的母语,因此心理语言学中的言语理解与产生、言语习得都是针对第一语言(母语)来说的。相比之下,翻译是两种语言的转换,两种语言分属于不同的语言系统,因此翻译中的理解与产生就是根据不同的媒介而建立起来的。

具体而言,翻译具有方向性,其包含两种:一种是正向翻译,一种是逆向翻译,二者言语编码的编码机制是完全不同的。翻译心理学更加关注译者如何将源语的外部言语转化成源语的内部言语,再将源语的内部言语转化成译语的外部言语。另外,翻译心理学还是心理语言学的拓展,其是译者展开的跨语言的心理活动。

总之,从认知心理学与心理语言学角度来说,翻译心理学对语言与思维的关系、译者双语思维加工模式、心理词汇组织与提取模型等进行重点研究。有的学者还指出,在翻译过程中,译者一般会采用两种加工模式:一种是横向加工;一种是纵向加工。从译者的双语心理词汇提取模式来说,译者大脑中一般也会存在两种提取模式:一种是静态提取模式;一种是动态提取模式。前者指的是译者从静态词库中对与源语词汇等同价值的译语词汇进行提取,后者指的是译者考虑语境的因素,从译语心理词库中对适合源语文化或译语文化语境的词汇进行提取。

(三)翻译的审美心理

审美心理学主要对审美经验进行研究,这也是研究的核心。所谓审美经验,是指当人们欣赏艺术品、自然等美的东西时,产生的一种愉快的心理体验。简单来说,审美心理学就是对人类审美过程中产生的心理活动规律进行研究的一门科学。一般来说,其中的审美主要是美感的产生以及对美感的体验,而心理活动指的是审美主体自身的感知、情感与想象。

美感包含审美感知、审美情感、审美想象。就广义角度而言,审美心理学与心理美学是等同的关系;就狭义角度而言,审美心理学与文艺心理学是等同的。因此,审美心理学还需要对人类从事的各项艺术以及在开展艺术活动时产生的各种心理特征等展开研究与说明。同时,审美的心理过程就是审美主体的逐渐外射与移动的过程,因此在进行审美时,人们会将自身的情感转移于审美客体上,然后再对审美客体进行欣赏。

翻译不仅仅是一种认知心理活动,还是一种审美心理互动,因此翻译与审美心理学密切相关。如前所述，译者的审美过程有感知、情感与想象这些要素，那么翻译中的审美主要是在审美创造活动中，译者能够敏锐、直接地捕捉客观对象，对客观形象进行特殊的认知的能力。

需要指明的一点是，在翻译过程中，审美感知非常重要，但除了审美感知，译者的移情也是不可或缺的，即译者将自身的情感移入作品中，注入原文没有的东西。当然，这种移入的过程也是为了更好地彰显原文，是为了与原文的情感相契合。

二、翻译心理学的未来发展

翻译心理学通过应用心理学部分科学原理的辅助，对无法定量、确定的语言交流行为进行解释，揭示出人类与语言相关的、无形的智慧活动，以构建一个相对科学的翻译学分制，促进我国翻译学的进步与发展。

英国著名的哲学家约翰·洛克（John Locke）在他的《人类理解论》一书中，对人类的心理活动展开研究，之后学者戴维·休姆（David Hume）在《人类理解研究》一书中，对人类的观念与思想进行研究，再后来美国心理学家威廉·詹姆斯（William James）在《心理学原理》一书中阐释与研究心理学的功能主义层面，这些都为心理学相关研究奠定了基础，也创新了视角，是心理学相关领域研究不可或缺的源泉。

文化心理学家、人类学家也在不断做出尝试与努力，从狭义与广义两大层面对自身的“意义”进行解读。随着科技的发展与进步，人类对思维活动的探索逐渐成为翻译研究的根基，而随着应用心理学新理论的融入，翻译研究者们又不断开拓视角，使得翻译心理学的研究呈现更多新的研究成果。

（一）翻译心理学未来的研究思路

通过社会心理学、文化心理学等学科的辅助，翻译心理学对翻译现象与翻译活动展开了宏观关照，总结出在某一时期产生的文化心理及具体特征，以及这些文化心理对翻译造成的影响。并通过认知心理学、普通心理学的辅助，翻译心理学对翻译过程、翻译行为展开微观关照，从而探求译者在具体的翻译实践中所呈现的心理特征。

但是不得不说，虽然具体的翻译过程与翻译行为是个性化的，但是也会受到群体的影响和制约，不可脱离社会而存在。翻译原理与现象虽然是广义层面的研究，但是其中也掺杂一些个体行为，即也会蕴含个体的特质，因此要想对翻译各种现象展开整体的讨论，就必须从宏观与微观多个层面展开探讨。

翻译心理学的研究思路是将应用心理学作为依托，并提出了一些翻译学的新看法，目的是将翻译心理学视作一门交叉学科，从其他学科中汲取精华，对翻译心理学展开更深层次、更细微的探究，以挖掘出翻译本质与规律。

（二）翻译心理学未来的研究任务

1. 研究翻译思维

关于翻译与思维的关系、翻译思维的运行机制等内容已经在前面章节做了探讨，这里论述的主要是其他层面。

（1）思维的普遍性。语言符号具有任意性与约定俗成性，语言的这些特性使得不同的人群在交流思想时产生障碍，但是人们面对的客观世界是统一的，人脑共同的物质构造使得思维具有了全人类的特征，因此虽然人们所处的时空不同，但人们对客观世界本质的认识是相同的。这就是思维的普遍性，也是语言能够转化的重要条件。

在人类众多的思维中，翻译思维也是其重要的组成部分，通过人类普遍思维机制的辅助，翻译研究有了客观的基础，而且是作为深层基础呈现的，对翻译思维的研究有助于人们探究翻译语言层面转换的问题。因此，虽然翻译思维的研究由于神经学、心理学等学科的局限，导致起步要比其他翻译研究晚，但是非常可行。

（2）思维是翻译过程的本质。在翻译研究的所有范畴中，对翻译本质过程的研究是众多学者都关注的层面。众所周知，翻译不仅仅是一个作品，而是一个复杂的过程。苏联翻译理论家巴尔胡达罗夫在《语言与翻译》一书中指出，将翻译理解为两种语言的转换包含如下两层含义。[①]

其一，呈现译作，即经过一定的思维过程的结果。

其二，一种行为，并且能够产生译作这一结果。

那么，到底翻译是一个怎样的过程呢？就表面上说，翻译源于语言，以另一种语言结束，这样看似就是转换。但是，从深层角度来说，这些转换是在译者大脑的指挥下产生的。就个体而言，译者的思维方式、知识结构等会对翻译结果产生直接的影响，对于同一部作品的翻译，不同的译者，所呈现的作品的风格也会不同。就整体而言，无论是对何种作品展开翻译，译者的思维是语言得以转换的保障，并且由于大脑具备共同物质基

① ［俄］巴尔胡达罗夫著，蔡毅等编译．语言与翻译［M］．北京：中国对外翻译出版公司，1985：1.

础,因此这些思维往往具备共性。这就表明,翻译的过程实际上属于思维的过程,并且是与其他任何语言思维活动相区别的一种思维过程。可以说,无论是从跨文化交际学来说,还是从语言学上来说,思维过程可以看成是翻译过程的本质与核心。

(3)翻译思维在研究中的重要地位。在众多学者建构的翻译学理论框架中,翻译思维都占据着重要地位,即作为翻译活动的本质与基础呈现在人们的视野中。例如,刘宓庆(1999)将翻译思维置于翻译基础理论中;董史良(1988)认为,作为人脑的思维活动,翻译离不开思维,如果离开了思维,那么就称不上翻译了。因此,就思维科学的角度而言,翻译研究的一个重要途径就是思维,这也是最基础的层次。

如前所述,译者思维机制在翻译中起着本质性作用。人的大脑如何进行两种语言的转化看似非常浅显,是合乎常识的,实际上是一个非常复杂深奥的东西,也是翻译学研究中不可或缺的东西。

(4)语言符号对翻译思维研究的作用。事实上,人类的思维过程是语言与思维间的转换,即人脑中语言符号的编译机制发生的作用。在人类的多元符号系统中,语言符号是最复杂、最常见的。在对翻译思维研究中,这些语言符号起着如下两点作用。

其一,对于翻译思维而言,语言符号是其重要的工具与材料。人类之所以能够进行思维,主要是因为语言符号的存在,正在进行的思维就是语言符号的操作活动。人们从思维前提得出结论,实际上就是一种符号的转换与再生。当然,翻译思维也是如此,当语言符号通过听神经、视神经等传送到大脑后,大脑的某个部位会对这些语言符号进行加工与处理,将这些符号转换成大脑思维可用的材料。借助这种符号手段,人们才能进行编码与解码。

但是,翻译思维要比其他思维更为复杂与特别,因为在从源语创作到译语表达中,要经过两次符号转换,即首先将源语符号传入大脑进行编码,再经过思维加工之后转换成译语符号表达输出。如果源语文本也是翻译过来的,那么这个原始文本的语言符号转换过程就不止两次了。

其二,语言符号也是翻译思维的具体化与外在表现,二者是统一的。作为语际转换的过程,翻译首先需要考虑的就是语言问题,并且语言符号的角色非常活跃。语言是思维的外在表现,英汉语言符号转换就是翻译思维的外在表现。

(5)翻译思维研究的成果。当今,思维科学是一门新兴科学,在我国仅有三四十年的历史,如果要从美国认知科学的兴起来算,也仅有六十年的历史。同时,语言与思维的关系并没有固定的结论,这决定了翻译思维科学的研究也比较晚。因此,翻译思维的研究还是一个比较大的难题。

总之,目前我国对翻译思维的研究主要呈现如下几个成果。

其一,在翻译学理论框架中融入翻译思维,并确立翻译思维在翻译学研究中的重要地位。

其二,认识到翻译思维研究需要与其他学科结合,属于一门跨学科研究。

其三,确立翻译是信息转换的过程,是大脑在信息处理过程中的重要部分。

其四,翻译思维中包含三个方法,即感知思维、形象思维、抽象思维。

(6)翻译思维研究的进步空间。对翻译思维的研究还有很大的进步空间,还需要进一步的思考。

其一,在翻译思维层面,需要更加细致地对翻译思维内在机制进行挖掘,并提出一套模式与方法,同时运用双语符号转换,对翻译思维机制的作用进行合理的验证。

其二,在语言符号转换层面,试图将符号学与翻译转换两大理论结合起来,从句法、语义、语用三个角度出发,对字、词等展开探讨,并基于符号学提出语言符号转换的四大模式。

2. 读者集体心理与翻译活动的关系

进入 20 世纪 80 年代,翻译研究向多学科的方向发展,通过人类学、心理学等学科理论的辅助,从而开拓了翻译研究的新思路。同时,新兴的文化学派、功能学派等日益重视读者在翻译中的地位与作用。

虽然国内外学者对翻译学与心理学结合的研究已经着重关注,也将读者的意义纳入研究中,但对于翻译活动与译者读者心理的作用问题,至今还没有形成一个典型的体系。

(1)探讨读者集体意识和翻译关系的意义。翻译活动不仅是语言交流的媒介,还是不同文化建构的媒介。换句话说,翻译对读者大众文化心理的建构意义非凡。同时,作为文化的一种体现,读者的心理也在一定程度上对翻译活动起着促进作用。从不同国家历史的发展中可以看出,重要的文化发展都与翻译有着密切的关系。就宏观角度而言,探讨翻译与读者的心理之间的关系也意义巨大,具体可以从如下几点理解。

其一,文化心理学、文艺心理学理论指导下的翻译活动对翻译研究领域予以扩充,并提供了新的研究方法。

其二,从宏观角度对翻译活动与过程进行梳理,可以避免微观角度上翻译研究的片面性。

其三，对翻译活动与读者心理关系的研究意义巨大，可以根据二者的关系对源语文本进行有效选择，从而翻译出与大众读者心理需要相符的译作，当大众获得了自己心仪的作品，会不断提高整个民族的心理水平。

（2）文化和心理的联系。文化心理学是应用心理学的一个重要分支，其认为文化与心理有着十分密切的关系。文化心理学是基于文化学、心理学等相关学科建立起来的，具有跨学科的性质。文化心理学也对符号与心理的关系进行研究，探讨文化符号在心理发展中所产生的作用与意义。文化心理学研究的主要问题在于心理如何对文化产生影响，以及文化如何对心理加以塑造。

著名学者荣格提出了集体无意识理论，这一理论可以用于翻译文学作品中产生的集体意识的分析与探讨。所谓集体无意识，指对个人经历收集与整理，其方式与该群体中每一位成员的方式呈现一致的特点。在荣格看来，集体无意识是由原型构成的，其不直接在意识中加以体现，而是为某种心理内容划定具体的范畴。[①] 换句话说，集体无意识是不构成体系的，是杂乱的状态，间接在意识中得以体现。从荣格的理论中可以看出，集体无意识属于人类心理的一个重要组成部分，其不同于人体无意识下对个体经验的依赖，因此不属于一个人的心理财富。

个体无意识主要是从那些曾经被意识到的，但是经过一段时间而被遗忘之后，从意识中消失的内容构成。集体无意识的内容并不在意识中呈现，因此并不为某个个体单独拥有。简单来说，个体无意识之所以存在，是因为遗传的存在。因此，个体无意识的内容与“情结”有着密切的关系，而集体无意识的内容主要与“原型”有关系。集体无意识的现实表现形式就是集体意识，是对某一种或者某一类行为的认同与接受，并且这种接受是无条件的或者自然而然的接受。

3. 翻译实证类型研究

对于翻译心理学来说，实证类型研究也是非常重要的一个研究层面。由于翻译文本的目的、功能等往往是不同的，翻译实证往往有各种形态与类别，并且每一种类别都会受到应用功能心理学的影响与制约而产生一些共性特征。从应用心理学出发分析与判断这些共性特征，有助于准确地展开翻译。

在翻译实证类型研究中，误译现象是非常常见的，对于翻译中的误译现象，可以从普通心理学、文化心理学等视角进行研究，从而获取让人能

① 陈浩东等．翻译心理学[M]. 北京：北京大学出版社，2013：24.

够相信的结果。由于译者与读者处于不同文化背景或不同时代,因此他们不可能以完全相同的心态对不同文化背景与时代的文学作品进行传递与接受。如果对译作进行改动,就会认为是误译,然后将这些错误归结到译者对原文的理解不当或者自身修养不足。

当然,很多误译情况的确有这些方面的原因,但并不是所有错误都是这些原因造成的,有可能是译者出于某些原因而采用了一些并不适合该译作的翻译策略,导致无意识犯下错误。虽然人们认为翻译应该保证忠实、准确,但是误译情况仍旧很多。这是因为,很多语言文字文化有着悠久的历史,随着历史的发展也在不断发生改变,因此与原文不是同一个时代或者不是同一种文化的读者,很难对另外一种文化中每一个字词得以准确地把握。除了那些不负责任的译者出现的误译情况外,很多译者无意识的误译情况是值得研究的,也是极具研究意义的。因为这些无意识的误译情况生动地展现了不同文化背景或不同时代的摩擦,反映的是文化交流过程中的误读情况。

从译入语文化心理的角度对误译现象进行分析与考察,从而探究误译现象出现的根源,并且更好地解析中西方文化差异及差异对翻译的影响。在人类生活中,人们面对同一自然因素,中西方的人可能会有相同或相似的感受,也可能会有差异的感受,这都是由于文化心理因素导致的。因此,文化心理因素也会引起误译情况。

总而言之,翻译心理学这门学科具有跨学科的性质。国内外学者对其的研究还未成体系,还需要进一步的研究与探讨。学者们需要加强翻译学与心理学之间的合作,展开大范围的实证研究,从而推进翻译心理学研究的进步与发展。

三、译者翻译心理研究

如前所述,翻译活动是一项复杂的智力活动,无论是翻译成何种语言,也不管是何时何地展开翻译,亘古不变的一条就是:翻译是一种交流活动,也是人类所独有的,主体始终归结于人。随着智能化技术的发展,机器翻译逐渐崭露头角,但就目前的发展来说,电脑很难替代人脑。可见,人脑翻译的地位还是非常重要的。但长期以来,译者并没有获得与作者同等重要的地位,译者往往并未受到学者的重视,也未得到肯定与评价。但是,译者的重要性是不能忽视的,作为一个有个性与思想的人,他的心理因素会直接影响翻译。因此,对译者的心理研究也非常重要。译者的意志、兴趣等会在翻译活动中打上烙印,影响着翻译动机与翻译过程,最终左右翻译结果。在之前的研究中,翻译语言学派与翻译文艺学派仅关注翻译的具体方法,并未探讨译者这一翻译主体的作用。但是随着研究的深入以及人本主义思潮的融入,译者的作用凸显出来,译者翻译心理的研究也成为人们研究的重点话题之一。

(一)中国译者的翻译心理研究

1. 翻译理论研究的语言学与文艺心理学途径

翻译理论研究中两个最大研究途径是语言学途径和文学途径,这两种途径分别形成了语言学派的翻译理论和文艺学派的翻译理论。

(1)语言学途径。语言学派对翻译展开研究主要是从语言学理论出发的,但是其会给人造成误导,即认为只要学好了语言学,那么就必然可以翻译出好的作品。语言学派的翻译理论将艺术事实还原成语言事实,注重源语与译语在语言层面上的等值,忽视了译者的心理活动。

另外,语言学派将翻译视作一门科学,这门科学集中对语言差异、语言形式转换进行分析,目的是最大限度地实现翻译对等,但是其并未考虑翻译动机、文化差异等问题。在语言学派看来,机器翻译能够代替人工翻译,但是事实并不是这样的,因此语言学派的翻译理论研究实际上走入了一个死胡同。

(2)文艺心理学途径。在翻译理论研究中,语言学派与文艺学派的研究占据了较长的历史,并且难分高下。很多翻译理论家就翻译是科学的还是艺术的这一问题展开了长期的争论。随着科技的迅猛发展,自然科学与社会科学两大学科交叉,内部的各个学科也出现交叉的情况,而心理学与翻译就是其中的一个表现。20世纪以来,心理学的研究成果突飞猛进,并与其他学科交叉进行研究,翻译理论家也将研究视角转向心理学领域。

在对译者个体心理的研究中,文艺心理学派最早开始。1908年,著名的心理学家弗洛伊德(Sigmund Freud)发表了《创作家与白日梦》一书,自此文艺心理学得到众多学者的接受与认可。在该文中,弗洛伊德阐释了创作者在创作作品时的灵感来源。弗洛伊德的理论对于作家的创作动机的分析非常有利,也可以用于对译者的分析,因为译者的工作几乎与创作者是接近的。

文艺心理学派的翻译理论主要对译者的心理进行研究,但大多仅限于对译者经验的论述,因此还是有着某些局限性的。

2. 国内有关译者心理研究的观点

关于译者的地位问题,翻译文艺派内部各位学者也持有不同的观点。

杨武能(1998)通过自身的翻译实践,对译者的翻译心理活动进行了分析,并指出文学翻译活动是一种艺术再创作的活动,其不仅是语言信息、语言形式的转换,还意味着一种限制,并且限制与创造本身就是矛盾的。在这种矛盾中,译者需要不断地自我张扬与否定,从而达到彼此的协调,避免出现"一仆二主"的情况。在杨武能看来,译者应该置于作者与原文、译作与读者中间,只有认识自己在创作中所形成的心理规律,才能获得创造的乐趣,才能创作出自由的作品。杨武能将翻译过程划分为两个阶段:一是理解,二是表达,这两大阶段会贯穿译者的判断与选择过程,因此文学翻译就是译者判断与选择的艺术。同时,他还阐释了译者所存在的社会心理,认为译者应该提升自身的文学修养,要努力克服社会对译者产生的各种偏见,努力树立自身的形象,这样才能真正地实现平衡。

颜林海(2015)主张从学科建设上对译者的心理活动加以系统的科学研究,即建立翻译心理学。

(二)西方译者的翻译心理研究

1. 翻译认知过程研究的理论基础

认知心理学的核心在于信息加工,其主要是对注意、感知觉等展开研究。认知心理学将大脑与计算机加工系统作比,并指出大脑就相当于计算机的 CPU。

贝尔认为,"翻译过程论"主要是运用认知心理学、认知语言学等对知觉、记忆等展开研究和探讨。他否定了杜布瓦(Dubois)的"完全等值"思想,认为不存在完全等值的情况,这是一种幻想,因为语言中包含不同的符号,符号以不同规则组成不同的形式,这些形式的意义也各不相同。贝尔对翻译过程的研究是基于信息论的,他认为翻译是一种交际,即强调了翻译与交际的关系。对于这一观点,他运用斯坦纳(Steiner)的话来验证,即意义往往或纵或横地在某一个层面上发生转移,或纵或横指的是意义具有多重性,但任何交际都只能对部分意义进行传达,有些意义会在传达的过程中被舍弃或者损失掉。当然,到底是取舍纵还是取舍横,这要看译者自身的选择。因此,在翻译活动中,译者的心理活动及大脑活动起着关键的作用。

2. 翻译认知过程研究的主要内容

（1）翻译策略。洛舍认为，要想反映翻译策略的本质，描述式的研究方法是必不可少的，通过对译者认知心理活动的观察与分析，他将翻译策略定义为：译者为了解决翻译中出现的问题而采用的一系列步骤，既然是步骤，那么必然存在起点与终点。在这一过程中，译者的心理活动可以视作翻译策略的要素。这些要素构成翻译的分析模型。一般来说，当译者遇到翻译问题时，不一定立即找到解决方法，往往需要从大脑记忆中进行搜索，对大脑中的相关信息进行激活，从而找到临时的方法并进行优化，以达到最佳。

洛舍认为，翻译策略可以由以下 22 个要素组成，如图 9-1 所示。

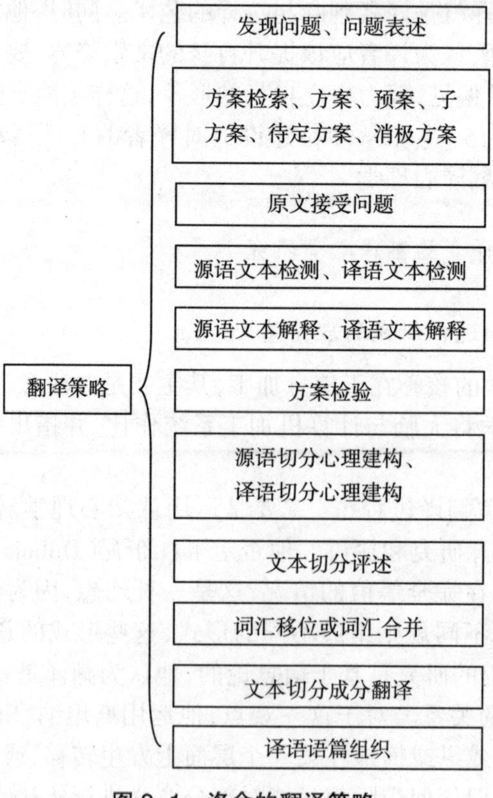

图 9-1　洛舍的翻译策略

（资料来源：颜林海，2015）

在乔姆斯基理论的影响下，洛舍还将翻译策略的要素组合成三类结构模式，即基本结构、扩展结构与复杂结构。其中，扩展结构是在基本结构的基础上增加一个及以上的策略；复杂结构是由几个基本结构构成的,或者由几个扩展结构组成。

(2)翻译单位。长期以来,对于翻译单位的探讨都是基于语言学理论来论述的,如将翻译单位定义为源语向译语转码过程中所涉及的语言层面。

苏联语言学派翻译理论家巴尔胡达罗夫(Barkhudarov)这样定义翻译单位:在目的语中存在与源语对等的最小的单位。但同时指出,翻译中的音素、词、句子等都可能是翻译单位,单位过小,往往导致直译,单位过大,往往导致意译。与语言学派的研究路径不同,翻译认知研究者侧重从记忆加工取向层面对翻译单位展开研究和探讨。

有的学者指出,翻译单位及注意力单位指译者的无标记处理活动因为受到注意力的转移影响而中断的那部分语段。其中,无标记处理即译者能够在试验中流利地说出大脑所思考的内容。有标记处理与之相反,指译者从发现问题到解决问题中大脑中所形成的思维活动。

当然,翻译单位可能是大的,也可能是小的,但是无论大小,其都因人而异。

第二节　翻译心理学的运行模式

翻译是一项思维活动,也是一种认知心理活动与审美心理活动,因此翻译心理学的运行模式要将思维、认知、审美都考虑进去。翻译心理学中的思维模式已经在前面章节有详细的探讨,这里仅从认知与审美两个层面进行分析。

一、翻译认知心理学的运行模式

翻译认知心理学的运行模式非常复杂,是一个加工系统,其不仅具有单语加工模式的特征,还具有双语加工模式的特征。下面主要从两大层面进行分析。

(一)翻译信息加工系统

如前所述,翻译认知心理学将信息加工过程比作计算机信息加工作用,因此翻译信息加工模式可以用图 9-2 的翻译认知加工模型来描述。

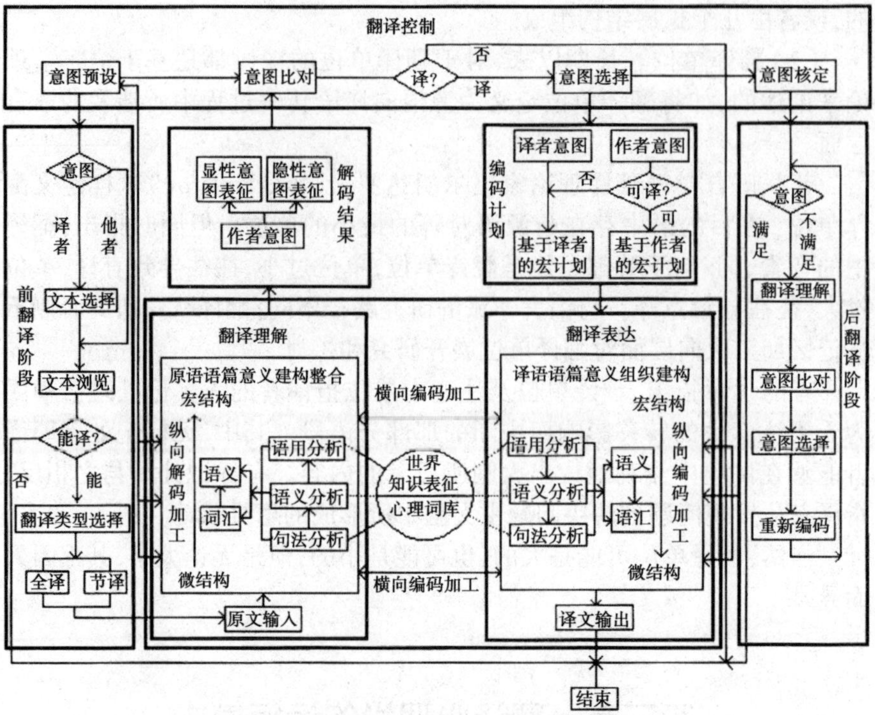

图 9–2　认知加工模式

（资料来源：颜林海，2015）

对图 9–2 进行分析，可以将翻译过程划分为三个阶段：前翻译阶段、语码转换阶段、后翻译阶段。这三大阶段都是根据信息加工模式来对信息进行加工，但是各自所承担的任务是不同的。

（二）翻译图式加工模式

翻译理解与表达都与译者的固有知识有关，而固有知识往往以图式的形式在人的大脑中存在，如同网络一般，相互包含与缠绕。因此，翻译过程就是大脑图式进行加工的过程。

1. 翻译理解中的图式加工

基于图式理论，译者的理解是作者、作品、译者相互发生作用的结果，译者如果想与文本展开互动，需要在内容图式、语言图式等层面与文本共通。语言图式是译者的基础部分，是其他图式的外在表现。译者如果想与作者进行互动，语言图式是必不可少的。具体来说，如果没有语言图式的存在，译者即便有丰富的内容图式等其他图式，也很难完成与作者的互动与沟通，如图 9-3 所示。

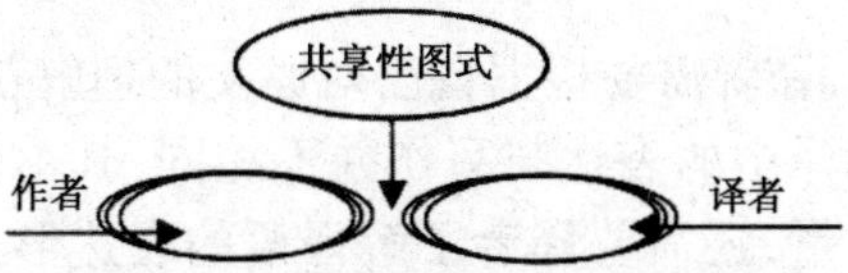

图 9-3 缺乏语言图式的翻译理解

（资料来源，颜林海，2015）

这主要有两大原因。

其一，译者与作者之间不仅没有共同的语言图式，还没有内容图式。

其二，译者与作者有内容图式，但是没有共享语言图式。

无论是上述哪一个原因，都不能使译者与作者建立互动与沟通，也就无法进行自上而下或者自下而上的加工。

完美的理解应是译者和作者 / 文本在三种图式上完全重叠，如图 9-4 所示。

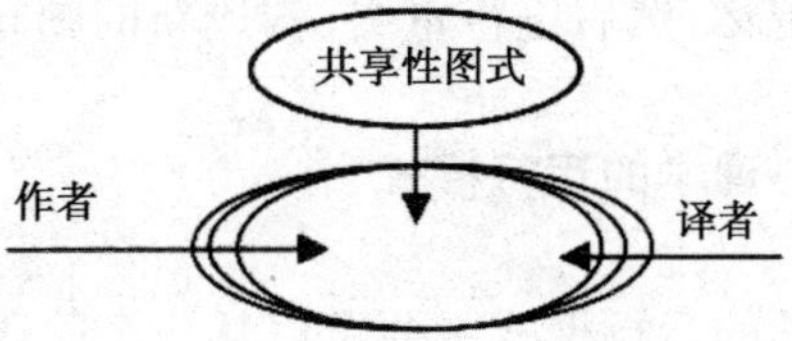

图 9-4 完美的翻译理解

（资料来源，颜林海，2015）

由于在理解过程中，译者与作者是一种互动过程，因此完全重叠只是一种理想，绝大多数情况如图 9-5 所示。

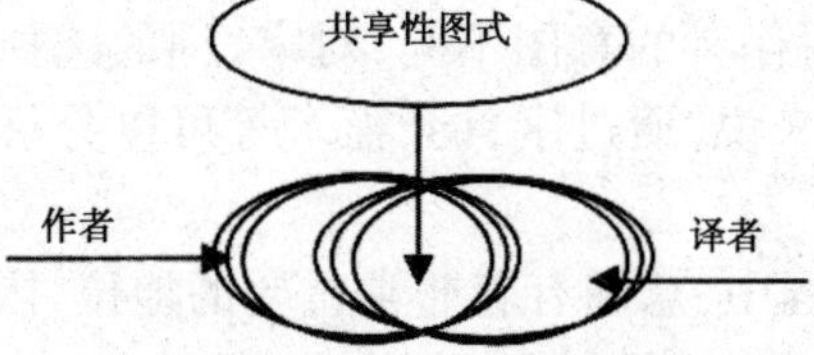

图 9-5 翻译理解的常态

（资料来源，颜林海，2015）

实际上，从某种程度上而言，译者的任何理解都与作者 / 文本存在或多或少的出入，因此在翻译时，译文也是存在内容的伸缩性的。

2. 翻译表达中的图式加工

在翻译表达中,译者需要根据自己对原文的理解获取信息,并通过译入语进行表达。翻译中的表达与写作并不相同,其不仅需要译者对原文的表达意图进行考量,还需要译者了解译语的表达形式与读者的接受程度,而写作只需要将自己的想法表达出来即可。具体而言,译者需要解决如下问题。

其一,译者是否具备能够对某一命题进行表达的词汇量。

其二,译者是否具备充足的句法知识。

其三,译者是否能够谋篇布局。

其四,译者是否能够获取与主题相关的信息。

这些信息都是以图式的形式在译者的记忆中存在的,如同网络一样,但是网络中的图式可能是大的,也可能是小的,包罗万象且相互关联。

具体来说,在翻译表达中,如果输入信息与译者大脑中的记忆是一致的,那么译者就会很自然地表达出来,如果是不一致的,译者需要从大脑中抽取与之相关的记忆,然后进行重组,构成新的图式,得出最佳的结果。

二、翻译审美心理学的运行模式

翻译审美心理学的运行模式主要可以从三个阶段来分析。

(一)原文意图分析

无论是说话,还是写作,人们都是在某些意图的驱使下产生的言语行为,因此通过分析这些言语行为,就可以获得发话人或写作者的意图。就写作的角度来说,写作者的意图不同,对字、词的选择与篇章设置也会不同。就赏析的角度来说,通过字、词、篇章等可以分析出发话人或写作者的意图。

在整个翻译过程中,意图有着非常重要的地位,因为意图对行为起着决定性作用。一般来说,意图划分为以下两种。

(1)预设性翻译意图,即在进行翻译时,受他人约定或自身爱好影响而产生的意图。

(2)操作性翻译意图,即译者根据前面一种意图而设定的意图。

一般来说,在翻译时,译者应该将作者的意图作为自己的意图,但实际上译者往往是作者意图与自身意图的结合。因此,意图的解读与再现显得尤为重要。

在翻译过程中,译者不仅要做到“设身处地”,还要做到“字斟句酌”。“设身处地”有如下三重含义。

(1)将自己想象成作者来探讨为何这样写。

(2)将自己想象成作品中的人物来体验他们所经历的事情。

(3)将自己想象成译语读者来看他们是否能够了解写作的意图。

(二)理解与翻译阶段

翻译过程是一个理解和表达相互交织的过程。

(1)理解即顺着条理与脉络来分析。

(2)表达即将头脑中的画面进行符号化转化。

(3)相互交织即理解和表达在源语和译语中交替出现。

(三)后翻译阶段

后翻译阶段指从审美意图出发,对翻译表达能够再现原文审美信息进行核定。无论是在翻译过程中还是翻译完成后,译者都需要调用自身的意图对作品进行核定。如果译语表达不准确或者与自身设定的意图计划相违背,那么他们就需要再次进行润饰与加工,直到满足自身的意图计划,只有这样才能算作翻译的完成。

第三节　翻译认知心理学与翻译审美心理学

所谓认知,即知识的获取和运用。翻译过程是从认知心理学出发展开的信息加工过程,包含信息的输入、信息的存储、信息的恢复、信息的使用等过程。在具体的翻译过程中,通过认知加工,人们可以发现各种翻译中存在的问题,并且对这些问题进行解决,这就是翻译认知心理学研究的重点。

另外,心理学的研究对象在于人们以各种独特的形式进行思考与行为的内部过程。在这里,思考和行为指的是人们的认识与实践活动,其是内部过程的一种外在表现。一般来说,内部过程包含对事物的认知、意志以及反映出来的情绪等过程。其中,认知过程是指对信息的加工作用;情感过程是指人们在对客观事物进行认知的过程中引起的对客观事物某种态度的感受与体验;意志过程即受认识的支持与情感的推动,使得人们克服心理障碍,坚持自己的目标的过程。早在18世纪,美国经验主义美学家就对人们的审美心理展开了分析和研究，到了19世纪后半期，审美心理学诞生。19世纪末20世纪初，西方的审美心理学不断进步与发展，并出现了很多的代表人物，同时提出了自身的学说。

一、翻译认知心理学

（一）翻译理解的认知本质

著名学者德金（Durktn，1993）认为，理解是文本与读者之间建立的互动的、有意义的、有意识的思维活动。因此，理解是一个意义生成的过程。但是其并不是说读者可以任意地生成意义，而是需要从文本中获取，然后再对其进行确认，最后才能生成意义。在这里，所谓的互动指的是读者、文本、语境三者之间相互联系而产生的互动，文本属于先知识，而读者对这一知识的理解往往需要根据具体的语境。基于不同的语境，读者可能有不同的理解，有的理解可能与文本内容达成一致，有的可能受社会环境的影响而形成偏见。

可见，理解是一个生成复杂意义的认知加工过程。任何认知加工都是基于人的认知能力建立起来的。所谓认知能力，即对信息进行接受与处理的能力。一般来说，认知会受到主观因素与客观因素的影响，其中前者指的是读者的先知识，如社会经验、语言意识等，后者指的是语篇类型、语篇目的等。

理解是建立在情景模型与赋予意义的过程中的，是语篇与读者之间互动的结果。具体来说，翻译理解的认知本质涉及如下几点。

1. 意义分配的过程

意义分配的前提在于译者本身具备先知识与语篇意义。从本质上说，意义分配是译者从自身的先知识出发，对阅读中的知识进行动态的解释。

也就是说，意义分配即译者从自己的先知识出发，为语篇及语篇单位配备意义的过程。意义分配的过程不仅发生在建构语篇的阶段，还发生在对语篇加以整合的阶段，这就导致了翻译理解可能由于译者的不同而存在不同的理解。

2. 记忆加工的过程

由于感觉记忆与工作记忆的容量是有限的，译者在理解时需要将小的单位整合成大的单位，直到将自己的记忆装满。既然翻译理解是一个对记忆进行加工的过程，那么翻译过程的操作单位也可以从命题入手。

3. 激活先知识的过程

译者只有对原文的心理表征意义有清楚的理解，并且自身拥有很多与原文相关的知识，才能对原文有清楚的理解。因此，著名学者德莱顿（Dryden，1992）指出，一名诗人只有精通双语，他才能翻译诗歌。由于不同的译者，他们的先知识不同，因此对原文的理解也不同，翻译出来的结果也必然存在差异。

4. 情景模型的建构过程

任何语篇都具备情景模型表征，这是因为译者的理解过程也是对情景模型进行建构的过程。译者在对语篇分配意义的过程中，需要对旧有事件模型进行激活，从而对新的事件模型进行升级与建构。一旦形成与更新语篇的模型，语言使用者就有可能对这些模型进行生成，并建构更加抽象与概括的知识结构。每一个模型都具有独特性，同一个人对同一语篇做出的解释可能是不同的。这就是我们前面所说的，不同的译者，他们的先知识不同，因此整合的情景模型也必然存在差异。

5. 在线阅读和动态解释的过程

只有译者进行阅读的时候，语篇才能呈现出意义。动态解释将翻译理解视作一个线性输入的过程，随着输入不断增加，理解也会不断发生改变。或者，不同的译者由于先知识不同，知识激活量也必然存在差异，那么赋予语篇的意义也存在明显的差异。即便是同一个译者，由于处于不同的时候，也可能对同一语篇做出不同的解释，这是因为译者在理解的过程中会进行不同的意义分配。

6. 语篇宏结构建构的过程

既然译者在对语篇进行理解时，会将小的单位整合成大的单位，那么语篇可以被认为是由文本命题库构成的网络结构。在理解的过程中，读者可以通过一系列的规则对原文宏结构的层次关系进行整合。

（二）翻译理解的认知加工模式

翻译理解需要译者基于具体的原文来获取信息及意义。具体来说，其包含对词汇、句子、语篇的理解。对词汇的理解指的是将译者的心理词库激活，并对词汇进行提取，对句子、语篇的理解则是有各自符合的理解机制与分析策略。下面从不同角度出发来分析翻译理解。

1. 基于信息加工方向的角度

从信息加工的方向视角出发，可以将翻译理解的认知加工模式划分为如下两种。

第一种是自下而上模式，即译者从一个词到一个句子到一个语篇进行处理，从而得出意义。简单来说，就是先对单词进行理解，进而对句子结构再到语篇加以理解。

第二种是自上而下模式，即译者先运用自己的先知识来理解语篇的整体意义，用语境对一些生疏项目的意义进行理解，然后再研究具体的词、句子的意义，是如何通过词、句子来加以表达的。简单来说，自上而下模式是一个首先要对全文的语义图式加以建构，明确作者的写作意图与背景，进而通过较高语言层面的理解来帮助较低层面的理解。就加工流程上来说，自上而下模式对文章的重构是非常强调的，对形式不过分重视。从翻译理解的角度来说，译者需要带着兴趣、意识等来理解文章，与作者展开跨时空的交流。

显然，无论采用的是哪一种模式，理解都是一个互动的过程，在翻译理解的过程中，译者会考虑自身的先知识，进而结合自身的经验来对信息加以体验、建构与确定。

如果译者并不熟悉原文的文本，其先知识未在自己的头脑中贮存，那么就可能选择自下而上的模式进行理解。如果译者熟悉原文文本，先知识也存储在自己的脑海中，那么选择自上而下的模式就较为妥当了。

当然，在理解的过程中，译者不可能会使用一种加工模式，往往需要使用多种模式，而两种模式的结合就是图式加工模式。

2. 基于信息加工媒介的角度

就信息加工媒介的角度而言，可以将翻译理解的认知加工模式理解为如下两种：一种是横向加工，一种是纵向加工。这是因为译者的先知识不仅有源语环境知识，也有译语环境知识，因此译者在理解的时候会出现如上两种加工模式。译者在理解过程中到底选择哪种加工模式，并未给予明确的规定，译者只能从译语表达与加工耗时层面来进行深入的分析。但可以确定的一点是，译者目的语的流利程度越低，使用范围越小，先知识较为欠缺，那么就会使用更大概率的横向加工模式。

所谓横向加工，即译者受源语语言符号的刺激之后，直接将源语对应的译语符号进行激活，而不是在使用自上而下模式进行加工时，源语符号指向的内部言语信息。

所谓纵向加工，即译者通过解码源语符号，获得具体指向的信息，然后用译语符号进行编码。简单来说,纵向加工是对信息先解码之后再进行编码,解码是对信息的理解,编码是对信息的表达。

二、翻译审美心理学

随着研究的不断深入,翻译审美心理学形成了系统的理论体系。下面就来具体分析翻译审美心理学的构建。

就本质来说,翻译不是简单地从一种语言文化转向另外一种语言文化的活动,而是一个相当复杂的活动,涉及面非常丰富,具有多个层面,其包含译者的语言认知心理活动、跨文化心理活动以及审美心理活动。一般来说,译者的审美心理活动包含如下两点。

第一,审美解读,即寻找原文文本外形在心有所指内所展现出来的审美属性。

第二,审美创作,即寻找译文文本再现原文文本时所展现出来的审美属性。

因此,翻译审美学不仅要分析原文文本与心有所指之间的关系,还要研究译者及译者的审美心理机制。从审美本质来说,翻译审美过程就是"从心察言"—"得意忘言"—"离形得似"的过程,只有经过了这一复杂的过程,译者才能对作者的意图与内心情感有清楚的了解。原文文本所要传达的思想即意义,感情与意义紧密结合就是意境。

因此,译者的审美过程就是通过原文文本的表层审美形式来获得审美内容,并将审美内容用另外一种语言加以呈现的过程。从研究对象来说,翻译审美心理学不仅要对审美客体加以研究,还需要对审美主体加以探究,更要研究翻译的审美机制。

(一)翻译审美客体

审美客体是审美主体的审美活动的直接接受者和参与者。不过,并不是所有的客观事物都是审美客体,审美客体必须与审美主体相对,没有主体,也就无所谓客体,二者处于对立统一的关系中。翻译的审美客体就是译者所要翻译加工的原文,其属于审美化的精神活动成果,包括语言文艺活动、艺术创作、人的高级精神表象等。

1. 审美客体的特征

审美客体是审美主体的审美对象,体现了审美主体的规定性,所有的审美客体都有这一基本而本质的属性。除此之外,审美客体还具有其他审美属性,具体包含以下几个方面。

首先,具有审美形象性。审美形象性是指审美客体美的外在表现、外在形式,这也是审美客体最普遍的属性。例如,“道德”是一种理性观念,尽管其有美的内涵,但其本身不能称之为美,只有当“道德”直接同它的外在现象处于统一体时,也就是看到其真实现象和真实表现时,才可以说“道德是美的”。

其次,具有审美价值承载能力。审美客体必须具有承载审美价值的功能,不承载、不体现任何审美价值的客体就不能称之为审美客体。如果语言文字作品的内容遭受破坏,作品也就没有审美价值可言了。

最后,具有审美召唤能力。具有审美召唤能力是指审美客体具有吸引力,这体现在两个方面。第一,审美客体具有某种吸引审美主体的审美素质,能够引起审美主体的期待,体现审美主体的审美理想。第二,审美期待具有“悬疑性”,引发的效果可能是戏剧效果,也可能是悲剧效果,这两种效果都具有一定的戏剧性,能够引起审美主体的满足感。

2. 审美主体的功能

审美主体与审美客体存在于对立统一的关系中,各自有不可替代的功能。审美客体的基本功能是为审美主体实现“对象性存在”。就翻译审美而言,就需要根据不同的语言体式、文体形式和题材内容等考察它们不同的功能。概括而言,翻译审美客体的功能包含以下几个方面。

首先,提供信息。提供知识、事件、数据等信息的文本都属于这一类,如新闻报道、历史资料、科技文献等。很多人怀疑这类文本是否有“美”可言,实际上,语言美是普遍存在的,只要审美主体在对语言进行鉴赏,那么就是在进行审美活动,与语体和文体无关。科学家爱因斯坦、达尔文的学科论文不仅提供了信息,而且都写得非常美。

其次,外貌描写。在翻译活动中,译者都十分注重对景物描写语段的翻译,往往忽视对人物描写的翻译。实际上,人物描写应该是译者很重要的审美对象。

再次,情感激发。旨在激发读者情感的审美客体十分常见,这类美文并不多用昂扬激励的词语,多采用平实的语言来感悟和鞭策世人。

最后,观念剖析。观念剖析类的文章多为议论文,议论文的美在于以理服人、用词有力、文风洒脱,其感性表现是凸显语言运用的高度说服力和解析力。

3. 翻译审美客体的属性

翻译审美客体有着不同于一般的审美客体的属性,具体包含以下几个方面。

首先,依附于源语的审美构成。翻译审美客体的这一属性说明,译者纵有极强的翻译能力,也不可能脱离源语固有的审美构成添枝加叶。例如,原作中没有夸张修辞,译者就不能添加夸张修辞,原作中没有韵脚,译者就不能添加韵脚。

其次,对应于源语的审美效果。译者不仅不能在翻译审美客体的审美构成之外添枝加叶,还必须与翻译审美客体的审美构成相对应,进而产生与原文相对应的审美效果。例如,原文中有一个 be caught in meshes of the law 这样一个比喻,那么汉语中要用"陷入法网"这样的比喻与之相对应,而不能用"法网恢恢"。

再次,容许审美主体感应的灵活性。翻译审美客体的这一属性具有两层含义。第一层含义翻译审美客体的构成十分复杂,许多构成因素在译语中找不到相对应的表达。例如,汉语中的"看火候"原指烹调中观察时间是否恰到好处或恰如其"度",实际上指烹调中的"加热时间",其在英语中并没有相对应的表达,此时只能灵活处理,译出其本义:keep watchful for the best timing。第二层含义是审美主体对翻译审美客体的感应可以千差万别。也正因为如此,古往今来对同一作品的翻译才层出不穷,而且永远不会完结。

最后,审美价值具有层级性。源语所涵盖的美并不是等量齐观的,而是具有层级性。文艺作品固然包含审美信息,具有通常意义上的美,非文艺作品也包含审美价值,但二者的性质有所不同,后者具有更多的功能价值。

(二)翻译审美主体

审美主体的审美活动始于审美意识系统中的审美制度(包括情趣、意向、倾向、意志、观念等)所形成的心理态势,这时审美主体的审美活动具有双重任务,即对美的认知与鉴赏以及对美的再现与创造。

1.翻译审美主体的本质

首先,受制于审美客体。译者不同于作家,也不同于鉴赏家,他一开始就肩负着翻译目的的双重任务进入实践过程,必须潜心投入审美客体的审美信息解码和译语的编码活动中。所以,译者自始至终都受制于翻译的审美客体,也就是原文。

受制于源语形式美可译性限度。在美学研究中,形式美是一个重要的课题。具体而言,形式美是指语言的表现手段和表现方法上的形式主义。在翻译过程中,形式美受到很大的限制。以中国诗词为例,中国格律诗十分注重形式美,音声韵律和对仗是其重要构成要素。例如,在“春蚕到死丝方尽,蜡炬成灰泪始干”中,“春蚕”对“蜡炬”、“到”对“成”、“死”对“灰”等,将其译成音律和谐、数字相同、语义对等的英语语句是不可能的,在译成英文后,诗句的形式美会丧失殆尽,音调铿然的句子也会成为平淡无奇的句子:“A silkworm won't die until it exhausts its silk; A candle won't go out until it exhausts its wax; —Amidst the falling flowers I stood, watching a couple of swallows in drizzling rain”。面对形式美的翻译,译者常会陷入一种困境:固已知之,无以言之。即使知道其意思,也找不到能够准确表达它的语言。因此,严复发出了“一名之立,旬月踟蹰”的慨叹,西方人更是认为诗句不可译。

受制于源语非形式美可译性限度。如果说源语的形式美尚可以观看到,那么源语的非形式(超形式)美则是一个模糊集,无形客观、无量可依。艺术作品的美虽然与直观可感的语言外象有着直接的关系,但这种美的本质是模糊的,是不可观不可感的,它产生于作者的志、情、意以及作品的总体性艺术升华和熔炼,蕴含着作者的意旨、情思、气志等。源语的非形式美有着重要的存在意义,它是翻译再现中的原创依据,就非形式美而言,不同的译者所受到的可译性限度是不同的。

受制于双语的文化差异。众所周知,翻译工作是十分辛苦的,而这种“苦”很大一部分源于对文化的不了解。源语中很多令人感到绝妙的诗文,译者却无从下笔。

受制于时空差。由于时空差,不同的时期对艺术鉴赏会产生不同的效果。时人对《诗经》之美的领略,绝不等同于明清时期以及现代读者。而地域的不同也会产生审美体验上的差异,如对于古希腊艺术的理解深度而言,欧洲人肯定要优于亚洲人。艺术鉴赏的时空差常常表现为对源语内容和风貌的领悟或有偏差,或有谬误,总之受到一定的局限。

其次,具有主观能动性。受制于翻译审美客体,这只是翻译审美主体的基本属性之一,其另外一个本质属性是具有能动性和创造性,即中国美学中的“主体实践性”。翻译之所以成为吸引了一代又一代人倾其毕生的努力孜孜以求的艺术,就在于审美主体的主观能动性。在翻译中,虽然译者受制于原文,但主要译者充分发挥自己的主观能动性,最大限度地抑制原文的制约,仍可以使翻译成为一项创造性活动。译者的主观能动性之所以能够发挥,关键在于由审美潜质所构成的“审美前结构”,即译者的情、知、才和志。

在美学研究中,“情”是一个十分重要的课题。审美情感具有两层含义：一是审美客体的情感蕴含，二是审美主体的情感感应，二者息息相关。审美客体容载审美信息，并由审美主体通过审美移情获得审美客体所容载的审美信息的审美体验的写照。“情”既有民族性又有鲜明的个性，了解这一点对翻译而言十分重要。审美情感是一个多维的复杂结构，一直处于审美心理活动的中心位置。不仅在审美的直觉阶段有情感介入，在理解、想象和审美再现阶段更是有丰富的情感融入，情感成了审美心理活动的重要驱动力，并融入主体的意识中，强化和深化审美主题的感应。

“知”就是认知，审美主体对审美客体价值的判断，在很大程度上取决于“知”。在这里，“知”既指“知识”，也指见识、洞察力，还指译者的个人经历和视野。

翻译是一项艺术性和技术性活动，需要翻译审美主体具备较强的行文能力和艺术功力，即“才”，这也是翻译审美主体发挥主观能动性的重要条件。翻译审美主体的功力具体包含以下几个方面。

“志”在这里指为学的毅力，其不仅是一个美学命题，也是一个伦理学和心理学命题。将“志”作为翻译审美主体的条件，是因为毅力对译者十分重要，它是一种品德，是翻译审美主体达到所期望的艺术境界的精神力量。

2. 翻译审美主体的特征

通过上文内容可以发现，翻译审美主体具有以下几个特征。

首先，积极的审美态度。审美态度是审美主体的基本特征。一个具有审美意图和审美意志的人能调动起对审美至关重要的情感和感知来进入审美过程。态度始于理性、始于观念，所以许多的美学者都强调审美态度。审美主体的态度受时间、地点、环境、对象等客观因素的影响，如同一个人对中国盛唐时期的诗歌与对晚唐时期的诗歌的审美态度就会因个人年事的增长有很大的区别。

其次，活跃的审美意识。审美意识是一个心理系统，具有一个活跃、动态的审美意识系统也是翻译审美主体的重要特征。审美意识系统涵盖三个层次系统，即认知过程，表现为感知、知觉、记忆、联想、分析、想象；情感过程，表现为心态、情绪、共鸣等；意志过程，表现为决心、毅力、使命感等。不可否认，翻译审美的成败取决于活跃的、动态的审美意识系统的功能发挥。

再次，灵活的审美表现对策。翻译审美主体要能够灵活地运用审美表现对策。世界上不存在两个完全相同的文本、绝对相同的风格，即使是同一个作者的同一部作品，其艺术手法也是千变万化的。在翻译的过程中，翻译审美主体要根据不同功能的文章、不同文体的文章，要恰如其分地表现文章的内容。

最后,敏感的审美判断。审美判断要求主体对客体的判断必须符合对它的审美特质的理性分析。对语言的审美特质的理性分析就是意义分析,因此准确的语感必须建立在意义理解的基础上,要理解了语言的意义才谈得上赏析语言美。审美判断力不是与生俱来的,必须后天习得。尤其是关于语言的审美判断,不仅需要有很好的语言素养,而且必须具备关于语言审美的专业知识与训练。

(三)翻译审美机制

翻译的审美过程,就是译者发现、欣赏文本的美学属性的过程。在这个过程中,译者仅有“才、胆、识、力”还不够,还必须具备健全的翻译审美机制。

通常而言,健全的翻译审美机制包括翻译审美控制机制和翻译审美心理机制。

翻译审美控制机制是由审美意图、审美定式、审美标准和审美方法组成的,旨在对译者的审美活动进行意图预设、意图比对,译与否选择、意图选择和意图核定的基本原理和规律。

翻译审美心理机制是由观照、体悟和品藻等心理要素构成的基本原理和规律。二者相互配合便构成了翻译审美机制。

第十章　口译探究

口译与笔译是翻译的两种形式，简单来说就是在两种不同语言之间的转换活动，都是将人们所要表达的思想从一种语言转化成另一种语言的过程。本章主要针对口译理论进行阐释，并通过大量实例来研究其具体的应用情况。

第一节　口译简述

一、口译的定义

口译简单来讲就是把使用一种语言所表达的内容通过口头形式转换为使用另一种语言所表达内容的翻译方式。关于口译的定义，不同的学者有着不同的看法，并给出了不同的界定。

根据刘宓庆教授在《口笔译理论研究》一书中的分析，"口译"一词的英语 interpretation 的动词 interpret 来自拉丁语 interpretari，意思是 explain，正是"解释"；interpretari 的名词形式是 interpres，意思则是 a negotiator（协商者，谈判者）。[①]这两个词都体现出口译的本质特征"释意"，即通过翻译来解释原文的含义。

口译理论家达尼卡・塞莱斯科维奇（Danica Seleskovitch）认为，口译是通过口头表达的方式，准确、流利地为听众揭示和说明讲话人的意思（黄为忻、钱慧杰，1992）。

梅德明（1996）认为，口译是一种通过听取和解析来源语（source language）所表达的信息，随即将其转译为目的语（target language）语言符号，进而达到传递信息之目的的言语交际活动。

虽然不同的学者对口译的界定并不相同，但其实质是一样的。总之，

---

① 高华丽．翻译教学研究：理论与实践［M］．杭州：浙江大学出版社，2008：5.

口译就是以口头翻译为形式、以即时性为特点的语言信息转换方式，它依靠译者在听、视、记、读、说等方面的语言综合运用能力来实现交际双方准确、及时、无障碍的交流。

口译作为一种复杂的语言传递过程，可从如下几个方面进行理解。

（1）口译通过视听获取信息，而笔译更多的是以读为主获得信息。

（2）口译是一种即席性很强的语符转换活动。口译工作者从事的活动，多数都是在没有准备的情况下进行的。所以，口译既需要译者具备极强的即席反应能力，又需要译者具有高超的临场发挥水平。

（3）从某种程度上说，口译是一种独立性极强的交流活动。译者是双重符号转换的"中介人"，语际转换的特征，更多的是"一言既出，驷马难追"，译语不可能随意收回。

（4）口译是一种集视、听、写、说、读于一体的综合性语言操练活动。"视"即译者的观察能力，用以观察非语言因素，如面部表情、手势体姿等。"听"即译者速记技能，将演讲者讲述的要点、数字、关键词等用速记的方式记录下来。"说"即译者将说话者的内容用目的语说出。"读"即译者将速记内容准确读出。

（5）口译是一项紧张的活动。其紧张可能源于说话者的语速，也可能源自某些场合与气氛，如面对众多的中外记者，面对交流的双方等。这些都可能会给译者特别是没有经验的译者带来压力，使其感到紧张。

（6）口译作为信息交流与交际传播的一个部分，其信息覆盖很难有一个限定的边界。从特点上看，口译涉及的范围很广，上到天文，下到地理。因此，译者必须具备扎实的语言功底、良好的心理素质、娴熟的语符转换技能，更为重要的是要有一定的口才、良好的口译技能。

二、口译的特点

口译作为一种特殊的双语交际活动，具有其自身显著的特点，具体表现在以下几个方面。

（一）口语性

口译与笔译的根本区别就在于口译的口语性。口译的口语性体现在两个方面：一是讲话者的源语信息以口语形式传递过来，二是译员的译语信息也通过口语形式传递出去。

通常，笔译都是通过"读"来理解原文的，在工作速度上没有太大的限制，在具体的翻译过程中也可以字斟句酌，可以查阅词典、工具书、背景资料等，甚至请教他人。口译主要依靠“听”来获得信息，译者在听到源语信息后必须立即用口语表达出来。

（二）即席性

即席性是口译的另一主要特点。

首先，在口语过程中，为了保证谈话双方的交流正常进行，译者必须在有限的时间内顺畅、快速、准确地完成听力理解、分析记忆和口头翻译的任务。

其次，尽管译者在口译之前会做好充分的准备，但在实际的翻译过程中常会突发一些状况，此时译者不可能让说话人重复或解释，且必须在有限的时间内做出反应。

最后，口译讲究“一言既出，驷马难追”，因为口译过程中的错误一般没有补救机会，所以译者必须以高度的责任心对待自己的工作，尽量避免错误的发生。

第二节　口译的过程

口译是译员将说话人用源语所表达的信息以口头的形式用目的语表达出来的一种信息转码过程，这个过程既短暂又复杂。因此，对口译过程的分析非常必要，它能帮助我们更好地理解口译过程的各个环节及其要求，从而更有针对性地指导我们的口译实践。

许多口译理论家都对口译的过程提出了自己的看法。国内学者康志峰认为，口译过程中存在一个三元关系（the relationship of three elements），即讲述者、译者与听众三者之间的关系。三元关系中主客观条件的有效配合可以实现三项最佳：最佳思维（the best thinking）、最佳语境（the best context）和最佳效果（the best result）（如图 10–1 所示）。

由图 10–1 可以看出，口译包含以下四个步骤。

（1）由讲述者传递信息（conveying information）。

（2）译员接受信息（receiving information）。

（3）译员进行最佳思维且转换信息。

（4）译员准确完整地将新信息传递（conveying new information）给听者（如图 10–2 所示）。

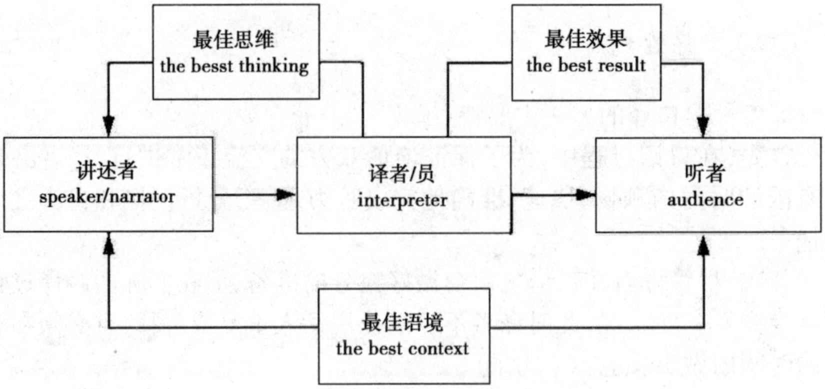

图 10-1　三元关系与三项最佳示意图

（资料来源：康志峰，2007）

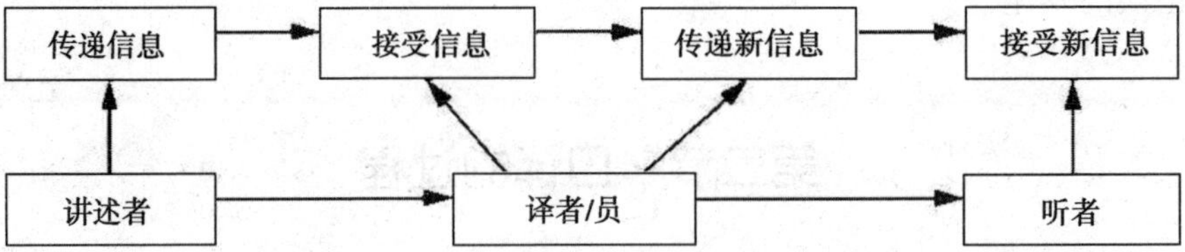

图 10-2　三元关系与信息分布示意图

（资料来源：康志峰，2007）

传播学理论认为，口译从本质上来说是一个语言间的信息传递过程，具体可以分解为信息接收、信息解码、信息记忆、信息编码和信息表达五个步骤，即译者在接收源语信息后经过信息概念转化进而以译语表达出源语意思的过程。

塞莱斯科维奇曾提出三段式口译模式：理解语言—理解意义—复原意义。这一模式可以概括为：理解—脱离言语外壳—表达。其中，"脱离语言外壳"是整个口译过程的核心阶段，指译员应该跨越语言符号，摆脱源语的外在形态和语言结构等形式上的束缚，获取源语要传递的信息。释意学派理论明确指出口译的对象是意义而非语言，具有重要的指导意义。

第三节 口译的技巧与策略

一、口译的技巧

(一)主语的口译

由于英语是主语显著语(subject-prominent language),构建在主谓轴(subject-predicate pivot)上,主语决定了句法结构,而汉语为语义性语言,主语的重要性相对较低,无主语的现象比比皆是,因此在英汉转化中最重要的就是确定主语,主语如果选择恰当,句子就越译越顺,主语如果选择不恰当,句子就会越译越不顺。

1. 无主句口译

口译无主句时,可根据上下文选择主语,也可将动词的宾语提前,如果句子用被动语态,那么还可以另选主语进行翻译。例如:

我们必须抓住机遇,迎接新的挑战。首先要积极调整出口商品结构,进一步扩大机电产品、农产品出口。

We should seize the opportunity and meet new challenges. First, we must actively adjust the structure of export commodities by further expanding export of electromechanical and agricultural products.(根据上下文)

几乎在所有的书店、旅馆、入境口岸、机场和旅游景点都能看到我们的出版物。

Our publications can be found in nearly all the bookstores, hotels, ports-of-entry, airports and scenic spots.(宾语提前用被动语态)

要当州长、成为参议员或众议员都需要花钱。

Money is necessary to be a governor, a senator or representative.(宾语提前用被动语态)

只有坚定不移地坚持改革开放方针才能确保经济持续不断地增长。

Only by unswervingly adhering to reform and opening up policies can sustained economic growth be ensured.(宾语提前用被动语态)

没有和平,没有稳定的政治局面,就谈不上经济发展。

Without peace and political stability, there would be no economic development at all.(另选主语)

关于西部大开发,主要有两个方面要注意:一是基础设施的建设,二是生态环境的改善。

With regard to the development of China's west, special attention should be paid to two things. One is the construction of infrastructure and the other is the improvement of ecological system.(另选主语)

2. 有主句口译

口译中大部分句子的主语可以是译语的主语,但是还有一部分句子不能将源语的主语照搬过来,否则会使译语带有翻译腔,不符合语言的表达习惯。例如:

广东多雨水。

It rains a lot in Guangdong province.

他赚的钞票比我多。

He earns more money than me.

我国矿产很丰富。

China is rich in mineral resources.

人的成长都会经历一些挫折和失败。

Everyone will experience some frustration and failure in his or her growth.

我们的主要服务对象是外国在华商社和三资企业。

We mainly provide service for foreign business establishments in China and foreign-funded enterprises.

这一目标的实现,最直接的应该是老百姓住得更宽敞了,更舒服了。

The citizens will live more spaciously and comfortably, benefiting most directly from achieving the goal.

政府的宏观管理责任将会增大。

The government will shoulder more responsibility in macro-management.

中美两国经贸领域的互补性很强,双方可以彼此分享巨大的市场。

China and America are strongly complementary in economy and trade and they can share each other's huge market.

中国国际汽车城的总体定位是成为亚洲最大的汽车贸易中心、博览中心、物流中心、研发中心、信息中心和服务中心。

China International Auto City is planned to be the largest auto trade, exhibition, logistics, research and development, information and service center in Asia.

举办世博会对中国的影响将是积极的。

Holding the World Expo will have a positive impact on China.

两国建交以来,特别是过去十年,中美经贸合作的发展十分迅速。

Since the establishment of diplomatic relations between the two countries, especially in the past decade, the economic and trade cooperation between China and America has developed very quickly.

3. 其他

英语主语必须是代词、名词或名词性短语,而汉语的主语不一定是这些,它还可以是句子、动词短语、形容词等,因此口译时必须对它们进行转换。例如:

上海投入巨资建设汽车城对整个上海的发展将起到举足轻重的作用。

Shanghai's enormous investment in the Auto City will play a vital role in the overall development of Shanghai.

建立和健全社会保障体系,关系到改革、发展、稳定的全局。

The establishment and improvement of the social security system have an overall impact on the reform, development and stability.

当今世界出现汉语热,是因为中华民族历史悠久,有着光辉灿烂的文化。

The worldwide enthusiasm in learning Chinese is due to the long history and glorious culture of the Chinese nation.

小心会给你带来安全。

Caution is the parent of safety.

(二)谓语的口译

英汉谓语也有许多差异。汉语的谓语角色具有开放性,几乎所有的词类和各种语言单位都可以充当谓语,而英语中只有动词才能充当谓语。例如:

上海漂亮。(形容词充当谓语)

Shanghai is beautiful.

上海 1 000 多平方公里。(数量词充当谓语)

Shanghai covers an area of more than 1,000 square kilometers.

上海在中国东部。(表示地点的介词短语充当谓语)

Shanghai is in the east of China.

上海好地方。(名词充当谓语)

Shanghai is a good city.

上海水污染严重。(主谓结构充当谓语)

Water pollution is serious in Shanghai.

上海让外国游客赞叹。(汉语中的兼语式充当谓语)

Shanghai has won the praises of foreign visitors.

汉语中的谓语没有人称、数、时态的变化,而英语中这些变化都是通过谓语变化来表现的。例如:

随着中国政府相继对香港、澳门恢复行使主权,全中国人民迫切期望早日解决台湾问题,实现国家的完全统一。

After Chinese government successively resumed its exercise of sovereignty over Hong Kong and Macao, all the Chinese people have been looking forward to the complete reunification of the country by resolving Taiwan question earlier.

中华文化是维系全体中国人的精神纽带,也是和平统一的一个重要基础。

Chinese culture is the spiritual tie that links all the Chinese people and is also an important basis for peaceful reunification.

那里发生了强烈的地震,造成了严重的损失。

There occurred a serious earthquake which caused heavy losses.

汉语的谓语动词除了必要的情况下一般多用主动语态,相比之下,英语的被动句用得比较多。例如:

人们认为可以通过把这些新产品向西方出口一部分的方法来偿还贷款。

It is believed that loans can be repaid by exporting a portion of the new products to the west.

又一座立交桥将于明年年底建成。

Another flyover will have been built by the end of next year.

(三)名词性结构的口译

名词和名词性结构在句子中多数充当主语和宾语,懂得如何翻译名词和名词性结构是非常重要的。名词常常由形容词或名词充当定语来修饰,如何翻译名词性结构从某种意义上来说就是如何翻译修饰名词的定语。

英汉定语的位置有很大差别,英语的定语只有在单个的形容词和名词时才可以放在所修饰的中心词之前。例如:

一个无可辩驳的事实 the irrefutable fact

互惠互利的合作关系 mutually beneficial cooperative relationship

除了单个的词外,其他都放在中心词之后。与之相反,汉语的定语无论多长都可以放在中心词之前。鉴于英汉定语的差异,英汉口译时尤其要注意定语位置的转换。如果名词带有定语,翻译时先翻译中心词,定语常常译为定语从句形式,其他形式还有介词形式、不定式形式等,这些形式都放到中心词之后。

(1)以介词形式放在中心词后面。例如:

一本关于种族歧视的书 the book on racial discrimination

具有一定规模与相当影响的比较完整的金融市场体系 a comparatively complete financial market system with a fair size and much influence

以中央银行为领导,以国有商业银行为主体,各种金融机构并存,发展比较健全的金融机构组织体系 a relatively sound financial institutional system with the central banks as its leader the state commercial banks as its main body and various financial institutions existing together

展示世界各国社会、经济、文化、科技成就和发展前景的舞台 an arena for the participating countries to display the achievements and prospects in their social, economic, cultural and technological sectors

各国人民交流经验、相互学习、开展合作的盛会 a grand event where people from various countries gather together to exchange experiences, learn from one another and enter into cooperation

对一个国家整体科技水平的一次全面评价 the comprehensive assessment of the overall scientific and technological level of a country

(2)以形容词、现在分词、过去分词形式放在中心词后面。例如:

一批国家认可的精通英、日、法、德、韩等多种语言的翻译导游队伍 a team of state-certified professional tour guides and interpreters proficient in English, Japanese, French, German, Korean and other languages

由国家旅游局批准的商务旅行社 a business travel agency approved by the National Tourism Administration

党中央面向新世纪所做出的重大决策 a major decision made by the central committee of the party for the new century

有利于高新技术发展的资本市场 capital market beneficial to the new high-tech development

有比较优势的企业 enterprises enjoying comparative advantages

上海市政府制定的社会和经济发展蓝图 the blueprint drawn by Shanghai Municipal government for social and economic development

辐射全国、影响深远的国内最大的资本市场 the largest domestic capital market radiating its profound influence across the country

（3）以不定式形式放在中心词后面。例如：

第一个举办世界博览会的发展中国家 the first developing country to host the World Exposition

中国政府和人民保护全球环境的诚意和决心 the sincerity and determination of the Chinese government and people to protect the global environment

解决我们面临问题的关键 the key to solve the problems we are facing

坚持一个中国政策的庄严承诺 the solemn promise to adhere to the one-China policy

支持联合国主持正义、维护和平、促进全球繁荣的行动 support the UN efforts to uphold justice, maintain peace and promote global prosperity

（4）以定语从句形式放在中心词的后面。例如：

一个集、工、贸、旅游、娱乐于一体的跨地区、跨行业、跨所有制的大型集团公司 a large cross-regional, cross-trade and cross-ownership (group) corporation which integrates scientific research, manufacturing industry, trade and tourist and entertainment services

那些将我们联系在一起并且强化我们关系的事务 issues that bind us and strengthen our relationship

对人类整个文明和社会进步都有重大作用的基础科学研究 basic scientific research that plays a major role in the whole human civilization and social progress

（四）动词性结构的口译

动词性结构口译指的是汉语句子中的动词及修饰该动词的状语的翻译。汉语中状语的位置是比较固定的，一般不是在句子前面就是在主谓之间。例如：

经过十年的金融发展与改革，上海金融机构迅速扩展。

在平等友好的基础上，就广泛领域里的合作以及建立新的亚欧伙伴关系交换我们的意见。

在第二个例子中，“在平等友好的基础上，就广泛领域里的合作以及建立新的亚欧伙伴关系”这样非常长的状语放在了主谓之间，这在英语中是很少见的，可以说是不存在的。

英语中的状语位置比较灵活，可以在句子前面、中间或后面，放在句子中间的常常是在主谓之间，一般为单个的词，如 usually, often, just, ever, never, recently, yet, hardly, scarcely 等。如果状语是短语或分句，翻译时通常将其放到主语之前或句子之后。例如：

就广泛领域里的合作以及建立新的亚欧伙伴关系交换我们的意见 exchange our views on cooperation in a wide range of areas and the establishment of new Euro–Asian partnership

对扩大内需、推动国民经济持续增长、促进各个地区协调发展都具有十分重要的意义 of great significance in expanding domestic demand, facilitating sustained growth of the national economy and promoting coordinated development of all the regions

在更高层次上得到全面拓展 be expanded on a higher level and in an all–round way

以她的风采、沧桑和辉煌，更以 1999 年 12 月 20 日这个不同寻常的日子吸引着全世界的目光 attract the world's attention with its elegance, vicissitude and glory, and, particularly, with the unusual day of December 20,1999

对形成一个新的世界格局产生积极的影响 have a positive impact on shaping a new world pattern

为西部经济持续、快速增长创造了有利的市场环境 create favorable market environment for the sustained rapid economic development of the west

在中央政府的领导下积极参与管理地方和国家事务 actively participate in administration of the state and local affairs under the leadership of the Central Government

按照自己的实际情况确定发展战略 formulate the development strategies in light of the actual conditions

在促进社会稳定和进步方面发挥更大的作用 play a greater role in promoting social stability and progress

在相互尊重和平等相待的基础上共同前进 move ahead together on the base of mutual respect and equality

二、口译的策略

（一）商务谈判口译的具体策略

1. 商务谈判口译的常用词汇

favorable balance of trade; trade surplus 贸易顺差

unfavorable balance of trade; trade deficit 贸易逆差
import quotas 进口配额制
value of foreign trade 对外贸易值
value of international trade 国际贸易值
generalized system of preferences 普遍优惠制
most-favored nation treatment 最惠国待遇
trade term; price term 价格术语
D/P(Document against payment)付款交单
D/A(document against acceptance)承兑交单
S/C (Sales confirmation)销售确认书
L/C (letter of credit)信用证
Revocable Credit 可撤销信用证
Irrevocable Credit 不可撤销信用证
Revolving Credit 循环信用证
Standby Credit 备用信用证
Transferable Credit 可转让信用证
Back-to-back Credit 背对背信用证
Confirmed Credit 保兑信用证
irrevocable Documentary Credit 不可撤销跟单信用证
invoice value 发票金额
transship 转船
freight 运费
landing charges 卸货费
price 单价
net price 净价
producer price; ex-factory price 出厂价
retail price 零售价
total value 总值
wholesale price 批发价
discount; allowance 折扣
current price; prevailing price 现行价格(时价)
world/international market price 国际市场价格
forward price 期货价格
customs duty 关税
return commission 回佣

stamp duty 印花税
price including commission 含佣价
port dues 港口税
indemnification 赔偿费
seaworthy 适合海运的
FOB（Free on Board）离岸价
CFR（Cost and Freight）成本加运费价格
port of shipment 装运港
port of discharge 卸货港
port of destination 目的港
delivery 交货
steamship 轮船
shipment 装运、装船
charter; the chartered ship: 租船
Sack: 麻袋
Carton 纸盒
Crate 板条箱
Bale 大包
Carboy 大玻璃瓶
Bundle 捆
Container 集装箱
Pallet 货盘
THIS SIDE UP 此面朝上
OPEN THIS END 此端开启
KEEP DRY 保持干燥
KEEP IN A DRY PLACE 储存干燥处
HANDLE WITH CARE 小心轻放
TO BE KEPT COOL 低温存放
KEEP AWAY FROM MOISTURE 防潮
KEEP IN DARK PLACE 避光
FRAGILE 易碎物品
INFLAMMABLE 易燃物品
PERISHABLE 易腐物品
NO DUMPING 切勿倾倒
CAUTION AGAINST WET 切勿受潮

KEEP UPRIGHT 切勿倒置
NOT TO BE LAID FLAT 切勿平放
DO NOT CRUSH 切勿挤压
time of delivery 交货时间
voyage charter 定程租船
time of shipment 装运期限
time charter 定期租船
shipper; consignor 托运人(一般指出口商)
consignee 收货人
regular shipping liner 班轮
lighter 驳船
shipping space 舱位
to declare at customs 报关
cargo receipt 陆运收据
take delivery of goods 提货
to airway bill 空运提单
import license 进口许可证
spot price 现货价格
export license 出口许可证
B/L(Bill of Lading)提单
Sole agent 独家代理
turnover 营业额
without recourse 不可追索的
lodge a claim 提出索赔
bare cost 净成本
Certificate of Origin 原产地证明
board of directors 董事会
feasibility study report 可行性报告
pre-feasibility study 预可行性研究
distribution of profits 利润分配
construction fund 建设基金
circulation capital 流动资金
balance of foreign exchange 外汇平衡
recovery of investment 投资回收
liquidation 清算

project proposal 项目建议书
Commodity Inspection Bureau 商检局
good in quality 品质优良
reasonable in price 价格公道
insurance 保险
All Risks 一切险
Shortage Risk 短量险
Leakage Risk 渗漏险
Taint of Odor Risk 串味险
Hook Damage Risk 钩损险
Rust Risk 锈损险
War Risk 战争险
Rejection Risk 拒收险
Fresh and/or Rain Water Damage Risk 淡水雨淋险
Breakage of Packing Risk 包装破裂险
Failure to Delivery Risk 交货不到险
Clash & Breakage Risks 碰损破碎险
Sweating & Heating Damage 受潮受热险
Intermixture & Contamination Risks 混杂沾污险
Survey at Jetty Risk 码头检验条款险
Survey in Customs Risk 海关检验条款险
Import Duty Risk 进口关税险

2. 商务谈判口译的常见句子

如以前所告，我们打算在50%的基础上进行投资，不知是否可行。

As we have informed you previously, we intend to make investment on 50% basis and want to know if this is practicable.

为了能更好地推销合营企业的产品，我们认为有必要在香港设立销售机构。

With a view to promoting sales of the products of the joint venture, we think it necessary to establish a sales agency at Hong Kong.

我们必须强调这一报盘有效期是3天，因为钢价正在迅速上涨，因而我们将从下个月初不得不把价格从5美元调整到7美元一打CIF卡拉奇。

We must stress that this offer is firm for three days because the price of steel is rising rapidly and we shall have to adjust our price from USD 5.00 to USD 7.00 per dozen CIF Karachi from the beginning of next month.

我方期望你方会认真考虑商业信誉并立即开出信用证，否则，由此造成的损失将由你方负责。

We hope that you will take your commercial reputation into account seriously and open the L/C at once; otherwise you will be responsible for all the losses arising as a result of your failure to do so.

任何投资都有风险。无论你在何时何地进行投资，这一点都是毫无疑问的，就是说，要投资就要冒险。在中国投资成功的希望很大，这是因为中国政局稳定，对外开放坚定不移，还因为我国现在的投资环境非常稳定。

Any investment involves risk. Whenever and wherever you invest, you can be sure only at this. The chance of success in China is very high. This is because the Chinese political situation is stable and the open policy firm and also because the country now presents an excellent environment for investment.

如果你们感到方便的话，我想现在讨论一下日程安排的问题。

It's just the matter of the schedule, that is, if it is convenient for you right Flow.

3. 商务谈判口译的范文赏析

原文：

Wang：早上好，史密斯先生。很高兴见到你。

Smith：Good morning, Miss Wang. It' s very nice to see you in person.

Wang：希望这次我们能谈好产品价格，谈成这笔生意。

Smith：I hope so, Miss Wang. We came here to talk to you about our requirements. Can you show us your price-list and catalogues?

Wang：我们特地准备了一份在你方市场最畅销产品的目录。请过目。

Smith：Oh, it's very considerate of you. If you' ll excuse me, I' ll go over your price-list right now.

Wang：请过目。

Smith：Oh, Miss Wang. After going over your price-list and catalogues, we are interested in Art No. HX1115 and HX1128, but we found that your price is too high than those offered by other suppliers.

Wang：很遗憾。要知道最近生产成本大幅度提高，而我们的价格基本保持不变。坦率地说，我们的产品一直都符合出口标准，并且包装精美，因此我们的产品价格十分公道。

Smith：I'm afraid I can' t agree with you in this respect. I know that your products are attractive in design, but I wish to point out that your offers are higher than some of the quotations I' ve received from companies in other countries. So, your price is not competitive in this market.

Wang: 史密斯先生,要知道,我们的产品品质优良,在很多国家都很畅销,所以请你们考虑一下质量问题。

Smith: I agree with what you say, but the price difference should not be so big. If you want to get the order, you'll have to lower the price. That's reasonable, isn't it? If you are prepared to cut down your price by 8%...

Wang: 8%? 实际上,我们从未给过如此低的价格。大家交个朋友,我们可能考虑例外给你们降低 5%,这是我们能接受的最大幅度的降价。

Smith: Fine.

参考译文:

Wang: Good morning, Mr. Smith. Nice to see you.

Smith: 早上好,王小姐。很高兴见到你。

Wang: I hope through your visit we can settle the price, and conclude the business before long.

Smith: 希望如此,王小姐。我方来谈一下我们的要求。能否让我们看一下你方的价目表和产品目录?

Wang: We' ve specially made out a catalogue which covers those items most popular on your market. Here you are.

Smith: 你们考虑得太周到了。如果可以的话,我想马上看一下你们的价目表。

Wang: Take your time.

Smith: 王小姐,看了你们的产品价目表和目录后,我们对第 HX1115 号产品和第 HX1128 号产品很感兴趣,但我们发现你方的价格高于其他供货商。

Wang: I'm sorry to hear that. You must know that the cost of production has risen a great deal in recent years while our prices basically remain unchanged. To be frank, our commodities have always lived up to our export standard and the packages are excellently designed and printed. So our products are moderately priced.

Smith: 恐怕这一点我无法苟同。我知道你方产品设计精美,但是我想指出你方报价高于其他外国公司的报价,所以你方价格在这个市场并不具有竞争力。

Wang: Mr. Smith, as you may know our products are of high quality and best sold in many countries. So you must take quality into consideration, too.

Smith：我同意你的观点，但价格差异不应如此巨大。如果你方想得到订货，就应该降低价格。这样才合理，不是吗？如果你方准备降低8%……

Wang：8%? Actually, we have never given such a lower price. For friendship's sake, we may exceptionally consider reducing the price by 5%. This is the highest reduction we can afford.

Smith：好吧。

（二）外事接待口译的具体策略

1. 外事接待口译的常用词汇

terminal building 机场大楼
VIP Room 贵宾室
lounge 候机大厅
information desk 问讯处
security check 安全检查
baggage check-in 行李托运处
baggage depositary 行李寄存处
claim baggage 提取行李
proceed through the customs 进行海关检查
recover from the jet lag 倒时差
duty-free shop 免税店
in the spirit of 本着……精神
cocktail party 鸡尾酒会
welcome dinner 欢迎宴会
establish new contacts 结交新友
thoughtful arrangement 周到的安排
hospitality 热情好客
come all the way to 不远万里来……
exchange of visit 互访
reception 招待会
return dinner 答谢宴会
fruitful cooperation 合作愉快
pick up sb. 接人

welcome to 欢迎来……
as requested 按……的要求
farewell dinner 告别宴会
glee feast 庆功宴
阁下 Your/His/her Honor/Excellency
贵宾 distinguished guest
不胜感激 to be obliged to
领事馆 consulate
大使馆 embassy
商务代表处 office of a trade delegation
驻外办事处 office abroad; agency abroad
驻外机构 institution functioning abroad
领事 consul
总领事 consul general
代理领事 proconsul
秘书 secretary
建交 establish diplomatic relations
为……举行宴会 / 宴请 host a dinner/banquet/luncheon in honor of ...
欢迎致辞 welcome address
和气生财 Harmony brings wealth
心想事成 May all your wishes come true.
单人间 single room
双人间 double room
头等舱 first class
经济舱 economy class
往返票 round trip ticket
抢得先机 take the preemptive opportunities
礼尚往来 Courtesy calls for reciprocity
实话实说 speak the plain truth; tell it as it is

2. 外事接待口译的常见句子

After you!
您先请!
Take care!
您慢走!
Let us proceed to the car.

我们上车吧。

Small world, isn't it?

我们又见面了!

Longtime no see.

好久不见!

Excuse me.I haven't had the honor of knowing you.

对不起,我还没请教阁下的尊姓大名呢。

Are you Peter Smith?

你是彼得·史密斯吗?

I am glad to have the honor of introducing...

我很高兴能有此殊荣向诸位介绍……

I am delighted to make your acquaintance.

很高兴能与您结识。

Hi, it's nice to meet you.

你好,很高兴见到你。

It's my pleasure to meet you. Mr. White. Welcome to China.

很高兴能认识你,怀特先生,欢迎来到中国。

I'm glad to make your acquaintance.

很高兴认识你。

I am delighted to welcome you to...

我很高兴欢迎你们来到……

Thank you very much for coming all the way to meet me.

谢谢您一路专程来接我。

It is with great pleasure that I...

我为能……而深感快乐。

How do you do? I've been looking forward to meeting you.

您好,我一直期待着与您见面。

I suppose my name is not new to you. But this is the first time I have the pleasure of meeting you in person.

我想对您来说,我的名字可能并不陌生,但这是我第一次有幸与您见面。

May I introduce you to Mr. Wang, director from the Office of Foreign Affairs, who has come to meet you?

给您介绍一下,这是外事办的王主任,他是来迎接您的。

On behalf of our company, I would like to say how delighted we are to receive you here.

代表我们公司在这里接待你们，我们感到非常高兴。

I am very touched that you have come all the way to meet me in person.

您亲自来接我，我深为感动。

I'm pleased to make your acquaintance. It's very kind of you to come to meet me at the airport.

很高兴和你认识。你来机场接我，真是太好了。

Welcome to Beijing. Did you have a nice trip?/How was the journey?

欢迎来北京。路上辛苦吗？

How was your flight? /Did you have a good flight?

旅途如何？/乘机旅行还好吗？

I am afraid you must be very tired after such a long journey. Are you feeling tired?

经过如此长途的旅行，您一定很疲劳吧，感觉累吗？

Thank you for taking the trouble to meet me.

您不辞辛苦地来接我，太感谢了！

The night was smooth, and the service was good. Things couldn't have been better.

一路很顺利，服务很周到，一切再好不过了。

The flight was very long and a little bumpy. But I feel all right now.

飞行时间很长，而且有点颠簸，不过现在我觉得好多了。

The flight was very smooth, but we had a short delay in Hong Kong.

飞行很平稳，但飞机在香港延误了一会儿。

Here's my card with my address and phone number.

这是我的名片，上面有我的地址和联系电话。

I hope you will have a very enjoyable stay here.

希望你在这里过得愉快。

I would like to show you our tentative itinerary.

我向您介绍一下我们初步拟订的活动日程。

3. 外事接待口译的范文赏析

原文：

您好，您一定是美国商会的西蒙先生吧。我叫陈敬英，市长秘书。这是我的名片。请允许我代表市长和市政府向您的来访表示热烈的欢迎。应您的要求，我们已经为您订了房间。如果您不满意的话，我们可以再安排另外一间。您这次访问的时间太短了,所以活动安排比较少。今天晚上7点我们的谭副市长将在您下榻的宾馆设宴招待您。明天上午8:30我来接您去和市长进行会谈。下午您将和本市的商界人士会面。好了,长途旅行您一定很累了,晚上招待宴会再见。

参考译文:

Hello, you must be Mr. Simon from American Chamber of Commerce. My name is Chen Jingying. I am the secretary of the Mayor. Here's my card. On behalf of the mayor and the municipal government, I would like to extend our warm welcome to you for your visit. Upon your request, we have made the reservation for you. If it is not satisfactory, we will arrange another one for you. Since your visit is rather short, we won't arrange many activities for you. At 7 o'clock this evening, our Deputy Mayor Mr. Tan will hold a welcoming banquet for you in the hotel where you stay. At 8:30 tomorrow morning, I will pick you up to have a meeting with the Mayor. And in the afternoon, some of the business people of our city will come and talk with you. Of course, you need a good rest after such a long flight. May I leave you alone? See you again at the reception banquet tonight.

参考文献

[1][俄]巴尔胡达罗夫著，蔡毅等编译．语言与翻译[M].北京：中国对外翻译出版公司，1985.

[2]《辞海》编辑委员会．辞海[M].上海：上海辞书出版社，1989.

[3]白靖宇．文化与翻译[M].北京：中国社会科学出版社，2010.

[4]陈浩东等．翻译心理学[M].北京：北京大学出版社，2013.

[5]傅敬民．实用商务英语翻译教程[M].上海：华东理工大学出版社，2011.

[6]傅克斌，罗时华．实用文体写作[M].北京：科学出版社，2010.

[7]高华丽．翻译教学研究：理论与实践[M].杭州：浙江大学出版社，2008.

[8]桂诗春．新编心理语言学[M].上海：上海外语教育出版社，2000.

[9]何江波．英汉翻译理论与实践教程[M].长沙：湖南大学出版社，2010.

[10]何雪娟．商务英语翻译教程[M].北京：外语教学与研究出版社，2007.

[11]何远秀．英汉常用修辞格对比研究[M].成都：西南交通大学出版社，2011.

[12]何自然，冉永平．新编语用学概论[M].北京：北京大学出版社，2009.

[13]何自然．语用学与英语学习[M].上海：上海外语教育出版社，1997.

[14]侯维瑞．英语语体[M].上海：上海外语教育出版社，1988.

[15]黄勇．英汉语言文化比较[M].西安：西北工业大学出版社，2007.

[16]姜望琪．当代语用学[M].北京：北京大学出版社，2003.

[17]金惠康．跨文化交际翻译续编[M].北京：中国对外翻译出版公司，2003.

[18] 康志峰 . 英语口译理论与实践技艺 [M]. 上海：华东理工大学出版社，2007.

[19] 克利福德 · 格尔茨著，韩莉译 . 文化的解释 [M]. 上海：上海译林出版社，1999.

[20] 兰萍 . 英汉文化互译教程 [M]. 北京：中国人民大学出版社，2010.

[21] 雷蒙德弗 · 思著，费孝通译 . 人文类型 [M]. 北京：华夏出版社，2002.

[22] 李佳 . 英语文体学理论与实践 [M]. 厦门：厦门大学出版社，2011.

[23] 李捷，何自然，霍永寿 . 语用学十二讲 [M]. 上海：华东师范大学出版社，2010.

[24] 李占喜 . 语用翻译探索 [M]. 广州：暨南大学出版社，2014.

[25] 利奇著，李瑞华，王彤福，杨自俭，穆国豪译 . 语义学 [M]. 上海：上海外语教育出版社，1987.

[26] 刘宓庆 . 文体与翻译 [M]. 北京：中国对外翻译出版公司，2006.

[27] 刘绍龙 . 翻译心理学 [M]. 武汉：武汉大学出版社，2007.

[28] 冒国安 . 实用英汉对比教程 [M]. 重庆：重庆大学出版社，2004.

[29] 彭萍 . 实用旅游英语翻译：英汉双向 [M]. 北京：对外经济贸易大学出版社，2010.

[30] 普罗瑟著，何道宽译 . 文化对话：跨文化传播导论 [M]. 北京：北京大学出版社，2013.

[31] 钱冠连 . 汉语文化语用学 [M]. 北京：清华大学出版社，2002.

[32] 秦秀白 . 英语语体和文体要略 [M]. 上海：上海外语教育出版社，2001.

[33] 冉永平 . 语用学：现象与分析 [M]. 北京：北京大学出版社，2006.

[34] 宿荣江 . 文化与翻译 [M]. 北京：中国社会出版社，2009.

[35] 孙英春 . 跨文化传播学导论 [M]. 北京：北京大学出版社，2008.

[36] 王宏印 . 英汉翻译综合教程 [M]. 大连：辽宁师范大学出版社，2002.

[37] 王武兴 . 英汉语言对比与翻译 [M]. 北京：北京大学出版社，2003.

[38] 王祥云 . 中西方传统文化比较 [M]. 郑州：河南人民出版社，2006.

[39] 王佐良，丁往道 . 英语文体学引论 [M]. 北京：外语教学与研究出版社，1987.

[40] 威尔斯著，祝珏，周智谟译 . 翻译学——问题与方法 [M]. 北京：

中国对外翻译出版社,1988.

[41]伍峰等.应用文体翻译：理论与实践[M].杭州：浙江大学出版社,2008.

[42] 武锐.翻译理论探索 [M].南京：东南大学出版社,2010.

[43]辛凌,王婷.大学英语实用翻译教程[M].重庆：重庆大学出版社,2009.

[44] 熊学亮.简明语用学教程 [M].上海：复旦大学出版社,2008.

[45] 徐烈炯.语义学 [M].北京：语义出版社,1990.

[46] 许钧.翻译概论 [M].北京：外语教学与研究出版社,2009.

[47] 闫文培.全球化语境下的中西文化及语言对比 [M].北京：科学出版社,2007.

[48] 严辰松,高航.语用学 [M].上海：上海外语教育出版社,2005.

[49] 严明.大学英语翻译教学理论与实践 [M].长春：吉林出版集团有限公司,2009.

[50] 严明.跨文化交际理论研究 [M].哈尔滨：黑龙江大学出版社,2009.

[51] 颜林海.翻译审美心理学 [M].北京：科学出版社,2015.

[52] 杨丰宁.英汉语言比较与翻译 [M].天津：天津大学出版社,2006.

[53] 俞东明.什么是语用学 [M].上海：上海外语教育出版社,2011.

[54] 曾文雄.语用学翻译研究 [M].武汉：武汉大学出版社,2007.

[55] 张培基.英汉翻译教程(修订本)[M].上海：上海外语教育出版社,2009.

[56] 张维友.英汉语词汇对比研究 [M].上海：上海外语教育出版社,2010.

[57] 郑诗鼎.语境与文学翻译 [M].重庆：西南师范大学出版社,1997.

[58] 钟书能.英汉翻译技巧 [M].北京：对外经济贸易大学出版社,2010.

[59] 杜倩.汉英植物词语文化语义对比研究 [D].保定：河北大学,2011.

[60] 金鑫.汉英语序对比与对外汉语教学 [D].长春：东北师范大学,2011.

[61] 王海枫.浅析英语否定句的翻译方法——以《我们这个时代的美国》的汉译为例 [D].北京：北京外国语大学,2017.

[62] 祝军.从跨文化交际学的角度探讨英汉动物词汇文化内涵的异同与翻译 [D].武汉：华中师范大学,2003.

[63] 蔡新乐．翻译哲学真的没用吗？——从皮姆的《哲学与翻译》看翻译的概念化及西方翻译思想史的重构 [J]. 外语教学，2014（6）.

[64] 曹容．汉英动物文化词汇联想意义比较及其差异溯源 [J]. 成都教育学院学报，2006（10）.

[65] 陈顺意．“特朗普”还是“川普”——论英语人名地名翻译的原则 [J]. 凯里学院学报，2018（4）.

[66] 陈雪．浅析英汉翻译中的词汇和句法对比 [J]. 长春教育学院学报，2013（11）.

[67] 陈治安，文旭．关于英汉对比语用学的几点思考 [J]. 外语与外语教学，1999（11）.

[68] 段满福．从英汉语言语态上的差异看英汉被动句的翻译 [J]. 内蒙古农业大学学报(社会科学版)，2004（4）.

[69] 傅静玲．英汉思维差异与语态选择 [J]. 安徽文学(下半月)，2008（10）.

[70] 桂乾元．翻译四人谈(九)漫谈翻译种类 [J]. 德语学习，2008（5）.

[71] 桂乾元．翻译四人谈(十)漫谈翻译种类 [J]. 德语学习，2008（6）.

[72] 郝建设．英汉姓氏人名翻译论述 [J]. 武警学院学报，2016（11）.

[73] 何震．从英汉语态中看中西文化差异 [J]. 学周刊，2016（9）.

[74] 侯贺英，陈曦．文化体验理论对文化教学的启发 [J]. 时代经贸，2012（2）.

[75] 侯新民．浅析英译汉翻译的步骤 [J]. 新疆广播电视大学学报，2008（4）.

[76] 胡建华．关于中西人名文化差异的跨文化研究 [J]. 燕山大学学报(哲学社会科学版)，2002（8）.

[77] 黄涛．浅议英汉修辞对比与翻译 [J]. 海外英语，2010（12）.

[78] 贾宁宁．英汉语逻辑连接对比与翻译 [J]. 海外英语，2016（7）.

[79] 李志坚，李先进，王艳萍．基于文化图式理论的大学英语翻译教学模式初探 [J]. 海外英语，2016（21）.

[80] 梁赤民．论中国地名英译的统一 [J]. 安徽工业大学学报(社会科学版)，2010（4）.

[81] 廖七一．翻译的重新界定与翻译批评 [J]. 东方翻译，2016（4）.

[82] 廖喜凤．中英植物文化词汇差异与翻译 [J]. 邵阳学院学报，2008（3）.

[83] 刘美娟．中西地名命名及文化意蕴比较 [J]. 浙江社会科学，2010（9）.

[84] 毛莉 . 英汉词汇对比与翻译 [J]. 陕西教育(高教版),2008(10).

[85] 毛训毅 . 谈文化翻译的误区及解决措施 [J]. 黑龙江史志,2014(1).

[86] 彭慧 . 社交指示语的汉英翻译 [J]. 湖南人文科技学院学报,2007(6).

[87] 冉永平 . 词汇语用学及语用充实 [J]. 外语教学与研究,2005(5).

[88] 沙德玉 . 英汉词汇的对比研究及其翻译初探 [J]. 零陵学院学报(教育科学),2004(6).

[89] 邵璐 . 西方翻译文体学研究(2006-2011)[J]. 中国翻译,2012(5).

[90] 谭载喜 . 翻译比喻中西探微 [J]. 外国语,2006(4).

[91] 王冬梅 . 英汉动物文化内涵的比较与翻译 [J]. 南通航运职业技术学院学报,2006(2).

[92] 王改津 . 英汉修辞对比和翻译 [J]. 外语交流,2011(6).

[93] 王建始 . 前重心与后重心——英汉句子比较 [J]. 中国翻译,1987(3).

[94] 王金荣 . 论英汉两种语言语法结构上的相似性 [J]. 沧州师范专科学校学报,2008(2).

[95] 王绍瑾 . 汉英语言中动物文化意象的互译研究 [J]. 湖南工业职业技术学院学报,2015(1).

[96] 王宗炎 . 介绍赵元任《译文忠实性面面观》[J]. 中国翻译,1982(3).

[97] 卫孝芬 . 英汉动物词汇的跨文化对比及翻译 [J]. 岱宗学刊,2005(2).

[98] 吴康宁 . 教育的社会功能诸论评述 [J]. 华中师范大学学报,1996(3).

[99] 肖华芝 . 论英汉人名折射出的中西文化差异 [J]. 湖南医科大学学报(社会科学版),2009(5).

[100] 徐岩 . 文化角度下的英语人名翻译初探 [J]. 太原城市职业技术学院学报,2013(6).

[101] 薛贝贝 . 英汉拟声词差异和拟声词的英语修辞功能 [J]. 新西部(下半月),2009(8).

[102] 杨超 . 人名、地名的中西互译 [J]. 科学大众·科学教育,2017(8).

[103] 杨仕章 . 翻译界说新探 [J]. 外语教学,2015(6).

[104] 于晓红 . 浅议英语修辞格的运用及翻译 [J]. 长江大学学报(社会科学版),2011 (9).

[105] 曾宪才 . 语义、语用与翻译 [J]. 现代外语,1993 (1).

[106] 张戈,王肖 . 文化视域下特指地名翻译中象征词的运用 [J]. 和田师范专科学校学报,2015 (4).

[107] 张军燕 . 浅析英汉词汇翻译技巧 [J]. 外语教研,2008 (14).

[108] 张双江 . 翻译素质——译者的必要条件 [J]. 吉林省教育学院学报,2013 (11).

[109] 钟海英 . 文学翻译策略的语用理据 [J]. 广东技术师范学院学报,2007 (11).

[110] 朱梦 . 新闻传播中英语地名翻译探讨 [J]. 科技传播,2015 (10).

[111] 庄国卫 . 英汉语篇对比与翻译教学 [J]. 林区教学,2007 (8).

[112]Bell, R. T. *Translation and Translating*: *Theory and Practice*[M]. Beijing: Foreign Language Teaching and Research Press, 2001.

[113]Catford, J. C. *A Linguistic Theory of Translation*[M]. London: Oxford University Press, 1965.

[114]Chan, Tak-hung Leo. *Readers*, *Reading and Reception of Translated Fiction in Chinese*: *Novel Encounters*[M]. Manchester & Kinderhook (NY): St. Jerome Publishing, 2010.

[115]Davis, Linell.*Doing Culture—Cross-Cultural Communication in Action*[M]. Beijing: Foreign Language Teaching and Research Press, 2004.

[116]Firth, J. R. *Papers in Linguistics 1934—1951*[M]. London: Oxford University, 1957.

[117]Gutt, Ernst-August. *Translation and Relevance*: *Cognitive and Context*[M]. Shanghai: Shanghai Foreign Language Education Press, 2004.

[118]Lefevere, A. *Translation*, *Rewriting*, *and the Manipulation of Literary Fame*[M]. London and New York: Rouledge, 1992.

[119]Lyons, J. *Semantics*[M]. Cambridge: Cambridge University Press, 1977.

[120]Newmark, P. *About Translation*[M]. Beijing: Foreign Language Teaching and Research Press, 2006.

[121]Nida, E. A. & Taber, C. R. *The Theory and Practice of Translation*[M]. Shanghai: Shanghai Foreign Language Education Press, 2004.

[122]Popovic, Anton.*Dictionary for the Analysis of Literary Translation*[Z]. Edmonton: Department of Comparative Literature, The University of Alberta, 1976.

[123]Venuti, Lawerence.*The Translation Studies Reader*[M].New York: Routledge, 2000.

[124]Williams, Jenny & Chesterman Andrew. *The Map: A Beginner's Guide to Doing Research in Translation Studies*[M]. Shanghai: Shanghai Foreign Language Education Press, 2004.

